혁명의 배반
저항의 기억

혁명의 배반, 저항의 기억
― 프랑스혁명의 문화사

육영수 지음

2013년 7월 8일 초판 1쇄 발행
2017년 11월 24일 초판 2쇄 발행

펴낸이 한철희 | 펴낸곳 돌베개 | 등록 1979년 8월 25일 제406-2003-000018호
주소 (10881) 경기도 파주시 회동길 77-20 (문발동)
전화 (031) 955-5020 | 팩스 (031) 955-5050
홈페이지 www.dolbegae.co.kr | 전자우편 book@dolbegae.co.kr
블로그 imdol79.blog.me | 트위터 @Dolbegae79

책임편집 소은주
표지디자인 박진범 | 본문디자인 박정영·이은정
마케팅 심찬식·고운성·조원형 | 제작·관리 윤국중·이수민
인쇄·제본 상지사 P&B

ISBN 978-89-7199-553-2 (03920)
이 도서의 국립중앙도서관 출판시도서목록(CIP)은 e-CIP 홈페이지
(http://www.nl.go.kr/ecip)에서 이용하실 수 있습니다.(CIP제어번호: CIP2013010286)

책값은 뒤표지에 있습니다.

혁명의 배반
저항의 기억

프랑스혁명의 문화사

육영수 지음

돌베개

아버지께 드립니다

모든 혁명은 하나의 지배집단을 다른 지배집단으로 대치하려는 의식적 노력이었다. 그러나 모든 혁명은 목표를 넘어서는 힘, 지배와 착취의 근절根絶을 향하여 노력하는 힘을 풀어놓았다. 그러한 힘들이 쉽사리 패배하고 말았다는 사실은 설명을 요구한다. 권력의 상태도, 생산력의 미숙성도, 계급의식의 부재도 적절한 해답을 제공하지 못한다. 모든 혁명에는 지배에 대한 투쟁이 승리할 만한 역사적 계기가 있었다. 그러나 그러한 계기는 언제나 헛되이 지나가버렸다. 세력의 미숙이나 불균형이라는 이유의 타당성과는 무관하게, 자기패배의 요소가 혁명의 역할 속에 포함되어 있는 듯하다. 이러한 의미에서 모든 혁명은 배반당한 혁명이다.

― 허버트 마르쿠제

착취당하고 지배받는 생산자 다중Multitude의 형성은 20세기 혁명사에서 더욱 분명하게 읽을 수 있다. 1917년과 1949년의 공산주의 혁명, 1930년대와 1940년대의 위대한 반파시스트 투쟁들, 그리고 1989년의 해방 투쟁들에 이르기까지의 1960년대의 무수한 해방 투쟁들 등에서 대중의 시민권의 조건들은 태어났고, 퍼졌고, 공고화되었다. 20세기 혁명들은 패배당하기는커녕, 서로를 계속 전진하도록 했고 계급갈등의 조건들을 변형시켜왔으며, 그리하여 새로운 정치적 주체성, 즉 제국 권력에 대항하는 반란적 다중의 조건들을 제시해왔다. 혁명 운동들이 확립해왔던 리듬은 새로운 시대의 비트(박자), 즉 시대의 새로운 성숙과 변형의 비트다.

― 안토니오 네그리·마이클 하트

차례

머리말 11

프롤로그 '레미제라블': 혁명의 배반, 또 다른 시작 17

1부 우리가 알고 있던 프랑스혁명은 없다

1 여성을 위한 프랑스혁명은 없다 37
2 노동과 복지를 위한 프랑스혁명은 없다: 다시 읽는 「인간과 시민의 권리선언」 52
3 유색인을 위한 프랑스혁명은 없다: '흰 제국'과 '검은 인권' 68

2부 영상으로 서술한 프랑스혁명

4 영화 〈프랑스대혁명〉에 투영된 사학사적 논쟁 읽기 87
5 미쳤거나 사랑에 빠졌거나: 프랑스혁명의 진정한 여성 영웅은 없다 104
6 군인 나폴레옹, 정치인 보나파르트로 변신하기: 아벨 강스의 〈나폴레옹〉 125

3부 프랑스혁명의 문화적 전환

7 문화적 사건으로서의 프랑스혁명: 담론, 축제, 기념물 149
8 프랑스혁명의 일상정치문화사: 린 헌트의 역사세계 168
9 바스티유 감옥과 '라 마르세예즈'의 변천사 187
10 프랑스혁명과 민중공연문화의 '문명화과정' 206

에필로그 저항의 기억, 연대의 부활 233

부록 프랑스혁명의 기억을 찾아 천릿길 239

후기 274
미주 276

머리말

1

혁명의 시대는 끝났다고 한다. 혁명은 이미 죽어버렸거나 불온한 풍문이었다고 한다. 정의감에 불타는 대학생들에게 한때 인기를 끌었던 교양과목 '시민사회와 혁명'은 썰물처럼 밀려나고, '철 지난 혁명'은 겨울 바다처럼 쓸쓸하고 아득한 추억이 되었다. 혹은, 혁명이 우리를 배반했다고도 한다. 어깨에 어깨를 걸고 우리가 베어버렸던 '왕의 모가지'는 다시 살아나고, 목메어 외쳤던 자유와 평등, 노동과 생존권, 복지와 행복추구권은 국가주의에 억압당했다. 우리 아버지 세대가 숨 가쁘게 달음박질쳤던 4·19혁명과 그 아들딸들이 계승했던 1987년 6월 항쟁의 기억은 정녕 5·16 군사독재 망령의 부활과 신자유주의의 소용돌이 속에서 사라졌는가? 이런 물음을 곱씹어보기 위해 우리는 '원조혁명'

으로 손꼽히는 프랑스대혁명의 성격과 역사적 유산을 세계사적 차원에서 재발견해야 할 중요한 순간에 직면했다. 어리석게 혁명의 추억에 더는 매달리지 않기 위해 원조혁명의 앞뒤와 안팎을 재점검해야 할 시점이다.

'배반당한 혁명'은 과거 인물이나 사건에 대한 망각의 바다에서 잉태한다. 불편한 진실에 대한 과거 기억을 강제로 삭제하거나 권력의 희생자들을 사탕과 채찍으로 침묵시키면서, 이긴 자들의 역사교과서에서 혁명은 늘 지연되고 실패한다. 4·19와 5·16의 다른 기억들, 장준하가 베었던 돌베개의 고행과 구로공장에서 각혈하던 노동의 새벽에 대한 기억은 근대화의 불쏘시개로 소멸했는가? 국가권력의 집요한 방해로 증언과 저항의 기억들이 탈색되지 않도록, 승자들의 달뜬 아우성에 우리의 낮은 목소리가 침묵당하지 않도록, 역사의 기억투쟁은 머뭇거리지 말아야 한다.[1]

프랑스혁명은 최소한 두 가지 측면에서 '생각하기에 좋은 사건'이다. 첫째, 프랑스혁명은 사회변혁의 어려움과 우연성 혹은 역설적 모순을 우리에게 가르쳐준다. 주지하듯이 1789~1814년이라는 짧은 기간에 프랑스는 절대왕정→입헌군주정→공화정→공포정치→반동정부→군사쿠데타→제정→왕정복고라는 급격한 정치체제의 변화를 경험했다. 이런 정치혁명의 표면 밑에서는 혁명책력의 도입, 교회재산의 국유화와 성직자의 공무원화, 가부장권과 노예제도의 철폐, 이성의 축제와 공화주의 기념물 만들기 등과 같은 문화혁명이 동시다발적으로 진행되었다. '위로부터의' 정권교체와 '아래로부터의' 일상문화혁명 사이의 간격과 어긋남이 동반하는 역사적 변혁의 모순을 어떻게 설명할 것인가? 둘째, 프랑스혁명은 역사적 인물의 공과와 영욕에 관한 신중한 재평가를 요청한다. '좌파·우파'라는 이데올로기 용어 그 자체를 탄생시켰던 혁명무대에서는 바뵈프, 로베스피에르, 콩도르세, 당통, 시에예스, 미라보, 라파예트, 나폴레옹 등과 같은 영웅들이 명멸했다. 살아남은 자와 죽은 자, 살아 부귀영화를 누렸지만 죽어서는 "네 무덤에 침을 뱉은" 표적이 되었던 기회주의자들―우리는 어떤 기준으로 이들을 혁명의 적과 동지로 분류할 것인가?

역사서술이 밑바닥 없는 논쟁에 다름 아니라면, 프랑스혁명이야말로 상반된 두 해석 틀(마르크스주의 대 수정주의)이 상호 충돌하면서 역사해석을 더욱 풍부하고도 복잡하게 만든 대표적 사건이다. 프랑스혁명의 성격에 대한 반대해석과 역사인물 평가에 대한 이데올로기적 편 가르기에 정비례해, 과거를 읽는 우리 시각은 더욱 예민하고 비판적으로 성숙한다. 그리고 혁명에 대한 사학사적 시시비비는 우리에게 과거는 숭배하거나 미워해야 할 무덤이 아니라 '끊임없이 다시 만들어지는 그 무엇'이라는 교훈을 가르친다. 정답 없는 현재적 문젯거리를 항상 새롭게 제공해준다는 측면에서 프랑스혁명은 지적 모험가들이 탐험을 멈추지 말아야 할 미지의 엘도라도다.

이 책은 3부로 구성되어 있다. '우리가 알고 있던 프랑스혁명은 없다'라는 제목으로 묶인 1부에서는 서양·백인·남성적 편견으로 서술된 기존 해석들을 비판적으로 성찰하는 글들을 모았다. 프랑스혁명에 대한 주류 해석이 가부장적 사고방식의 산물이었다는 사실을 페미니스트 입장으로 재성찰하고, 인권선언문과 아이티혁명 사례에 초점을 맞춰 프랑스혁명이 노출시킨 서구 중심주의적 한계를 지적한다. 2부 '영상으로 서술한 프랑스혁명'에서는 세 편의 극영화를 소재로 삼아 문자기록만으로는 포착할 수 없는 혁명의 다른 얼굴을 묘사했다. 영상언어로 쓴 스크린 위에서 혁명은 어떤 모습과 빛깔로 다르게 재현되는가? 여성 영웅과 나폴레옹을 주인공으로 내세운 극영화에는 어떤 이데올로기적 올바름의 훈육이 숨어 있는가? 3부 '프랑스혁명의 문화적 전환'에서는 프랑스혁명을 '문화적 사건'으로 재조명해보려는 글들을 모았다. 프랑스혁명은 봉건귀족에 대한 부르주아지 계급의 승리라는 거대담론일 뿐만 아니라 혁명가요와 혁명축제가 꽃피었으며 민중문화와 엘리트문화가 충돌하고 교류했던 정치문화의 일상무대였다.

2

대학원에 진학했을 때 나는 유럽 근현대 지성사를 전공으로, 프랑스혁명사를 부전공으로 선택했다. 앞 전공이 시들지 않는 내 지적 허영의 표시였다면, 뒤 분야의 선택은 '7080 퇴폐청년'이 간직했던 변혁과 사회운동에 대한 부채감 때문이었을까. 다행스럽게 내가 10년 가까이 공부했던 워싱턴 대학교 역사학과에는 1830년 프랑스 7월 혁명의 권위자이며 미국역사학회 회장을 역임했던 데이비드 핑크니David H. Pinkney(1914~1993) 교수 외에도 1789년 프랑스대혁명 전문가 스콧 라이틀Scott H. Lytle(1918~1990) 교수가 재직했다. 두 사람의 퇴임 후에는 혁명을 문화사적 관점에서 재해석한 린 헌트의 제자 레이먼드 조나스Raymond Jonas 교수가 채용되어 프랑스혁명에 대한 내 관심을 이어갈

수 있었다.

학위를 마치고 귀국한 이래 나는 프랑스혁명을 주제로 한 글들을 간헐적이지만 꾸준하게 발표했다. 국내 학계에서는 1980년대 중반까지도 정통(마르크스)주의 해석이 지배적이었는데, 나는 수정주의 해석과 '문화적 전환'으로 프랑스혁명을 재해석하는 미국 학계의 새로운 연구경향을 소개하는 데 열중했다. 나중에는 '그들(서양 역사학자)의' 프랑스혁명이 '지금 여기 우리에게' 갖는 역사적 의미를 다시 생각해보는 글들을 집중적으로 서술했다.

1997~2013년 사이에 쓴 들쭉날쭉한 글들[2]을 모아 책으로 출간할 것을 결심한 배경에는 '역사를 걱정하는' 나의 어쭙잖은 마음이 있다. 단순히 옛 원고의 먼지를 털고 덧칠을 하는 수준에 그치지 않고 기초공사부터 골격 다시 세우기와 전체 조망 재조정을 위한 글 노동으로 지난 여름방학과 겨울방학을 꼬박 보냈다. 이런 수정·보완 작업을 통해 논문 생산하기의 부끄러움과 교양 독자 눈높이에 맞춘 글쓰기의 어려움을 다시 배웠다. 프랑스혁명에 빗대어 이 세상을 비평하려는 내 세계관과 역사인식의 흔적이 책의 이곳저곳에 스며 있으리라. 가장 최근에 쓴 글들을 앞으로 배치하고 더 이전에 작성된 글들은 뒤쪽으로 정렬했지만, 각 장을 순서 없이 독립적인 주제로 읽어도 무방할 것이다.

한 권의 저서가 글쓴이의 우주는 아닐지라도 그의 얄팍한 삶만큼의 짐과 무게를 담는다. 내 두 번째 책이 돌베개에서 출간될 수 있도록 인연을 맺어준 소은주 팀장에게 우선 고마움을 전한다. 그리고 내가 서양사 혹은 프랑스사의 한 귀퉁이에서 튕겨나가지 않도록 염려하고 후원해준 동료·선후배님들에게도 감사 인사를 드린다. 간지럽게 일일이 호명하지 않더라도 내 마음의 빚을 모두들 아시리라. 초고를 꼼꼼히 읽어준 이화신, 관련 참고자료들을 챙겨준 연구조교 박하늘, 혁명기행 사진들을 공유해준 임승휘 선생과 프랑스 현지조사를 도와준 문지영 선생에게는 따로 인사를 보낸다.³

　이 책은 원래 아버님(육종언, 1934~2011) 팔순에 맞추어 출간하려고 했는데 고인께 드리는 때늦은 선물이 되고 말았다. 아버님과 경북대학교 동창생으로서 먼저 떠나신 장인어른(이규혁, 1933~2009) 모습도 떠오른다. 하늘나라에서 두 분이 나누는 지상에서의 소풍 이야기가 아름다울 수 있도록 못난 자식들은 최선을 다할 뿐이다. 술 마시고 낯선 곳에서 길을 잃었던 퇴폐문학청년이 중늙은이 역사학자로 되돌아온 것은 부모님들의 조건 없는 사랑과 희생 덕분이었음을 다시금 깨닫는다. 내가 양친을 모두 여읜 고애자孤哀子가 될 때까지 그들 곁을 살뜰히 지켜준 아내 현숙에게는 더 열심히 하여 다음 책으로 보답하겠다고 약속한다.

프롤로그

'레미제라블':
혁명의 배반, 또 다른 시작

"왕을 죽였지만 우리는 새로운 왕을 섬기고 있네": 혁명의 배반

엄격히 따지자면 뮤지컬 영화 〈레미제라블〉[1]의 역사적 배경은 프랑스혁명이 아니다. 영화 도입부에서 장발장이 석방되던 해는 왕정복고기(1814~1848) 초입인 1815년이고, 영화 후반부를 장식하는 파리 시가전은 1832년의 사건이다. 제1제정(1804~1814)을 호령했던 나폴레옹 황제가 몰락하고 루이 18세가 컴백한 시기가 영화 〈레미제라블〉의 출발점과 겹친다. 당연히 영화의 클라이맥스를 구성하는 바리케이드 전투는 프랑스대혁명의 한 장면이 아니다. 그렇다고 부르봉 왕가의 '아주 나쁜 왕' 샤를 10세를 쫓아내고 발루아 왕가 오를레앙 기문의 '조금 덜 나쁜' 루이 필리프로 교체한 1830년 '7월 혁명'의 일부도 아니다. 정확히 말하자면 시민혁명에도 불구하고 서민들의 강퍅한 삶이 향상되지 않는 데 화가 난 파리 시민들이 1832년 6월 '7월 왕정'에 도전했다가 깨지는 풍경이다. 말하자면 〈레미제라블〉은 왕정복고기의 전반부에 해당하는 1815~1832년을 시간적 배경으로 삼는다.

그러므로 〈레미제라블〉에 등장하는 민중은 프랑스대혁명의 후손들이다. 루이 16세와 마리 앙투아네트를 기요틴(단두대)으로 보냈던 용감한 아버지와 어머니의 아들딸로 태어나, 나폴레옹시대의 영광과 몰락을 함께하며, 부모 세대가 죽였지만 되살아난 왕의 자식들을 섬겨야만 했던 혁명 다음 세대다. 1789년 혁명과 1848년 혁명 사이에 낀 소위 '1820년 세대'—1792~1803년 사이에 출생한 사람들—로 불리는 이들은 미완성으로 계승한 상처받은 혁명을 치유하고 새로운 사회질서와 세계관을 수립해야 한다는 부채의식에 사로잡혔다.[2] 원작소설의 저자 빅토르 위고Victor Hugo(1802~1885) 자신이 그랬듯이, 1820년 세대는 앞 세대가 씨 뿌렸던 원조혁명을 마중물 삼아 부르봉 왕가의 흰색 장미 가시에 찔려 상처받은 삼색기의 치유를 사명으로 삼았다. 대혁명기인 1795년에 체포되어 19년을 감옥살이 하다 46세가 되는 1815년에 풀려난 장발장은 이들의 멘토이며 후견인이었다.

'나폴레옹 키드'인 프랑스 '1820년 세대'와 '박정희의 아이들'인 우리나라 '386세대'를 비교해보는 것도 흥미로우리라. 이 두 세대는 군인 출신 통치자 밑에서 청소년기와 성년기를 보내며 시대적 단맛과 쓴맛을 동시에 경험했다는 공통점을 갖는다. 프랑스 제1제정이 영토 확장과 나폴레옹 법전이 대변하는 승리와 영광의 시대였다면, 한국의 제3공화국은 급속한 근대화와 경제성장이 견인했던 민족부흥의 호황기였다. 다른 한편, 혁명전쟁과 남북분단이라는 시대상황을 핑계로 두 '키 작은 남자'들이 옥죄는 언론통제와 독재정치 아래에서 성장했다는 점도 비슷하다. 1820년 세대가 '1789년 혁명 다음 세대'라면, 386세대는 '4·19 혁명 다음 세대'라는 유사점도 눈길을 끈다. 또한 '돌아온 왕의 시대'에 항거했던 1820년 세대가 1830년 7월 혁명의 주역이었다면, 386세대는 유신철폐 독재타도에 젊음을 바쳤고 '도루묵' 전두환-노태우 군사독재에 항거하며 문민정부 출범에 헌신했다.

아쉽거나 다행스럽게도 공통점은 딱 여기까지다. 프랑스 1820년 세대가 중년(45~56세)에 또 다른 격정시대인 1848년 혁명을 경험했다면, 이 땅의 386세대는 '박정희 향수'의 열차에 실려 되돌아온 '박근혜 정부'와 함께 그들의 40~50대를 마감하리라. 1848년 혁명이 삼촌 이름을 딴 나폴레옹 3세에게 또다시 배반당했다면, 아버지의 기억과 트라우마를 담보 삼은 이 땅의 첫 여성 대통령이 가야 할 올바른 길은 무엇일까? 도대체 역사는 어디에서 어디까지 희극 또는 비극으로 반복되며 언제 어떻게 달리 변주되거나 비약적으로 도약하는가? 이런 물음들에 대한 대답의 실마리를 찾고자 뮤지컬 영화 〈레미제라블〉을 통해 어제와 오늘의 역사를 꼼꼼히 살펴 또 다른 내일을 다짐하고자 한다.

"눈 깔아!"Look Down!: 성직자-망명귀족의 귀환

루이 18세(1814~1824)→샤를 10세(1824~1830)→루이 필리프(1830~1848)

로 바통이 이어지던 왕정복고기의 공통분모는 '상속된 특권'의 부활이었다. 프랑스대혁명의 기본 정신을 최소한의 수준으로 대변했던 1814년 헌장(헌법)은 국민들을 어여삐 여긴 '루이 18세의 선물'로 공표되었으며 왕에게 배타적인 군사외교권, 관료임명권, 의회비토권, 비상시 법률제정권 등을 부여했다. 되돌아온 왕과 함께 혁명에 쫓겨 외국으로 도망가거나 투옥되었던 귀족과 성직자도 잃었던 특권들을 상당히 회복했다. 1816년에 구성된 하원의원 총 381명 중에서 176명이 귀족이었고 그중 73명이 망명자-도망자 출신 귀족이었다. 1821년에는 귀족들이 하원의 58퍼센트를 넘었고, 1825년에 통과된 배상법 덕분에 귀족들은 앙시앵레짐의 25퍼센트에 버금가는 전 국토의 20퍼센트를 다시 소유했다.³

1814년 헌장이 '프랑스 국교'로 승격시킨 가톨릭의 성직자들도 제 세상을 만났다. 혁명기에 국유화되었던 교회재산을 되찾지는 못했지만 가톨릭에 대한 국가예산 지원은 제1제정에 비해 두 배 증가했다. 이혼법은 폐지되었고, 주일 상업금지가 강제되었으며, 심지어 1825년에 통과된 악법은 신성모독자를 사형에 처할 수 있도록 허용했다. 이런 분위기에 편승해 1814년 715명에 불과했던 성직자가 1821년에는 1,400명으로 역시 두 배 늘었다. 1815~1830년 사이에 임명된 주교 90명 가운데 70명이 귀족이었다는 통계야말로 무덤에 있던 앙시앵레짐의 제1신분과 제2신분의 망령이 한 세대 후에 부활했다는 착각 아닌 착각을 불러일으켰다.⁴

1830년 7월 혁명 이후에도 복고왕정의 지배구조는 근본적으로 바뀌지 않았다. '시민왕', '바리케이드왕'이라는 애칭으로 불렸던 루이 필리프는 반동적인 1814년 헌장을 개혁하려는 시늉을 했지만 귀족-성직자-부르주아지가 부와 관직을 독점하는 정치경제적 구조는 변함없었다. 왕이 자의적으로 법률을 무효화할 수는 없었지만 비상시 임시법을 만들 권한은 그대로 유지했다. 상원의원직에 대한 상속권한은 폐지되었지만 귀족작위 상속권 그 자체는 없어지지 않았다. 그리고 1830년 헌장에 의해 가톨릭은 '국가 종교'에서 '프랑스 다수의 종교'로 그 위상이 다소 떨어졌지만 성직자들은 교육계에서 여전히 영향력을 과시했다. 중등학교 교장 25명 중에서 20명과 철학교사의 4분의 3이 성직자였으며, 모든 학생은 고백성사의 의무가 있었다.[5] 1790~1795년 반혁명의 배후세력으로 지목되었던 가톨릭 신부들이 화려하게 귀환한 것이다.

'메뚜기 한철'의 전성시대를 만끽하는 귀족과 성직자와는 대조적으로 가난한 일반 시민들은 그들의 위세에 눌려 "눈을 내리깔아야" 했다. 사회의 불평불만 분자로서 감시대상이었던 노동자들은 (마치 죄수처럼) 일련번호가 기입되고 거주지 경찰서장이나 시장(읍장)의 서명이 있는 수첩을 항상 지참해야만 했다. 주소변경 시에 보고하지 않으면 부랑자 취급을 받았고 고용주가 발행한 노동수첩 없이는 다른 곳에 취업할 수 없었다.[6] '착하고 말썽부리지 않는' 노동자임을 고용주로부터 보증받지 못한다면 그는 직업선택의 자유마저 박탈당하고 실업의 위협에서 벗어날 수 없었던 것이다. '위험한 인물'로 낙인찍힌 신분증을 소유한 장발장이 하룻밤 묵을 숙소를 찾지 못하고 쫓겨났듯이, 지방귀족 출신 한량의 노리개였던 미혼모 팡틴느는 '풍기 문란한 노동자'라는 딱지와 함께 해고되어 거리의 창녀로 전락했다. 어둠의 뒷골목을 헤매

같은 제목의 유명한 뮤지컬에 바탕을 둔 이 영화는 국내에 상영되어 600만 명의 관객을 모으며 '레미제라블 현상'을 불러일으켰다.

야만 하는 그대 "레미제라블—불쌍한 사람"이여.

재산의 많고 적음에 따라 극도로 제한된 시민권도 대부분 프랑스 시민들의 어깨를 움츠리게 만든 또 다른 요인이었다. 1814년부터 1830년까지 프랑스인 3,250만 명 중에서 투표권을 가진 사람이 전체 인구의 0.3퍼센트인 10만 명 정도였다는 사실은 유산자들이 독점적으로 지배했던 왕정복고기의 성격을 웅변한다. 게다가 상당한 재산세를 납부한 40세 이상 남자에게만 부여된 피선거권을 가진 사람은 겨우 1만 5,000명에 불과했다.[7] 7월 왕정은 선거권 나이를 하향조정하는 '무늬만 개혁'을 단행했지만 그 기름진 민낯은 반동적인 복고왕정의 복사판이었다. 7월 왕정이 표방하는 '자유'는 권력과 재산을 가진 소수자들만의 자유였으며, '질서'는 엄격한 형벌제도와 과시적인 국가폭력으로 유지되는 '억압'의 다른 이름이었다. 궁극적으로 "1803년은 중도에서 멈추어진 혁명"이었으며, 7월 왕정은 민주-공화정으로의 이행을 지연시키고 방해하는 1789년 대혁명과 1848년 혁명 사이에 낀 불순물이었다.[8]

"세상 빛깔은 날마다 변하네":
'사회문제'와 노동자 – 지식인 연대

'사이비 시민왕'으로 판명된 루이 필리프에 대한 항거는 정권 초기부터 불붙었다. 7월 왕정 출범 직후 5년 동안 샤를 10세 통치기간인 15년보다 더 많은 사회소요와 봉기가 발생했던 것이다. 7월 혁명의 '영광스러운 3일' 동안 2,000명이 넘는 고귀한 생명들을 희생하면서 민중은 녹슬었던 거리싸움을 복습하고 1789년 대혁명의 투쟁을 되살렸다. 전임자 샤를 10세 시절의 부패관료 처벌과 공평한 세금개혁을 요구하는 데모가 줄을 이었다. 1830년 헌장에서 한 발자국도 양보하지 않겠다는 '저항파'와 좀더 급진적인 개혁을 요구하는 '운동파' 사이에서의 '중도' juste milieu를 표방했던 7월 왕정은 우왕좌왕했다. 1830~1840년 사이에 15개의 연합정권이 이합집산離合集散할 정도로 무능했던 루이 필리프 정부는 새로운 변화의 바람에 휘청거렸다.

 프랑스에서 1830년대는 '사회문제'가 본격적으로 부상하는 중요한 시기였다. 19세기 중반까지 총인구의 75퍼센트가 농촌 지역 거주자였고 1856년에도 총인구의 51.4퍼센트가 1차 산업(농업-어업-산림업) 종사자였지만, 1830년을 전후로 진행되었던 초기 산업화의 여파와 영향력을 과소평가할 수 없다. 1803~1812년에 190만 명 정도였던 산업노동자가 1833~1840년에는 350만 명으로 증가했다.[9] 산업시대로의 이행기에 상응해 빈곤과 실업, 도시화와 열악한 작업환경 등과 같은 '사회문제'가 등장했고 이를 자양분 삼아 사회주의라는 나무가 자라나기 시작했다. 1830년 전후에 처음으로 쓰이기 시작한 '사회주의'라는 용어는 자본주의체제의 반대어가 아니라 이기주의와 자유방임적인 경쟁주의에 맞서는 도덕적 개념이었음에 유의할 필요가 있다.[10] 7월 왕정 초기에 임명된 관료의 3분의 2가 은행가-기업가 출신이라는 사실이 반영하듯이, '가짜 평등왕' 루이 필리프가 신봉했던 이데올로기는 시장경제에 기초한 자유방임주의였다. 부자는 점점 더 부자가 되고 가난한 사람은 점점 더 가난하게 되는 루이 필리프의 시대착오적 통치에 정비례해 사회주의의 가지와 잎사귀는 점차 무성하게 자라났다.

이런 분위기 속에서 초기 사회주의자들이 '연대'association를 시대적 화두로 내세운 것은 놀라운 일이 아니다. 1789년 혁명 때 짧게 고개를 내밀었던 가난한 육체노동자(상퀼로트) 사이의 형제애가 1830년 혁명을 계기로 초기 산업노동자들의 노동조합적인 연대의식으로 부활했던 것이다.[11] 7월 혁명의 와중에 출범한 '인민의 친구'라는 공화주의 비밀결사단체가 하부조직에 '마라', '바베프', '로베스피에르' 등과 같은 대혁명 지도자들의 이름을 붙인 것에서 평등주의적 열망이 지속됨을 읽을 수 있다. 1830년 전후에 사회주의운동을 주도했던 생시몽주의자들도 "인간의 인간에 의한 착취"를 멈추고 전 지구촌의 모든 인간관계에 적용되는 '보편적 연대'를 주창했다.[12] 팔랑스테르라는 이상적인 공동체를 실험했던 동시대 사회주의자 샤를 푸리에가 강조했던 '하모니'가 '연대'의 또 다른 명칭이었음은 물론이다. 그리고 1831년 리옹에서 발생했던 노동쟁의에서 섬유노동자들이 외쳤던 "노동하며 살지 못한다면 차라리 싸우면서 죽자"라는 구호는 강철 같은 동지애의 격문이었다. 최초의 근대적 대중노동운동으로 기록되는 리옹쟁의는 1789년 혁명의 못다 핀 꽃 '평등'이 1830년 혁명 이후 '연대'로 확장·승화되는 전환점이었다.

　새로운 변화를 추동하는 태풍의 눈이었던 '연대'는 노동자-지식인 동맹으로 실천되었다. 프랑스혁명이 출범시킨 근대 고등교육기관에서 공부한 의식 있는 대학생들이 노동자들에게 사회문제의 본질을 계몽하기 위해 다가섰다. 부자 부르주아지에게만 선거권을 부여하는 데 항거하는 민중과 함께 거리에서 싸우다가 "프랑스 급진적 성인전의 첫 번째 학생 순교자"로 죽은 법과대학생 랄르망Nicholas Lallemand은 1820년 세대의 전범典範이며 선구자였다.¹³ 그 뒤를 이어 7월 혁명 직후에는 에콜 폴리테크닉 재학생들이 가난한 노동자들을 위한 무료학교를 '연대'의 이름으로 열었다. 여러 사회운동단체가 합동으로 운영하는 '인민의 무료교육을 위한 연대'는 1833년에 3,000명의 후원자들 도움으로 총 54개 강좌를 개설해 2,400명의 노동자-학생이 등록할 정도로 급성장했다.¹⁴ 우리 식으로 말하자면, '민중 속으로' 뛰어든 엘리트 대학생들이 몰래 연 야학을 통해 '사회문제'의 심각성이 토론되고 그 해결을 위한 연대의식의 축과 저변이 강화된 것이다.

"그 새벽, 외로운 바리케이드": 숭고한 패배

1570년대 무렵 처음 등장한 '바리케이드'라는 용어는 나무통barrel을 지칭하는 옛 프랑스어 '바리크'barrique에서 유래했다. 텅 빈 내부에 흙이나 돌과 같은 재료를 넣어 원하는 지점으로 신속하게 이동할 수 있는 장점이 있는 '바리크'의 복수형이 바리케이드다. 평균 15분이면 완성되는 바리케이드는 '원자재' 나무통 외에도 책, 마차, 거리짱돌, 벤치와 가정용 가구, 욕조와 매트리스 등 눈에 띄거나 동원 가능한 모든 잡동사니가 망라되었다. 역사적으로 바리케이드가 처음 선보인 것은 앙리 8세 통치기에 발생했던 1588년 5월 종교분쟁 때였다. 1648년 프롱드난에서도 등장했던 바리케이드는 프랑스인들의 발명품이었지만 독점물은 아니었다. 1787년 브뤼셀 주민들이 오스트리아 황제에 항거하면서 바리케이드를 세웠듯이 유럽의 다른 나라에서도 애용되었다. 이런 역사적인 용례를 반영하여 바리케이드는 "민간 반란군들이 방어용으로 구축한 즉흥적인 구조물로서 공권력을 대변하는 군사력이나 경찰세력에 대응하기 위한 도회 (저항) 공간 확보의 수단"이라고 정의된다.[15]

프랑스대혁명 때 바리케이드가 등장했는지 여부를 둘러싼 논쟁이 있었다. 1980년대까지도 대부분의 역사가들은 근현대 프랑스에 바리케이드가 재등장한 것은 1789년이 아니라 1830년 7월 혁명과 1848년 혁명 시기였다고 믿었다. 그러나 아주 최근에는 바리케이드가 대혁명 기간에도 분명히 등장했다는 사실이 밝혀졌다. 예를 들면 1791년 루이 16세와 왕비가 오스트리아로 도망가다가 바렌느에서 잡혔을 때, 그곳 마을주민들이 왕당파가 왕족들을 구출하러 오는 것을 막기 위해 급하게 바리케이드를 세웠다는 사료가 발견되었다. 그러므로 바리케이드의 전성시대인 1830년이나 1848년과 비교하면 1789년에 세워졌던 숫자와 영향력이 상대적으로 미약했기 때문에 오랫동안 역사가들이 그 존재 가치를 간과하거나 무시했다는 견해가 설득력이 있다.[16] '가난한 시민군이 구축한 누더기 요새', '시민들의 아크로폴리스' 등과 같은

1588년 종교분쟁 때 첫선을 보였던 바리케이드는 1830년 7월 혁명과 1848년 혁명 때 대활약했던 민중의 아크로폴리스다.

별명으로 전래되었던 전통의 바리케이드가 대혁명 때도 생략되지 않았던 것이다.

〈레미제라블〉에서 코제트의 애인 마리우스를 포함한 젊은이들이 주도했던 바리케이드 전투는 1832년 6월 5~6일 양일간에 발생했던 실화에 바탕을 둔 것이다. 국민들은 '시민왕'인 줄 알고 추대했던 루이 필리프가 집권 초기부터 펼치는 반동정치에 속았다는 것을 깨달았다. 왕이 훔쳐간 7월 혁명을 되찾아 좀더 자유롭고 평등한 세상을 만들려는 '운동파'들은 연회와 장례식을 대중집회와 여론조성의 기회로 활용했다. 두 행사의 성격상 공권력의 사전허가 없이도 사람들이 모이기 쉬웠고 특히 장례식의 경우에는 고인에 대한 추모행사를 핑계 삼아 거리에서의 공간이동이 용이하다는 장점이 있었다. 이런 이유로 라마르크Jean Maximilien Lamarque 장군의 장례식이 거행되는 6월 5일이 반정부집회 날짜로 은밀히 계획되었다. 라마르크는 나폴레옹 치하 혁명전쟁의 영웅이었으며, 왕정복고 시절에는 하원에서 야당의 지도자로 활약했고, 7월 왕정 초기에도 반체제운동의 상징적인 인물이었다. 시위대들은 고향에 매장이 예정된 그의 시신을 탈취해 프랑스 영웅들이 묻힌 판테온에 안장함으로써 1789년 혁명의 기억을 되살리고 싶어했다.

라마르크의 장례행렬에는 대략 10만 명의 시민들이 몰렸다. 그러나 "자유가 아니면 죽음을 달라"라는 구호와 함께 장례행사가 반정부 봉기로 전환했을 때 파리 시민들은 소극적으로 반응했다. 시위대 중 500~1,000명 정도가 무력항쟁을 준비하는 바리케이드 구축에 참여했고, 다음 날인 6월 6일 최후의 순간까지 바리케이드와 함께할 각오를 다짐하며 현장에 남았던 시민군은 대략 100명에 불과했다. 영화 속에서 생앙투안느 거리의 바리케이드를 지켰던 '아베쎄(ABC, 가나다) 친구들'[17]의 지휘관 앙졸라, 마리우스, 장발장 등도 '최후의 시민군 100인'에 포함되었음은 물론이다. 파리시방위군과 보강된 정부군을 합쳐 6만 명을 헤아리는 진압군은 압도적인 수적 우세와 대포를 앞세우고 반란 시민들을 무참히 제압했다. 이 과정에서 800명의 반란군들이 죽거나 다쳤다.

빅토르 위고는 하필이면 왜 수많은 바리케이드 봉기들 중에서 실패했던 1832년 6월 항쟁을 『레미제라블』의 주요 배경으로 선택했을까? 무엇보다도 위고는 외로운 새벽의 바리케이드를 지키며 숨졌던 보잘것없는 사람들의 희생이 역사서술에서 결코 배제되거나 침묵당하지 않아야 한다고 확신했다. "역사가들이 시간과 지면이 부족하여 가끔 도외시하는 극적이고 생생한 사실, 즉 잊혔거나 당사자들이 죽어서

문혀버린 사실들을 밝은 곳으로 이끌어내려"는 것이 그의 의도였다.[18] 뮤지컬 영화에서 불렸던 곡들 중 가장 애절한 '텅 빈 의자, 텅 빈 테이블'이라는 제목의 노래는 카페에서 대학생과 노동자들이 '혁명을 이야기하면서' 나누었던 술과 식사 자리를 애도한다. '사랑의 힘으로' 살아남은 마리우스가 느끼는 슬픔과 고통의 기억이야말로 내일의 역사를 움직이는 힘과 지렛대가 될 것이다. 사학사적으로 말하자면 1960년대 후반에야 '아래로부터의 역사'라는 이름으로 겨우 학문적 시민권을 얻었던 민중의 삶의 역정을 위고는 이미 100년 전에 '소설적으로' 발굴하여 기록했던 것이다.

위고가 하찮은 1832년 6월의 에피소드를 채택했던 또 다른 이유는 바리케이드와 함께 산화散華했던 젊은이들의 좌절과 용기를 통해 역사 진보의 역설과 어려움을 설명하고 싶었기 때문이리라. "때로는 위胃(호구지책과 가족부양)가 심장(계산할 수 없는 열정과 역사적 사명감)을 마비시키기도" 하기 때문에, 혁명에 등을 돌리고 바리케이드에 합류하지 않았던 동료들을 비겁하다고 비난하지 말라고 위고는 권고한다. "개인들의 일시적인 삶이 인류의 영원한 삶에 저항하는 경우"가 있고 "진보 역시 잠드는 그 나름의 밤 시간을 가지고 있"음을 청년혁명가들은 죽어서 증언한다. 비록 진보의 늦잠을 깨우지는 못했지만 이들의 희생은 마땅히 존경받아야 할 '숭고한 패배'다. 유토피아의 씨앗을 뿌리는 사람들은 승리 대신 파멸을 운명처럼 사랑하고, 자기를 부정하는 사람들마저도 변호하며 그들을 위해 봉사하기 때문이다. 1832년의 투사들은 미운 왕 루이 필리프를 타도하기 위해서가 아니라 "인간에 의한 인간의 찬탈과 특권에 의한 보편적 권리의 찬탈 행위"를 멈추기 위해 목숨을 바쳤다. '완성된 혁명', '다시 자유로워진 진보', '더 위대해진 인류', '범세계적인 해방'이라는 고귀한 명분과 자신의 단 하나뿐인 삶을 맞바꿨던 것이다.[19] 오호라, 봄 꽃잎들은 모두 제자리를 알고 떨어지는구나.

"내일로!": 또 다른 시작

소설 『레미제라블』이 우리나라에 처음으로 소개된 것은 일제 식민시대였다. 최남선과 홍난파 같은 조선 지식인들이 '애사'哀史, '너 참 불상타', '몸 둘 곳 없는 사람', '짠앨짠의 설음' 등과 같은 제목으로 원작소설을 축약·번안·중역重譯해 독자들을 찾았다.[20] 이들이 호구지책으로 '레미제라블'을 번역했는지 혹은 주인공 장발장의 기구한 삶에 빗대 피식민지인의 처량한 신세를 한탄했는지 확인할 방법은 없다. 원본의 완역본 『레미제라블』은 1962년에 정기수 번역으로 민음사에서 출간되었다. 그리고 파리와 런던에서 각각 1980년과 1985년에 초연되었던 뮤지컬 〈레미제라블〉은 1996년에 우리나라 관객들에게도 선보였다. 2012년에는 뮤지컬의 영화 버전이 영국에서 제작되어 한국에서도 상영되었다. 원작소설이 1862년에 출간된 지 150년이 지난 현재까지 '레미제라블'은 다양한 형식과 장르를 넘나들며 국내외에서 왕성히 소비되고 있다.

2012년 12월 국내에 개봉한 뮤지컬 영화 〈레미제라블〉은 넉 달 동안 약 600만 명의 관객을 동원할 정도로 인기를 끌었다. 언론은 개봉 시기가 우연히 제18대 대통령 선거와 겹쳤고, 선거 결과—여당 후보

원작소설의 저자 빅토르 위고처럼, 1789년 혁명 이후에 출생해 1830년대 저항의 바리케이드를 올렸던 젊은 혁명가들은 소위 '1820년 세대'에 속한다.

의 당선―에 실망했던 사람들이 이 영화에 매료되었다고 '레미제라블 현상'을 해석했다. 정말 야당 후보를 지지했던 48퍼센트의 사람들은 '배반당한 혁명'에 분노하며 바리케이드에서 스러진 순결한 젊은이들을 자신들과 동일시하며 '민중의 노래'를 따라 불렀을까? 연말연시의 분위기 속에서 극장을 찾았던 많은 관객들은 혹시 '혁명과 진보'가 아니라 '사랑과 화해'의 메시지에 더 많은 감동을 받았던 것은 아니었을까? 다시 말하면 많은 관객들을 사로잡았던 것은 바리케이드 전투가 아니라 장발장-팡틴느-미리엘 주교가 '하느님의 품 안에서' 재회하는 피날레였을지도 모른다. 성탄절인 12월 25일에 개봉 이후 가장 높은 극장 점유율 77.7퍼센트를 기록하면서 35만 5,800여 명이 〈레미제라블〉을 관람했다는 통계자료가 이런 짐작을 뒷받침한다. 그렇다면 이 땅에서 반짝 나타난 '레미제라블 신드롬'을 2012년 대선 결과에 대한 자기치유 과정이라고 '좌파적으로' 평가하는 것은 자가당착이다. 오히려 '레미제라블 대박현상'은 여당 후보가 당선될 수밖에 없었던 지금 이 땅에서의 이데올로기적 인구분포의 실체와 그 한계를 반영하는 대중문화 현상이라고 해석해야 할 것이다.

유감스럽게도 영화 〈레미제라블〉 관객의 종교별·세대별·정치성향별 통계자료는 없지만 우리는 2012년 대통령 선거의 세대별 참여율과 투표성향을 잘 알고 있다. 요약하자면 취업난과 무한경쟁에 시달리는 20대의 선거참여가 평균투표율 75퍼센트를 훨씬 밑도는 65.2퍼센트로 저조했던 반면, 386세대가 포함된 50대가 세대별로 가장 높은 거의 90퍼센트의 투표율을 보이며 60대 이후 세대와 연합해 여당 후보를 적극적으로 지지했다. 젊은이들은 점점 더 냉소적·탈정치적이 되어가고 중늙은이들은 점점 더 보수적으로 '퇴보'했다. 1830년 7월 혁명을 전후로 왕정주의자는 자유주의자로, 자유주의자는 민주주의자로 "젊은 세대가 털갈이를 하면서…… 각자 자신의 몫만큼 전진"했던[21] 세대혁명이 이 땅에서는 발생하지 않았던 것이다. 샤를 10세의 취임을 축하하는 시를 헌사했던 부끄러운 문학청년이었던 위고가 나이를 먹으면서 자유주의-공화주의자로 진화했던 것과는 대조적으로, 이 땅의 많은 386세대는 '독재자의 딸'을 복고적으로 후원했다. 세대교체와 정치의 귀환이 급진적으로 결합되지 않는다면, 역사의 물레방아는 '돌고 돌아 다시 그 자리'(터닝Turning)에서 맴돌 수밖에 없다는 매서운 교훈을 2012년 대통령 선거 결과는 가르친다.

독재와 폭력의 겨울공화국으로 되돌아가지 않기 위해 무엇을 할 것인가? "혁명은 되지 않고 방만 바꾸어야"(김수영, 「그 방을 생각하며」) 했지만 우리는 쫓겨 간 그 빈 방에서 다시 역사책을 읽고 세상 속으로 나아가도록 준비해야 한다. 유신의 훈장과 함께 '상속된 특권'들이 잡초처럼 부활하지 않도록 기회주의적인 현실인식을 닦고 시대착오적인 역사관을 재성찰해야 할 시간인 것이다. 그리고 이제 더는 '개천에서 용'이 나지 못하고 황금 콩을 심은 데 황금 콩이 나는 것을 자유경쟁과 사회정의라고 부르는 세계관에 도전하는 바리케이드를 다시 올려야 한다. 21세기 초반 우리가 직면하는 '사회문제'는 노동이냐 생산이냐, 복지냐 공유냐 하는 협박적인 양자택일로 요약될 수 없는 성격을 갖는다. 청소년, 대학생, 정규직·비정규직 노동자, 대중지식인, 은퇴자, 남녀노소 등 사회구성원들은 동일한 범주로 분류될 수 없는 다양한 욕망의 소유자들이다. 그러므로 우리가 결성할 다중多衆시대 새로운 연대의 행진이 '역사적으로' 올바른 지점에 도달하도록 상호 소통과 감정이입의 창문을 활짝 열어야 한다. 소용없는 나의 건방진 독서와 까마득한 망루에 올라 허공을 걷는 그대의 야윈 고독이 다시 만날 날을 기약해야 하기 때문이다. 너와 나의 또 다른 시작은.

1부
우리가 알고 있던 프랑스혁명은 없다

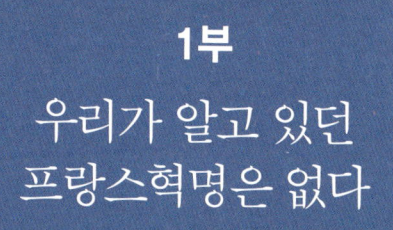

1 여성을 위한 프랑스혁명은 없다

총체적 혁명과 여성문제

"프랑스혁명에서 혁명적이었던 것은 무엇이었을까?" 혁명 200주년 기념을 몇 달 앞두고 미국의 저명한 프랑스 역사가 로버트 단턴Robert Darnton은 한 공개강좌를 이런 다소 황당한 질문으로 시작했다.[1] 혁명 100주년을 기념하기 위해 세워졌던 에펠탑이 파리의 심장부에서 관광객들을 유혹하고 '구체제의 사망진단서'인 「인간과 시민의 권리선언」 Déclaration des droits de l'homme et du citoyen이 전 세계에서 암송되고 흠모되는 오늘날 프랑스혁명의 '혁명적' 성격에 대해 새삼스럽게 의문을 제기하다니? (당시 재직했던) 프린스턴 대학교(현재는 하버드 대학교) 교수로서 매우 무식하거나 불경스러운 발언이라고 오해를 받을 수도 있을 것이다.

단턴의 설명에 따르면, 프랑스혁명의 진정한 혁명성은 통치권이나 지배계층의 흥망이 아니라 당대인들이 경험하는 "거의 모든 일상생활에서의 근본적 변화"에서 탐색되어야 한다.² 일상생활정치 영역에서 사소하지만 중요한 것들이 과거 전통과 가치관으로부터 얼마나 과격하게 탈피했는지 여부에 따라 혁명의 순도와 진정성을 측정할 수 있다는 말이다. 사실상 프랑스혁명은 혁명책력, 미터법 도입과 같이 전통적인 시공간 개념을 일시에 바꾸었다. 도시와 거리 이름 변경도 혁명 과업 중 하나였다. 왕정 또는 봉건제 구체제에 대한 연상이나 향수를 자극하지 않기 위해 여왕벌은 '산란産卵벌'이라는 명칭으로 격하되었고, 몽마르트르 언덕은 왕당파에게 암살된 혁명영웅을 기억하기 위해 '몽 마라'Mont Marat로 변경되었다. 언어생활에서도 평등과 우애 정신을 고취하기 위해, 봉건적 신분제도의 존칭어 '어르신'vous을 좀더 친밀하며 대등한 관계어인 '당신'tu으로 대체하자는 주장이 제기되었다.

정치적·사회경제적 권력이동과 같은 '상부구조'의 변화뿐만 아니라 일상생활문화의 관행과 같은 '하부구조'도 급격하게 변했는지로 혁명의 성공 여부를 진단해야 한다는 것이 단턴의 생각이었다. 프랑스혁명에서 가장 혁명적인 요소는 "무한한 가능성에 대한 확신"으로 "구체제의 잔해로부터 새로운 세계를 건설하려는" 총체적 개혁의지에서 찾아야 한다는 뜻이다.³ 그렇다면 이런 '총체적 혁명'의 과격성은 남녀관계에도 적용될 수 있을까? 당시 여성들은 '그대'tu 남성들과 어깨를 겯고 혁명의 아들딸로서 동등한 시민 권리와 의무를 향유했던가? 유감스럽게도 단턴은 '여성문제'라는 거울에 비쳐 프랑스혁명의 혁명성을 신중하게 재고하지 않았다. 자유·평등·우애를 남성적 미덕과 동일시한 그는 여성을 조국수호라는 신성한 혁명적 과업에서 제외시킨 것은 자연스럽다고 믿었다.[4] 이런 보수적 태도는 프랑스혁명의 문화적 기원을 '아래로부터의 계몽주의'라는 진보적 시각으로 재해석한 단턴 자신의 연구성과와 대비된다.[5] 프랑스혁명을 해석하는 '학문적 가부장권'의 뿌리가 그만큼 깊고도 집요하다는 반증이리라.

이 글은 프랑스혁명에 대한 기존의 해석을 여성주의 시각에서 비판하고 그 역사적 유산을 재검토하는 것을 목표로 한다. "여성에게도 과연 르네상스가 있었는가?"라는 조안 켈리의 다소 낡았지만 여전히 도발적인 물음[6]에 착안해, '프랑스혁명은 여성에게도 진짜 혁명적이었는가?'라는 물음을 던지고자 한다. 앙시앵레짐의 낡은 집에서 '집사람'으로 갇혀 있었던 여성들은 프랑스혁명 덕분에 '바깥양반'과 대등한 '정치적 동물'로 다시 태어났는가? 이런 의문으로 프랑스혁명을 여성해방과 여성 시민의 권리신장이라는 측면에서 재조명하려는 연구가 서양에서 활발히 축적되었다. 국내 학계도 예외가 아니었다. 지난 20년 동안 꾸준히 프랑스혁명과 여성문제에 관해 집중적으로 연구해온 이세희가 대표적이다.[7] 국내외 선행 연구들을 참조해 다음 본론의 전반부에서는 혁명의 발발에서 공포정치의 종결에 이르는 기간에 진행된 혁명과 여성 사이 애증의 쌍곡선을 추적한다. 후반부에서는 프랑스혁명이 여권의 신장과 해방에 끼친 긍정적·부정적, 단기적·장기적 영향력과 역사적 유산을 검토함으로써 혁명의 현재적 의의와 과제를 되짚어본다.

남성들만의 반쪽짜리 혁명

혁명 직전까지 '여성문제'는 비중 있고 시급한 현안이 아니었다. 175년 만에 개최된 신분의회에 제출된 수많은 진정서들에서도 여성들의 권리문제는 거의 제기되지 않았다. 드물게 여성문제를 언급한 경우에도 빈민구제와 매춘규탄 같은 전통적이며 도덕적인 권리를 요청하는 내용이 대부분이었고, 신분의회에서의 여성들의 선거권과 피선거권 요구 같은 예민한 정치적 권리는 포함되지 않았다. 구체제에서 쓰이던 '여성 시민'이라는 용어가 남자 시민이나 도시민의 아내를 지칭하는 일상단어였다는 사실이 여성문제에 대한 무관심을 드러낸다.[8] 여성 시민들을 위한 자유·평등·우애라는 구호는 앙시앵레짐에서는 먼 나라 이야기처럼 아득하고도 비현실적인 구호처럼 보였다.

혁명정부는 짧은 기간에 여성들을 가부장적 사슬로부터 '법률적으로' 해방시켰다. 제헌의회는 1790년 3월 15일 장자상속법의 폐지를 선언했고 8월에는 가족분쟁의 민주적 해결을 위한 가정법원의 설치를 입법화했다. 덕분에 루이 14세가 1684년에 '봉인장' 제도를 통해 합법적으로 부여했던 부권이 심각하게 약화되었다. 1791년 헌법은 민법상의 성인연령을 남녀 동등하게 21세라고 규정했고, 1792년 9월에 공표된 이혼법은 당사자들의 자유의지에 의한 부부관계의 해체를 보장했다. 이런 일련의 가족입법은 사회계약에 기초한 새로운 남녀관계를 수립했고, 누구에게도 휘둘리지 않는 이성적 사유능력자로서 여성이 독립적 존재임을 인정했다.[9]

혁명 초기에 발표된 여성입법들은 남성이 여성에게 하사한 선물이 아니라 여성 스스로 쟁취한 일종의 노획물이었다. '위기에 처한 혁명'을 여성들이 구출했던 것에 대한 보상으로 여성입법이 훈장처럼 공표된 것이었다. 잘 알려진 것처럼 기회주의적이며 우유부단한 루이 16세의 저항 때문에 혁명의 수레바퀴가 진흙탕에 빠져 헤매던 1789년 10월 초순 약 7,000명의 파리 여성들이 베르사유로 행진했다. 이들은 왕이 「인간과 시민의 권리선언」을 수용하고 굶주린 시민들의 빵 문제를 해결하라고 윽박질렀다. 미슐레Michelet의 표현을 빌리면, "남자들이 바스티유 감옥을 탈취했다면 여성들은 왕을 사로잡았"던 것이다.[10] 그리고 입헌군주정의 가부장적 통치에 항의해 헌법 개정을 요구한 1791년 7월 14일의 '100인의 청원서'에도 41명의 여성들이 이름을 올렸다. 의심의 여지 없이 여성들은 혁명을 수호하고 키웠던 용감한 행동대원이었던 것이다.

여성들이 남성들과 구별되는 '성적 정체성'을 깨닫게 되는 계기는 시민권 자격 논쟁이었다. 제헌의회의 결정에 따르면, 여성은 일정한 수준 이상의 세금을 내지 못하는 가난한 남성이나 외국인과 함께 선거권과 피선거권이 없는 '수동적 시민'으로 분류되었다. 자신의 노력 여하에 따라 '능동적 시민'으로 승격할 수 있는 수동적 남성 시민과는 달리 여성은 단지 '여자라는 이유만으로' 시민권 자격을 원천 봉쇄당했다. 군주정의 폐지와 함께 능동적 시민과 수동적 시민의 구분이 일시적으로 사라졌을 때도 여성들의 참정권은 전혀 고려대상이 아니었다. 직업이나 경제적 능력에 관계없이 여성은 프랑스 시민이 아니었던 것이다. "남녀 사이의 불평등한 관계는 더 이상 능동적·수동적 구별로 은폐되지 않았고, (성적) 불평등은 그 진짜 색채를 드러냈다."[11] 역설적으로 이런 남성주의 음모에 맞선 여성들은 능동적 시민으로서의 역량을 과시하기 위해 혁명을 더 열심히 때로는 더 과격하게 지원했다.

여성들은 다양한 방식으로 자신들이 가진 잠재적 시민자격을 과시했다. 1792년 봄에 폴린 레옹Pauline Léon을 대표로 한 315명의 여성들은 무장권과 국민방위군 편입을 요청하는 청원서를 입법의회에 제출했다.[12] 비록 수용되지는 않았지만 이는 단순히 애국심의 제스처가 아니라 여성 시민권 쟁취를 위한 여론조성의 정치캠페인이었다. 1793년 9월에 발생했던 '삼색모장 투쟁'도 여성들이 주도했던 또 다른 참정권 운동이었다. 여성들은 혁명의 상징이며 공화국 시민임을 나타내는 삼색모장을 모든 여성이 의무적으로 착용하도록 법률로 정할 것을 자코뱅정부에 요구했다. 이는 단순한 '패션문제'가 아니라 여성을 완전한 시민의 일원으로 포용하고 공식 인정해달라는 정치투쟁에 다름 아니었다.[13] 이런 일련의 사건들은 여성이 시민 남성의 딸이나 아내로 머무는 것에 만족하지 않고 "인민주권의 신조에 가장 철두철미하고 가장 용맹스러운 수호자"임을 대외적으로 과시했다.[14]

여성입법으로 대변되는 혁명의 전반기가 혁명과 여성 사이의 허니문 시기였다면, 후반기는 여성과 남성 공화주의자 사이의 갑작스러운 파혼으로 특징지어진다. 군주정 몰락에 힘을 보탰던 여성들이 위협적 정치세력으로 성장해 남성 정치인들과 경쟁상대가 되었기 때문이다. 1789년에서 1793년 사이에 생긴 50여 개의 여성클럽은 회원들의 정치의식을 일깨웠다. 특히 1793년 5월에 등장한 '혁명적 공화주의 여성 시민클럽'Le Club des Citoyennes Républicaines Révolutionnaires은 최초의 여성정치정당 역할을 수행했다. 혁명의 적을 무찌르고 정치적 목적을

역사가 미슐레는 "남자들이 바스티유 감옥을 탈취했다면 여성들은 (베르사유로 행진하여) 왕을 사로잡았다"고 혁명기 여성들의 결정적인 역할을 기록했다.

달성하기 위해 폭력을 사용할 것을 공개적으로 천명함으로써 남성 정치인들의 간담을 서늘하게 했다.

한편, 여성 권력의 가시적 형성과 성장은 여성들의 정치적 분열을 동반했다. 마담 롤랑Madame Roland으로 대변되는 부르주아 여성들은 여성문제에 우호적이었던 지롱드파에 합류했지만, 여성 노동자들은 지롱드파를 입헌군주정 헌법을 통과시킨 인민의 배반자로 간주했다. 지롱드파가 후원하는 곡물가격의 자율화는 여성 노동자에게 원성의 대상이었다. 그 대신 여성 상퀼로트들은 자코뱅이 약속하는 물가상한선 정책과 사재기 금지를 전폭적으로 지지했다.[15] 이들은 혁명재판소의 앞자리를 차지하고 판결이 '좌파적으로' 진행되도록 야유하고 분위기를 선도했다. 여성 노동자들의 전폭적 지지를 등에 업은 자코뱅파는 지롱드파를 내치고 공포정치시대를 개막했다.

정권을 장악한 자코뱅 지도자들은 '토끼사냥을 끝내고 사냥개를 잡아먹는' 배은망덕한 주인으로 돌변했다. 물가상한선 제도의 확장과 반혁명주의자에 대한 엄벌을 요청하는 여성 노동자들은 이제 더는 자코뱅정부의 후원자가 아니라 골치 아픈 정치적 라이벌이었다. 자코뱅 지도자들은 분별없는 여성들이 극좌파인 '격앙파'에 선동되어 분수에 넘치는 과격한 정치적 요구를 한다고 의심했다. 자코뱅 남성 지도자들은 선제공격으로 1793년 9월 초에 폴린 레옹과 자크 루Jacques Roux를 포함한 격앙파 지도자들과 그를 지지하는 여성들을 체포했다. 1793년 10월 28일 자코뱅 정권의 대변인 아마르André Amar는 여성들은 "임신의 책임, 도덕적 약점, 부적절한 정치적 교육, 신경질적 흥분성" 등의 생래적 한계 때문에 정당한 시민자격에 미달한다고 선언했다.[16] 10월 30일에는 '혁명적 공화주의 여성시민클럽'을 포함해 정치적 말썽의 소굴로 지탄받은 모든 여성클럽이 전격적으로 폐지되었다. 여성들은 자신들의 이해관계를 대변해줄 정치세력을 찾아 지롱드파→자코뱅파→격앙파 등과 협력했지만 독립적인 정치세력을 형성하지는 못했다.

자코뱅정부의 축출 후 성립된 테르미도르 반동정부에서도 여성차별정책은 계속되었다. 1794년 최악의 흉작으로 식량보급 위기에 처한 총재정부는 곡식과 육류를 제외한 생필품에 대해 물가상한선 적용을 포기하고 시장경제정책을 도입했다. 이에 반발한 하층 여성들을 중심으로 1795년 봄부터 폭동이 발생했다. 이들은 구체제의 호구지책을 위한 '빵 폭동'과 달리, 혁명정신으로 자각한 여성들이 주도하는 정치개혁적 성격을 가졌다. 5월 24일에는 약 2,000명의 여성이 제1공화국을 선언한 1793년 헌법의 보장을 요구하며 국민공회를 점거했다. 여성들의 거센 '정치적 치맛바람'을 탄압했던 자코뱅 정권처럼, 총재정부도 정치구호를 외치는 여성폭동을 무력으로 진압했다. 총재정부는 여성들의 의회출입과 정치집회 참여를 금지했고, 5명 이상의 여성들이 모인 공공집회의 금지와 강제해산을 법령화했다. 여성의 탄압과 권리의 후퇴라는 측면에서 관찰한다면, 총재정부는 이전의 자코뱅 정권에 반발하는 반동정부가 아니라 오히려 반페미니즘 정책을 계승한 초록동색의 남성 쌍둥이 정부였던 것이다.

나폴레옹 1세의 등장과 함께 그나마 명맥을 유지하던 여성 관련 법률도 약화되거나 폐지되었다. 나폴레옹 민법은 아버지가 자녀와 아내를 일정 기간 교정원에 감금할 수 있도록 허용함으로써 루이 14세 시절의 봉인장 제도가 되살아났다는 우려를 낳았다. 이혼법도 여성에게 불리한 쪽으로 수정되었다. 예를 들면 쉽게 이혼이 가능하도록 해주었던 '성격 차이에 의한' 이혼허용 조항이 삭제되었다. 한 걸음 더 나아가 남편은 아내의 간통현장에서 그녀를 합법적으로 살인할 수 있도록 허용한 반면, 아내는 남편이 애인을 염치없이 집 안까지 데리고 와서 바람을 피우는 경우에만 이혼을 신청할 수 있었다.[17] 이런 가부장권 부활의 분위기 속에서 '여성 시민'이라는 용어는 혁명적 여성을 지칭하는 대명사에서 하인을 지칭하는 야유적 단어로 전락했다. 그래서 나폴레옹 치하에서는 국가구성원으로서 여성을 지칭해야 할 경우에는 오해의 여지가 있는 '여성 시민'이라는 명칭 대신에 '마담'이나 '마드무아젤'이라는 용어가 선호되었다.[18] 부르봉 복고왕정은 여성의 권리를 더욱 약화시켰다. 단적인 사례를 든다면 1816년에 이혼법이 아예 폐지되었다. 프랑스 여성들은 이혼이 다시 합법화되는 1884년까지 '가정이라는 이름의 감옥에 평생 갇힌 양심수'로서 결혼생활을 견뎌야만 했다. 여성을 위한 프랑스혁명은 없었던 것이다.

여성은 혁명과 공화주의의 훼방꾼이다

혁명 후반부에 전개된 몇 가지 반동적 여성정책에도 불구하고 프랑스혁명은 서양 여성사에서 특별한 의미를 갖는다. '여성문제' 그 자체가 궁극적으로 혁명정부가 주창하는 시민권, 인민주권, 공권력의 정통성 등에 대한 심각한 재검토를 요청했기 때문이다.[19] 또한 이전에는 상류층 지식인에 국한되었던 여성문제가 혁명을 전환점으로 중·하류층으로 그 저변이 확대되었다는 점도 과소평가할 수 없다. 이에 따라 여성문제는 형이상학적이며 도덕적인 화제가 아니라 시급하고도 현실적인 정치쟁점으로 인식되었다. 여성문제의 '아래로의' 확산은 기본 생존권 보장, 결혼과 이혼의 평등한 권리, 여성의 집회와 결사의 자유 등과 연결되면서 근대 여권운동에 긍정적으로 기여했다는 것이 지배적 평가였다.[20]

그러나 최근에 일부 여성주의 학자들은 프랑스혁명이 여성들을 해방시키고 그들의 평등과 우애를 향상시켰다는 기존의 견해에 의문을 제기한다. 이런 수정주의적 견해를 대변하는 미국의 여성학자 조안 랜즈Joan B. Landes의 주장에 따르면, 현대 서양 여성운동은 프랑스혁명 덕분이 아니라 오히려 프랑스혁명이 보인 반여성주의적 정책들에 반대하는 과정에서 탄생했다. 여성들의 권력이 가정과 육아와 같은 사적 영역으로 축소되고 부르주아 남성들이 공적 영역을 독점하려는 것에 항거하는 과정에서 태어난 '미운 오리새끼'가 현대 페미니즘이라는 견해다.[21] 말하자면 프랑스혁명은 근대 여성운동이 비극적이며 부정적인 모습으로 태어나도록 해준 '못된 산파'였다는 것이다.

프랑스혁명과 근대 여성운동의 연관성에 대한 랜즈의 도발적 재해석은 구체제 여성들이 더 많은 권력을 실행했다는 것을 전제로 한다. 이 가설에 의하면 일부 구체제 상류층 여성과 부르주아 부인들은 살롱을 매개로 한 '권력중개인'으로 활약했다는 것이다.[22] 권력게임이 벌어지는 본거지인 궁전사회 바깥에서 살롱 여주인들은 다양한 인적 네트워크를 활용해 "이전에도 이후에도 견줄 수 없는 상당한 정도의 권력"을 행사했다. 심지어 남성 계몽철학자들은 예술과 사랑놀음에 탐닉하는 살롱문화가 남성적 용맹성을 약화시킬 위험성이 있다고 살롱 여주인들이 소유한 영향력을 질투하고 경고했다.[23] 18세기 살롱의 역할과 성격에 관한 상반된 평가를 감안하더라도, 정치감각을 갖춘 당대 '여장부'들이 궁전, 사교계, 지식문화계, 정치외교 등 사적 영역과 공적 영역을 가로지르며 권력의 거간꾼 또는 정치적 로비스트로 활약했던 공간이었음을 부정할 수는 없다.[24]

만약 살롱이 엘리트 여성들의 정치적 수련장이며 권력의 매개체였다면, 프랑스혁명 기간에 펼쳐졌던 반여성주의적 정책은 결코 우연한 상황의 산물이 아니었다. 구체제 살롱 여주인들이 은밀히 향유했던 정치권력을 빼앗고 그들을 얌전한 '가정의 수호천사'로 만들려는 남성 혁명가들의 기획물이었던 것이다. 자코뱅 혁명정부는 여성들의 집회와 단체결성을 금지함으로써 여성은 아내와 어머니로서 육아와 가사에 전념하는 것이 가장 '자연스러운' 미덕이라는 점을 주지시켰다. '사적 영역의 주인공=여성, 공적 영역의 주인공=남성'이라는 등식으로 요약되는 '젠더에 바탕을 둔 예의범절 코드'가 혁명이 만들어낸 새로운 전통이 되었다.[25] 남성 혁명주의자들이 주조한 이러한 '젠더 체면의식'의 경계선을 넘으려는 여성들에게는 채찍과 감금이 주어졌다. 혁명정부를 음해하고 분열시켰다는 죄명으로 혁명재판소에 기소된 올랭프 드 구즈Olympe de Gouges(1748~1793)의 사례가 이에 속한다. 그녀는 「여성과 시민의 권리선언」을 작성한 페미니스트 '정치인'이 아니라 재판받는 태도가 불량하고 감정을 주체하지 못하는 '불안한 여성'으로 법정사료에 기입되었다.[26]

페미니스트들은 프랑스혁명이 여성들을 위해 혁명적이기는커녕 그들을 혁명이 실패하도록 훼방한 '광신도 여성'으로 몰았다고 항의한다. 사실 프랑스혁명을 최초로 여성사적 시각으로 서술한 미슐레Jules Michelet의 『혁명의 여성들』Les Femmes de la Révolution(1854)에서 마르크스주의 역사학자 마르티에스Albert Mathiez의 『프랑스혁명』La Révolution française(1929)까지 거의 예외 없이 남성 역사학자들은 가톨릭 여성들의 퇴행적 역사의식 탓에 프랑스혁명이 미완성으로 일단락되었다고 아쉬워했다.[27] 그런데 여성주의 학자들은 여성을 혁명의 적으로 모는 손가락질은 사실과 다른 남성 역사가들의 터무니없는 편견의 산물이라고 반박한다.

논쟁의 초점은 남녀 중 어느 집단이 반혁명세력의 중심축을 구성해 자코뱅정부를 무너뜨리는 치명적인 역할을 했는지에 맞춰진다. 여성주의자들은 1793년 이후에는 광신도 여성뿐만 아니라 많은 남성들

「여성과 시민의 권리선언」을 발표한 페미니스트 올랭프 드 구즈가 거주했던 파리 집터임을 알리는 동판 사진(오른쪽). 그 집 이층 창문에서 고개를 내민 꽃은 누구를 위한 것일까.

도 반혁명세력에 적극 동조했음을 환기시킨다. 흉년, 인플레이션, 국민총동원령, 혁명전쟁의 무리한 수행 등을 포함한 자코뱅정부의 실책에 반발한 많은 남성들은 탈영, 사재기, 세금납부 거부 등의 다양한 방식으로 혁명에 저항했다. 또한 이들은 혁명책력이 공휴일décadi로 정한 날짜에는 노동하고 옛 기독교책력에 따른 일요일에는 술집에서 빈둥거리는 등의 '청개구리' 행동으로 혁명의 명령에 태업怠業했다.[28] 공포정치에 따른 불안한 일상생활과 명분 없는 죽음에 대한 두려움 때문에 많은 남성들이 자발적으로 혁명에서 이탈했다는 것이다. 그러므로 페미니스트들은 혁명의 실패를 가톨릭 여성 광신자들의 음모 때문이라고 비난하는 것은 근거 없는 마녀사냥이라고 항변한다.

그렇다면 왜 남성 역사가들은 오랫동안 사실과 다르게 여성들을 혁명 실패의 원흉으로 비난했는가? 이 의문을 풀기 위해서는 프랑스혁명 이후 전개된 국가(공화정)와 종교(가톨릭) 사이의 길고 긴 갈등관계를 간략히 살펴볼 필요가 있다. 결론부터 말하자면 제1공화국, 복고왕정, 제1제정, 제2공화국, 제2제정, 제3공화국 등으로 이어지는 한 세기 동안 공화주의자들은 교회세력을 혁명의 완성을 방해하는 파렴치한 제1의 공적公敵으로 지목했다. 그리고 그 배후에 '신부님, 우리 신부님'에 목을 매는 역사적 분별력이 없는 가톨릭 여성 신자들이 음흉하게 도사리고 있다고 확신했다.

제3공화국 전반기인 19세기 말에 발생한 드레퓌스 사건은 가톨릭-군부세력-보수반동파 사이에 결성된 끈질긴 공생관계를 공화주의자들에게 재확인시켜주었다. 보통국민교육법안 통과와 함께 이룩할 뻔했던 '공화주의 제1의 물결'이 반혁명세력과 교회세력을 지지하는 가톨릭 여성 신자들 때문에 무산되었다고 비난했다. 블랑제 사건-파나마 운하 뇌물 사건-드레퓌스 사건으로 이어지는 연속적인 정치 스캔들의 삼각파도를 겪어 공화국이 침몰하게 만든 원인을 여성들이 제공했다는 것이다. 1789년 혁명의 실패 요인으로 반혁명세력에 가담했던 가톨릭 여성들을 지목했던 것처럼, 신생 제3공화국은 자신의 정치적 무능과 이데올로기적 분열의 속죄양으로 가톨릭 여성 맹신자들을 또 다시 호출했던 것이다. 제3공화국의 위기와 불안정 요인을 프랑스혁명이 제대로 훈육시키지 못했던 여성들에게서 찾음으로써 "현재의 적이 과거의 적이 된" 기묘한 현상이 반복된 것이다.[29]

길고 긴 혁명

'혁명의 훼방꾼'이라는 주홍글씨를 가슴에 단 프랑스 여성들은 유럽에서 가장 늦게 참정권을 부여받았다. 여성과 가톨릭교회와의 불온한 밀애관계에 대한 의혹을 버리지 못했던 남성 정치인들은 만약 여성들에게 참정권을 부여하면 이들이 '신부님의 뜻대로' 왕당파나 보나파르트파 같은 보수반동세력의 박수부대가 될 것이라고 확신했기 때문이다. 이런 이유로 제1차 세계대전 이후 약 50여 차례에 걸쳐 발의된 여성 참정권 관련 법안들은 번번이 상원에서 거부되었다. 유럽 내 다른 이웃 나라의 여성들이 제1차 세계대전을 전후로 참정권을 부여받았던 것과 비교하면, 프랑스 여성들은 한 세대가 더 늦은 1944년에야 참정권을 간신히 획득했다. 의회의 정상적 법제정을 통해서가 아니라 알제리 임시정부의 법률명령ordonnance이라는 기이한 형식으로 주어진 참정권이야말로 프랑스혁명의 기이하고도 장기지속적인 유산이었다.[30]

서양의 다른 나라 여성들보다도 더 선구적이며 희생적으로 여권쟁취를 위해 투쟁했던 프랑스 여성들에게 가장 늦게 참정권이 주어졌다는 사실이야말로 프랑스혁명이 낳은 최악의 역설이다. 이런 관점에서 "프랑스혁명의 가장 완고하고도 영속적인 유령은 1789년에서 1793년의 혁명적 민중이 아니라 1795년에서 1796년의 반혁명 분자로서의 여성"이라는 평가[31]를 재음미해봐야 하는 것이다. 다시 말하면 '실패한 혁명' 혹은 '배반당한 혁명'의 수레바퀴에 깔려 죽은 억울한 원혼은 가난한 남성들뿐만이 아니다. 아직도 전 세계를 어슬렁거리고 있는 유령이 있다면 그것은 자코뱅 정권에 버림받고 나폴레옹에게 따귀 맞고 부르봉 왕정복고기에 숨죽여 지내야만 했던 여성들의 억울한 원혼이다. 그러므로 여성을 위한 혁명은 다시 계속되어야 한다. 이제 길고 긴 혁명의 문턱을 넘었을 뿐이다.

2

노동과 복지를 위한 프랑스혁명은 없다: 다시 읽는 「인간과 시민의 권리선언」

인권의 근대적 발명

나의 견해로는, 인간이 법적으로 보호받을 명백한 기본권을 당연히 가져야 한다는 명제는 수천 년 동안 축적된 인간의 사회적 생존 체험에 근거한 것으로, 도덕적이며 경험적인 발견이다. 도덕에서 필수적 발견을 하는 데도 수천 년이 걸렸기 때문에, 선사시대 인류가 각자 다른 사람의 기본권을 당연히 존중했다고 생각하는 것은 잘못이다. (……) 특정한 기본적 권리가 보편적이어야 한다는 발견은 수천 년에 걸친 인간의 도덕적 발전의 산물이다.[1]

인식론적으로 따지자면 '인간'이 근대적 발명품인 것과 마찬가지로 '인권'도 비교적 최근에 발견 혹은 발명된 개념이다. 모든 지식과 사유의 근원이며 중심이었던 신神이라는 조가비를 깨고 인간이 스스로의 인식대상이며 인식주체로 등장하는 18세기 이전까지 인간은 존재하지 않았기 때문이다. 경제학, 심리학, 언어학 등과 같은 '인간과학'이 17~18세기에 걸쳐 서서히 고개를 내민 것처럼, '인간의 권리'에 대한 관심 또한 근대적 산물이었다. 자신을 닮도록 창조한 피조물에게 부여한 권리라는 의미에서 중세 말부터 쓰이던 '자연권'droit naturel이라는 용어가 18세기를 전후로 그 신학적 함의가 점차 탈색되면서 '인권'les droits de l'homme 혹은 '인간성의 권리'라는 용어와 함께 사용되었다.

계몽주의의 전성기인 18세기 후반에 이르러서야 자연권 개념이 진화해 "인간이라는 이유만으로 가진 권리"라는 세속적 의미를 갖는 '인권'이라는 용어로 대체되었다.[2] 계몽주의 사상가 볼테르는 그의 저서 『관용론』*Traité sur la tolérance*(1763)에서 처음으로 '인간성', '인간의 법', 혹은 '인도주의'라는 개념들을 자연권과 자연법jus naturale의 확장개념으로 사용했다.

> 관용이란 무엇인가? 그것은 인간성humanity의 자연스러운 속성이다. 우리 모두는 약점과 실수로 구성되므로, 다른 사람의 오류를 서로서로 용서해주어야 한다. 이것이야말로 자연의 제1법칙이다. 자연법이란 자연이 모든 사람들에게 가르쳐주는 법이다. (……) 인간의 법은 반드시 이러한 자연의 법을 토대로 만들어져야 한다. (……) 신앙에서는 진실을 찾을 수 없다. 오류에 파묻히기보다는 자연의 품속에 몸을 내맡기는 편이 낫다. 인간의 창작물(종교)에 의지하느니 나는 차라리 자연법을 따르겠다고 말이다. (……) 신앙의 자유에 대한 이 책은 권력과

신중함 앞에 인도주의의 이름으로 겸허하게 내놓은 호소다.³

이와 같은 과도기를 거쳐 '인권'이라는 단어가 시대적 화두로 등장하게 된 결정적 전환점은 프랑스혁명이었다. 영국이나 미국 같은 영어권에서는 18세기 후반까지도 '인권'이라는 다소 낯선 신조어보다는 '자연권'이라는 익숙한 단어를 여전히 선호했다. 미국 독립선언서의 작성자이며 프랑스혁명 당시 프랑스에서 미국 대사로 거주하던 제퍼슨은 1789년 프랑스혁명 이후에야 비로소 '자연권'이라는 낡은 단어를 버리고 '인권'이라는 용어를 의도적으로 선택했다.⁴

프랑스혁명이 '인권'이라는 개념을 독자적으로 발명한 것은 아니지만 몇 가지 측면에서 양자 사이에는 특별한 친화성이 존재한다. 첫째, 바스티유 감옥을 탈취한 후 한 달 뒤에 서둘러 발표된 「인간과 시민의 권리선언」이 "인간의 여러 권리들에 대한 무지, 망각 또는 멸시가 공공의 불행과 정부의 부패에 대한 유일한 원인들이라고 간주"했음에 각별히 유의할 필요가 있다. 공공성의 건강함과 통치기관의 합법성이 '전적으로' 인권에 대한 자각과 지지 여부에 달려 있다는 인식은 전례 없는 새로운 정치관과 역사관이었다. 다시 말하면 인간과 시민의 권리가 공공기관의 권위와 위엄을 장식하는 부속물이나 사치품이 아니라 공권력 그 자체의 태생적이며 핵심적인 존재 이유가 되어야 마땅하다는 프랑스혁명의 선언은 국가와 인권 사이의 역학관계를 새롭게 규정했다. 이런 관점에서 영국의 자유주의자 토머스 페인은 프랑스혁명의 본질을 인권의 해방과 성장을 검증하는 시금석으로 인지했다.

둘째, 프랑스혁명기에 표출된 인권선언은 이전과 비교하면 좀더 보편주의적인 성격을 표방한다. 선행했던 1689년 영국의 권리장전은 저 높은 곳에 있는 권력자인 왕의 양보와 선의에 수동적으로 호소해 특정 계층(의회와 그가 대변하는 귀족)의 권리신장을 꾀했던 정치적 타협의 산물로서 개인의 보편적 권리에 관한 협상과는 본질적으로 거리가 멀었다.[5] 마찬가지로 1776년에 선포되었던 미국 독립선언서에서는 독립이라는 시급한 역사적 과제에 떠밀려 인권문제는 간략하게 스케치되고 그 구체적 내용들은 1791년에야 비로소 '수정헌법'의 서문 형식으로 성문화되었다. 영국적 자유주의와 미국혁명의 건국이념이 프랑스혁명에 끼친 영향력을 과소평가할 수는 없지만,「인간과 시민의 권리선언」이야말로 인권이 갖는 당위적 보편성에 호소함으로써 이 새로운 가치관을 대중적으로 전파시키고 국제적 관심을 자극하는 데 주도적으로 기여했다.

셋째, 근대적 인권의 발명자로서 프랑스혁명이 갖는 예외적 위상은 그 세계사적 선구성에서도 확인된다. "사람들은 자유롭게 그리고 권리에서 평등하게 태어나며 그렇게 존속한다"(제1조)는 유명한 선언을 누구보다 앞장서서 실천하기 위해 혁명정부는 서양 국가들 중 최초로 1791년 9월 유대인에게 시민권을 부여했을 뿐만 아니라 1794년에는 세계에서 최초로 노예제도를 철폐했다. 영국에서는 1833년에 그리고 미국에서는 남북전쟁이라는 희생을 치른 후인 1865년에 노예제도가 각각 폐지되었다는 사실을 상기한다면, 자유와 평등의 복음을 가장 먼저 종교적·인종적 소수자들에게 전해준 프랑스혁명의 선구적 역할이 돋보인다. 덧붙이자면 음지에 숨어 살던 성적 소수자(동성애자)에게도 인권의 햇빛은 비췄다. '말을 탄 혁명가'로 불렸던 나폴레옹 집권 후에는 "성인들이 상호 동의 아래 행하는 모든 성적 행위를, 그 행위가 공중의 미풍양속을 해치지 않는 이상 처벌하지 않는" 역사상 최초로 성적 사생활이 보장되었다.[6]

프랑스혁명과 근대 인권의 탄생과 전파에 관련된 이와 같은 몇 가지 특별한 역사적 관계에도 불구하고 정작 혁명과 인권에 초점을 맞춘 국내외 선행 연구들은 최근까지 매우 빈약했다. '본거지'인 프랑스 학계에서도 혁명 발발 200주년 전후에야 인권선언문에 관한 본격적 관심이 제기되었고,[7] 영미 역사학계에서는 베를린 장벽이 붕괴된 후인 1990년대가 되어서야 뒤늦게 인권에 대한 역사적 관심을 보였다. 1994년에는 국제사면위원회Amnesty International의 후원으로 로버트 단턴, 카를로 진즈부르크Carlo Ginzburg, 르루아 라뒤리Emmanuel Le Roy Ladurie 같은 저명한 역사가들이 인권 강연 시리즈에 참가했다. 세계에서 가장 오래된 전통을 자랑하는 미국 역사학계는 뒤늦은 1997년에야 전국역사학대회의 공동주제로 '인권'을 채택했다.[8] 국내 학계도 예외가 아니었음은 프랑스혁명과 인권에 관한 논문이 2000년 이후에 겨우 2~3편 빈약하게 발표되었던 사실에서도 나타난다.[9]

이 글은 기존의 혁명사 연구에서 나타나는 '인권의 약한 고리'를 보완해 프랑스혁명이 세계인권사에 남긴 역사적 유산과 현재적 과제를 재성찰하고자 한다. 이를 위해 우선 1789년, 1793년, 1795년에 각각 발표된 세 종류의 인권선언문의 특징과 주요 내용을 세계화시대라는 관점에서 비교·검토해보자. 인권과 시민(공민)권의 차이는 무엇인가? 특정 계층이나 국가의 이데올로기적 편향성이 인권선언문에 어떻게 투영되어 있는가? 근대 국가는 인권의 해방자인가 아니면 탄압자인가? 민족국가의 시민들이 향유하는 인권은 그 국가적 경계 바깥에 거주하는 타자들에게도 공평하게 보장되는가? 이런 질문에 대답을 모색함으로써 '인권'이라는 거울에 비친 프랑스혁명의 맨 얼굴에 한 발짝 더 가까이 가보자.

인권은 좌우로 흔들린다: 1789년→1793년→1795년

주지하듯이 바스티유 감옥 탈취에서 나폴레옹 쿠데타까지 10년이라는 짧고도 굵었던 혁명기간에 모두 세 개의 인권선언문이 작성되었다. 1789년 8월 26일에 발표된 「인간과 시민의 권리선언」(이하 인권선언 I)이 구체제 사망진단서 발급 후에 재건축될 입헌군주정의 밑그림을 그렸다면, 지롱드파와 자코뱅파 사이의 열띤 논박 끝에 1793년에 확정된 「인간과 시민의 권리선언」(이하 인권선언 II)은 루이 16세 처형 이후에 도래할 급진적 공화주의의 청사진을 마련했고, 테르미도르 반동정부가 채택한 1795년의 「인간과 시민의 권리와 의무 선언」(이하 인권선언 III)에는 과격한 혁명을 연착륙 혹은 종결시키려는 고심이 묻어 있다. 말하자면 이정표 없는 혁명의 거친 벌판과 위급한 여울목을 건너야만 했던 당대인들의 위기의식과 역사인식이 이들 세 인권선언에 각각 다른 함성과 깃발로 각인되어 있는 것이다.

인간의 권리와 시민의 권리
현대 인권선언문의 모범적 모델로 흔히 칭송되는 인권선언 I은 임시방편적으로 채택된 불완전한 문서였다. 1789년 6월 19일부터 8월 26일까지의 짧은 기간 동안 다양한 정치사상적 스펙트럼을 가진 국민의회 의원들이 혁명적 안개정국을 헤쳐 나갈 나침판으로 삼기 위해 경쟁적으로 제각기 초안을 작성했다.[10] 그 결과, 헌법의 서문 형식으로 최종 승인된 인권선언 I은 보수온건파에서 급진적 평등파에 이르는 이데올로기적 타협의 산물로서 구체제에 뿌리를 둔 공화주의, 영국적 자유주의, 프랑스 계몽주의 등과 같은 복고적이며 진보적인 사상들이 기묘하게 혼합되었다. 군주정의 존속 여부와 같은 예민한 현안에 대해 의도적으로 침묵했고 '성'과 '노동' 같은 첨단 화두를 인권의 차원으로 포용하지 못했다. 인권에 관한 큰 윤곽 그리기와 세부적 모호함 사이의 간격에서 노출되는 인권선언 I의 '태생적 한계'는 역설적으로 이후 예상치 못한 방향으로 전개되는 혁명 상황에 호응해 또 다른 버전의 선언문이 작성되는 밑거름이 되었다.[11]

인권선언 I은 그 명칭이 반영되듯 '인간의 권리'와 '시민의 권리'를 동시에 포섭하는 문서다. 전자가 전래傳來의 자연법 정신을 기본적으로 계승한 것이라면, 후자는 혁명으로 획득한 공민권을 의미한다. 프랑스혁명의 야만성과 폭력성을 고발한 에드먼드 버크의 『프랑스혁명에 관한 성찰』*Reflections on Revolution in France*(1790)에 대한 반론으로 집필된 『인간의 권리』*Rights of Man*(1791)에서 토머스 페인은 자연법과 시민권의 차이를 다음과 같이 규정한다.[12]

> 자연권은 인간이 존재하는 데 따르는 권리다. 이런 권리에는 모든 지적 권리와 정신적 권리, 그리고 타인의 자연권을 침해하지 않는 한 자신의

앙시앵레짐의 사망확인서로 불리는 「인간과 시민의 권리선언」은 자유주의 이념과 부르주아 세계관이 혼합된 혁명헌법의 서문으로 작성되었다.

안락과 행복을 위해 개인적으로 행동할 수 있는 권리가 모두 포함된다. 시민권은 인간이 사회구성원이라는 데 따르는 권리다. 모든 시민권은 개인에게 이미 존재하는 자연권을 기반으로 한 것이지만, 모든 개인이 그것을 실제로 누릴 처지에 있지는 않다. 시민권에는 안전과 보호에 대한 모든 권리가 포함돼 있다. (……) 즉, 시민권은 전환된 자연권이다.[13]

두부처럼 잘라서 그 명확한 경계선을 구분하기는 어렵지만, '누구도', '인간은' 혹은 '모든 사람은' 등과 같은 표현 뒤에 서술된 자유와 평등권(제1조, 제4조, 제5조)과 표현 및 사상의 자유(제10조, 제11조) 등이 인권의 씨앗이 싹터야 할 보편적 영토를 지정했다면, '(모든) 시민들'이 법률로 보장받아야 할 공공무력 유지권리(제12조, 제13조), 공평무사한 납

세권리(제13조, 제14조)와 공직자 책임(제15조)과 권력분립(제16조) 등은 시민에게 제공되어야 할 정치적 권리의 영역을 구획했다. 인권선언 I 에서 "인간의 권리가 시민의 권리에 종속되는 역설이 내포되어" 있는지 분명히 판단할 수는 없지만,[14] 양자 사이의 갈등이 인권선언 II와 인권선언 III에서 각각 어떻게 노출되는지 주의해서 살펴볼 필요가 있다.

간결한 서문과 17개 조항으로 구성된 인권선언 I 내용 중에서 가장 논란의 대상이 된 항목은 인간이 향유해야 할 "자연적이며 소멸할 수 없는 권리"를 열거한 제2조다. "자유, 소유권, 그리고 압제에 대한 저항"이라는 세 가지 양도할 수 없는 권리들 중에서 특히 현재진행형으로 문제가 되는 이슈가 소유권이다. 자유권과 압제에 대한 저항권이 각각 고대와 중세적 기원을 갖는 '오래된 권리'에 속한다면, 소유권은 이전과 구별되는 근대적 권리이기 때문이다.[15] 영국의 정치경제학자 존 로크가 17세기 말에 『통치론』*Second Treatise of Government*(1690)에서 "재산권이란 개인 노동으로 축적된 산물이며 그 개인의 독립과 자유의 도구"라고 정의한 이후, 사유재산권은 급진적이며 핵심적인 인권의제로 자리잡았다. 미국 독립혁명의 이념적 모태가 되었던 「버지니아 권리장전」Virginia Bill of Rights(1776) 제1조에서도 '재산을 획득하고 소유하며 어떤 계약으로도 빼앗기거나 박탈당하지 않는' 권리를 천명했다.[16]

유의해야 할 점은 프랑스혁명의 인권선언이 '신성불가침한 것'으로 재확인한 재산권은 이전의 봉건적 소유 개념과 근본적으로 다른 성격이었다는 것이다. 구체제하에서는 소유권이 특정 개인뿐만 아니라 공동체와 공적 신분(지위)에 속하는 집단적이며 특권적인 성격을 가졌다면, 프랑스혁명이 보증한 소유권은 개인이 사적으로 소유하고 마음대로 처분할 수 있는 배타적 권리다. 그러므로 사유재산권의 사용과 처분이라는 측면에서 보면, 구체제하에서 동업조합에 소속된 장인과 도제가 공유했던 생산도구와 마을 주민들이 함께 가축을 놓아 키우던 목초지와 같은 공유재산권은 혁명의 쓰나미에 휩쓸려 익사했다. 이와 대조적으로 화폐와 부동산같이 소유자가 임의로 소비·교환·축적하고 후손에게 유산으로 남길 수 있는 사적 소유권은 강화되었다. 이런 관점에서 평가하면 봉건제 철폐가 선언된 1789년 8월 4일은 "(봉건적) 재산권의 홀로코스트"라는 잿더미에서 근대적 의미에서의 '재산권의 혁명'A revolution in property이 발생했던 기념비적인 날이었다.[17] 이런 재산권의 혁명은 1789년 9월 29일 국민의회가 아베 시에예스Abbé Sieyès(1748~1836)의 의견을 반영해 사유재산의 많고 적음에 따라 투표권과 공직취임권을 갖는 '능동적 시민'과 무늬만 시민인 '수동적 시민'으로 편 가르는 무기를 제공했다.[18]

한편, 1792년 9월 학살이 촉발한 입헌군주정의 목 조르기는 새로운 인권선언 Ⅱ의 출현을 예고했다. '혁명의 제2단계' 혹은 '궤도를 이탈한 혁명' 등 대조적으로 평가되는 이 시기는 내란과 혁명전쟁의 틈바구니에 낀 안팎곱사등이 신세였던 혁명이 새로운 돌파구를 모색하던 결정적 전환기였다. 근대 이데올로기적 편 가르기의 전능한 보도寶刀가 된 '좌파'·'우파'라는 새로운 명찰을 부착한 정치세력들이 혁명의 고지에 자기 깃발을 꽂기 위해 경쟁했다. 이런 분위기를 반영해 4년 전에 작성되어 긴급한 시대적 과제를 반영하기에는 역부족이라고 판정된 인권선언 Ⅰ을 뜯어고쳐 곧 태어날 제1공화정의 좌표로 삼아야 한다는 주장이 제기되었다. 흔히 '온건 좌파'로 분류되는 지롱드파를 대변하는 콩도르세와 '급진적 좌파'라는 딱지가 붙은 자코뱅파를 대표하는 로베스피에르가 각각 다른 빛깔의 인권선언문을 따로 준비했다.

 로베스피에르가 초안한 인권선언에서 가장 눈에 띄는 항목은 신성 불가침적 재산권에 부가되는 단서조항이다. 그는 "극단적 재화의 불균형이 여러 범죄와 악의 근원이 된다는 사실"을 지적하면서 재산권의 특권적 사용이 사회적 행복권이라는 측면에서 제한되어야 한다고 주장했다. "여러분은 소유권을 행사할 가장 큰 자유를 확고히 하기 위한 조항들을 늘리면서 그것의 성격과 정당성을 결정하기 위한 말은 단 한마디도 하지 않았다. 그 결과 여러분의 선언은 사람(인간)을 위해서가 아니라 부자들을 위해서, 매점(매석)자들, 투기업자들, 전제군주들을 위해 만들어진 것처럼 보인다"고 항변했다.[19] "형제 시민들의 안보·자유·생명·재산 중 그 어느 것도 재산권에 의해 손상될 수 없"(제8항)다고 확신한 그는 "위와 같은 원칙을 위반한 거래나 재산의 점유는 본질적으로 부도덕하며 불법"(제9항)이라고 판정했다.[20] 시민들의 최소한의 생명권과 생활안정을 침해하거나 위협할 우려가 있는 사유재산권의 무분별한 오남용과 폭력적인 행사를 불법으로 규정한 것이다. 재산권의 공공적 성격을 강조했던 로베스피에르의 주장은 인권선언 II에서 어느 정도 수용되었을까?

 국민공회에서 1793년 6월 24일에 승인된 인권선언 II는 인권선언 I의 기본 정신을 계승하면서 당시로는 진보적인 몇 가지 항목을 추가했다. 인권에 대한 망각과 멸시를 "공공의 불행과 정부의 부패에 대한 유일한 원인"이라고 비난했던 이전의 서문이 "세계의 불행에 대한 유일한 원인들"이라는 좀더 단호한 표현으로 대체되고 그 적용범주도 국내

고향 아라스 시청 1층 건물 내부에 부착된 로베스피에르 초상. 변호사 출신인 그는 '인권선언' 개정 등을 포함한 혁명기의 급진적인 정치의 중심인물이었다. 파리에서의 그의 공직활동을 언급하지 않는 왼쪽 설명문이 이채롭다.

에서 세계 바깥으로 확장되었다. 또한 모든 인간의 자유와 평등을 지지했던 옛 인권선언 제1조를 "사회의 목적은 공동의 행복에 있다"라는 조항으로 교체함으로써 개인적 권리보다는 공동체적 사회권이 제1공화국의 우선 목표임을 분명히 했다. 한 걸음 더 나아가서, 인권선언 I 에서도 언급되었던 '압제에 대한 저항권'에 관해 인권선언 II는 그 당위성과 정당성을 좀더 부각시켰다. "구성원의 단 한 명이라도 압제를 받으면, 그것은 곧 사회체에 대한 압제"(제34조)이므로 "정부가 (어느 한 사람이라도) 인민의 권리들을 침해할 때 봉기는 인민과 인민의 각 부분에게 가장 신성한 권리이자 가장 불가결한 의무다"(제35조). 루소가 주창했던 일반의지론에 입각해 개인적 자유와 공동체적 해방은 결코 분리할 수 없는 유기체적 운명공동체임을 천명한 것이다.

인권선언 II는 로베스피에르가 주창했던 사유재산권의 공익적 성격을 그대로 수용하지는 않았지만 그 범주와 사용권을 좀더 구체적으로 제한했다. "소유권은 자신의 재산, 수입, 노동과 근면의 산물을 마음대로 향유하고 처분하는, 모든 시민에게 속하는 권리"로서 노동, 경작, 상업활동의 산물에 해당한다고 규정된다(제16조, 제17조). 그리고 "모든 사람은 자신의 용역과 시간을 고용대상으로 할 수 있"지만, "그(노동자/피고용자)의 신체는 양도할 수 있는 소유권이 아니"므로 그 자신은 "판매의 대상이 될 수도 없다"(제18조)고 명시한다. 상업적 이익을 교환하기 위한 자발적이거나 강제적인 인신매매를 금지한 것이다. 제21조 항목은 신체적 약점 때문에 노동과 고용시장에서 소외시키지 않도록 "사회는 불행한 시민들에게 노동을 제공해주거나 노동할 수 있는 상태가 아닌 자들에게는 생존수단을 보장해줌으로써 생계의 의무를 지닌다"고 첨부한다. 재산권-노동권-공공구제와 사회보장을 한 콩깍지에 담긴 분리할 수 없는 공동권리로 인식한 것이다.

개정판 인권선언 II에 구현된 또 다른 특징은 공직(자)에 대한 공복의무의 요청과 공권력 남용에 관한 처벌조항에서 잘 드러난다. 모든 공직행위에 관한 정보공개 청구권을 주장한 로베스피에르의 초안—"민중은 자신의 대리인의 일을 모두 알 권리가 있다. 대리인은 자신이 맡은 업무 관리에 대해 민중에게 정직하게 설명해주어야 하고, 민중의 평가를 존중해야 한다"(제34항)[21]—은 액면 그대로 수용되지는 않았지만, 인권선언 II는 공직의 한계와 공직자의 책무에 대한 입법화가 선행되지 않는다면 국민주권은 실재하지 않는 빈껍데기(제24조)라는 데 동의했다. 공직은 "차별이나 보상이 아니라 의무로 간주"되는 잠정적 권한(제30조)이므로 "인민의 위임자와 그 대리인의 범법행위는 반드시 처벌해야" 하며 공직자는 "다른 시민들에 비해 더 큰 면책특권을 갖는다고 주장할 권리가 없다"(제31조)고 강조했다. 인권선언 I이 "사회는 모든 공직자들에게 그들의 행정에 대한 책임을 물을 권리를 갖는다"(제15조)라고 단 한 문장으로 언급했던 것과 비교하면, 이런 신설조항들은 공권력의 타락을 경고하고 공직자가 또 다른 특권신분으로 행세할 가능성을 엄격히 차단했다.

'부르주아 인권'의 승리

자코뱅정부의 공포정치를 진압하고 출범한 테르미도르 반동정부는 벼락 맞은 말처럼 질주하는 혁명을 진정시켜야 할 시급한 과제에 직면했다. 1795년 8월 22일에 발표된 인권선언 III에는 이런 고뇌가 압축되어 있다. 총재정부는 바스티유 감옥의 탈취 이후 가속화되어 끝없이 솟구치는 '권리'라는 이름의 욕망의 날개에 '의무'라는 무거운 저울추를 매달아 제어하고 단속하려는 필요성을 절감했다. 이런 정치적 의도는 이전의 두 인권선언이 서문에서 강조했던 '인권＋시민권의 보호·신장＝건강한 공권력/세계사적 행복'이라는 등식을 흔적 없이 삭제하는 것으로 실천되었다. 마찬가지 맥락에서 인권선언 I, II가 공통적으로 후원했던 '압제에 대한 저항과 봉기의 권리'도 인권선언 III에서 사라졌다. 게다가 "사회 속의 인간 권리들은 자유, 평등, 안전, 소유권"(권리조항 제1조)이라는 서술이 시시하듯이, 자연권으로 간주된 인권의 보편성이 논쟁의 여지가 많은 '사회'라는 조건으로 구속되었음도 간과할 수 없는 중대한 변화였다. 그리고 "법은 시민들이나 그들 대표의 과반수로 표현되는 일반의지"(권리조항 제6조)라고 못 박음으로써 주권이 선동적 포퓰리즘의 주먹에 휘둘리는 것을 방지했다. 자코뱅 공화주의자들이 조자룡의 헌 칼처럼 농단했던 루소의 일반의지가 산술적 다수결의 원칙에 굴복한 것이다.

흥미롭게도 인권선언 III에서는 소유권이 '권리'와 '의무' 조항 양쪽에서 언급되고 있다. "소유권은 자신의 재산, 수입, 노동과 근면의 산물을 향유하고 처분하는 권리"(권리조항 제5조)이며 "토지의 경작, 모든 생산물, 모든 노동수단, 그리고 전 사회질서가 기초를 두고 있는 것은 바로 소유권들의 유지"(의무조항 제8조)라고 밝힌다. 재산권의 처분과 한계조건으로 인권선언 II에서 명시했던 노동의 권리와 빈곤자에 대한 공공부조권은 생략되고, 그 대신에 "소유권의 유지 여부에 전 사회질서가 달려 있다"라고 인권선언 III은 천명했다. 질서와 안정의 초석으로서의 사유재산권의 부르주아적 최종 승리가 공고화된 것이다.

인권선언 III 후반부에 열거된 9개 의무조항들을 지탱하는 두 개의 기둥은 가부장권과 국가(민족)주의다. "좋은 아들, 좋은 아버지, 좋은 형제, 좋은 친구, 좋은 남편이 아니라면 누구도 좋은 시민이 아니다"(제3조)라는 조항은 '수신제가치국평천하'修身齊家治國平天下라는 유교적 가르침을 연상시킨다. 사적 영역에서의 제자리 지키기와 분수 알기를 올바르게 수행하지 못하는 사람은 결코 시민 대접을 받을 수 없다는 위협 아닌 위협은 봉인장과 장자상속법처럼 혁명 직후에 폐지된 가부장권이 반동정부의 등에 업혀 공적 영역으로 복귀하는 신호탄처럼 보인다. "사회에 대한 각자의 의무(들)는······ 그 (공공)기관들을 구성하는 자들을 존경하는 데 있"(의무조항 제4조)으며, "모든 시민은 법이 그에게 보호를 촉구할 때마다 조국에…… 봉사의 의무를 지닌다."(의무조항 제9조) 허튼 개인적 권리들을 건방지게 주장하기에 앞서 공직자를 존중하며 국가에 충성하는 의무에 헌신하라는 가르침은 기요틴에 목을 베인 왕권이 반동이라는 꽃가마를 타고 국가주의의 망령으로 부활함을 암시했다.

요약하자면 1789년에서 1799년 사이에 숨 가쁘게 달렸던 혁명의 수레바퀴는 당시 상황과 이데올로기적 신념이 투영된 세 종류의 인권선언문을 잉태했다. 봉건적 사슬에서 해방되었음을 공표했던 인권선언 I이 자유주의적 공민권과 사유재산권을 우선적으로 승인했다면, 진보적·급진적 공화주의자들이 수정했던 인권선언 II는 생존권을 존중하고 공권력의 오남용을 경계했다. 그리고 반동정부가 혁명의 질주를 멈추기 위해 작성한 인권선언 III은 시민들이 향유할 권리보다는 부담해야 할 의무를 앞장세우며 공직(자)과 국가에 대한 가부장적 충성을 다짐받았다. 10년이라는 짧은 기간에 발표된 각기 다른 버전의 인권선언문의 각 조항에 혁명이 고비마다 견뎌야만 했던 갈등, 배반, 타협 등이 아로새겨져 있는 것이다. 그렇다면 근대 인권의 변주곡을 연주하며 세 편의 인권선언문이 보장하려 했던 인권과 시민권은 프랑스 국경선 바깥에 거주하는 '타자'들에게도 보편적이며 공평하게 적용되었을까? 다음 장에서는 아이티혁명의 사례에 초점을 맞춰 본국, 식민지, 제국주의가 만나는 카리브 해 삼각지대에서 익사한 '검은 인권'의 슬픈 이야기를 해보자.

3

유색인을 위한 프랑스혁명은 없다: '흰 제국'과 '검은 인권'

프랑스혁명이 인권선언을 국가 주권에 대한 요구와 결합시킴으로써 국민국가가 탄생하자 국가와 민족 간의 잠재적 갈등이 밖으로 드러난다. 동일한 기본권이 한편으로는 모든 인간의 양도할 수 없는 유산으로, 다른 한편으로는 특수한 민족의 유산으로 동시에 청구되었다. (……) 이런 모순 때문에 그때부터 인권은 단지 국가의 권리로서만 보호되고 보장되며 최상의 과제가 주민들의 인권과 시민권, 국민권을 보호하고 보장하는 데 있는 국가제도가 자신의 법적, 합리적 외양을 상실하게 된다. 또한 국가는 낭만주의자들에 의해—그 존재 자체가 이미 법을 초월해 있거나 법 위에 있음을 의미하는—'민족혼'의 애매모호한 대표자로 해석될 수 있었다. 따라서 국가의 주권은 원래 지녔던 국민의 자유라는 함축적 의미를 상실했고 무법적 자의성이라는 밀교적 아우라로 둘러싸이게 되었다.[1]

아이티혁명의 안팎

프랑스혁명 기간에 발표·개정된 인권선언문들이 내부적으로는 여성과 저소득계층을 소외시켰다면, 외부적으로는 식민지의 유색 인종을 배반했다. 1789년의 인권선언, 1793년의 인권선언, 1795년의 인권선언이 공동으로 천명했던 '인간이면 누구나 누려야 할 권리'라는 보편주의 원칙은 남성·백인·유산계층에게만 배타적으로 적용되었던 것이다. 혁명 직전에 신분의회에 제출된 진정서에 노예제도 철폐를 요청하는 내용이 거의 없었다는 사실을 상기한다면, 유색 인종에 대한 자유와 해방은 애초부터 혁명의 프로그램에 포함되지 않았다. 카리브 해 프랑스 식민지에서 발생했던 아이티혁명의 사례를 통해 시민적·국민국가적 인권과 세계시민적·보편주의적 인권이 어떻게 모순적으로 충돌하는지를 관찰해보자.

    프랑스는 대혁명이 발발하기 이전부터 해외에 많은 식민지를 보유했던 제국이다. 영국과의 7년 전쟁(1756~1763)에서 패해 아메리카 대륙에서 광대한 영토를 빼앗겼지만 프랑스는 여전히 카리브 해 지역에 값진 식민지를 소유한 강대국이었다. 특히 카리브 해에 위치한 생도맹그Saint Domingue(현재의 아이티공화국)[2]는 세계 설탕의 5분의 2와 커피 생산의 2분의 1 이상을 생산하는 알짜배기 식민지로서 프랑스인 8명당 1명의 삶이 이 지역과의 무역에 직·간접적으로 의존했다.[3] 혁명 직전에는 노동집약적인 설탕과 커피 재배를 위해 아프리카에서 잡혀온 흑인 노예들이 생도맹그 총인구의 89퍼센트에 해당하는 50만 명이었고 백인과 유색 자유인(물라토mulattos)은 각각 6퍼센트(3만 명)와 5퍼센트(2만

당시 '생도맹그'라고 불렸던 아이티는 세계 설탕 생산량의 5분의 2와 커피 생산량의 2분의 1을 차지하는 알짜배기 프랑스 식민지였다.

8,000명)를 차지했다. 특히 유색 자유인은 식민지 농장의 3분의 1, 흑인 노예의 4분의 1, 부동산의 4분의 1을 각각 소유하면서 식민지의 상업과 군사력에서 영향력을 행사했다. 생도맹그의 상류 귀족층에 해당하는 백인 농장주와 부르주아에 속하는 유색 자유인과 흑인 노예들 사이에 형성된 이해관계의 갈등이 아이티혁명 과정에서 노출되었다.

프랑스혁명 소식이 생도맹그에 도착한 것은 바스티유 감옥 탈취 후 두 달이 지난 9월 말이었다. 파리에서 시작된 혁명의 첫 물결이 절대왕권에 대항한 개혁 귀족들의 정치적 반발로 시작되었다면, 생도맹그에서 일어난 혁명은 지배계층인 백인 농장주들의 반란으로 촉발되었다.[4] 멀리 본국에서 부는 혁명의 봄바람에 고무된 백인 농장주들은 본국 정부의 간섭으로부터 좀더 자유로운 자치권을 확보하기 위해 혁명의회에서의 식민지 대표권을 요구했다. 반면 자유 신분의 유색인들은 프랑스혁명의 뉴스를 자신들의 정치적 권리와 사회경제적 신분을 향상시켜줄 좋은 기회로 기대했다. 그리고 생도맹그 흑인 노예들은 '주인의 주인나라'에서 배달된 '프랑스 백인 노예들이 그들의 주인을 죽이고 자유를 쟁취하고 토지를 획득했다'는 소식을 열렬히 환영하면서, 삼색기를 휘날리고 혁명가요를 따라 부르면서 또 다른 혁명 만들기를 모방했다.[5] 이처럼 생도맹그 식민지 주민들은 '동상이몽'에 빠졌다. 백인 농장주들이 우선 중상주의적 간섭으로부터의 '자유'를 꿈꾸었다면, 유색 자유인들은 농장주에 버금가는 정치경제적 '평등'을 우선시했고, 흑인 노예들은 인신의 해방을 통한 지배계층과의 '우애'를 갈구했다.

카리브 해에서 숙성되는 반란의 징후에 맞서 프랑스 지배층은 방어적으로 대응했다. 성직자 출신 국민회의 의원이었던 아베 그레구아르Abbé Baptiste Henri Grégoire의 경우처럼, 진보적 정치인들도 원칙적으로는 노예제도 폐지에 동정적이었지만 현실적으로는 자유 신분 유색인들의 자유와 평등만을 제한적으로 지지했다. 그는 프랑스 구체제의 제3신분에 해당하는 이들의 개혁요구를 거절한다면 프랑스는 "진정시킬 수 없는 충격으로 위협"받을 것이며, 궁극적으로 해방된 유색 자유인과 백인 농장주의 결합은 "(흑인) 노예들을 견제할 수 있는 더욱 효과적인 세력을 창출할 것"이라고 확신했다.[6] 그르노블 출신의 영향력 있는 법률가 바르나브Antoine-Pierre Barnave는 카리브 해에서 식민지 상실로 생겨날 막대한 경제적 손실을 우려하며 백인 농장주들의 입장을 지지했다. 그는 "식민지를 프랑스 제국의 일부로 간주하고 이들이 제국이 성취한 행복한 부흥의 열매를 향유할 수 있기를 바라"지만, 생도맹그에서 "흑인 노예들의 운명을 완화"시키려는 사람들은 사악한 동기를 가진 "프랑스와 휴머니티의 적"이라고 규탄했다.[7]

프랑스 혁명정부가 1790년 3월에 승인한 '능동적 시민'과 '수동적 시민'의 차별성을 식민지에도 그대로 적용할 것인지 문제를 둘러싸고 논쟁이 벌어졌다. 백인 농장주들은 자신들의 사회경제적 지위에 합당한 권리를 요구하며 감히 '기어오르려는' 유색 자유인들을 무력으로 진압하고 본보기로 주동자들을 처형했다. 이런 '반혁명적' 조처에 분노한 물라토는 흑인 노예들과 힘을 합쳐 1790년 10월에 봉기했다. 국민의회는 식민지에서 반란의 불씨가 혁명의 횃불로 점화되는 것을 방지하기 위해 1791년 5월에 자유 신분 부모에게서 태어난 자유 신분의 흑인과 혼혈인들에게 시민권을 주었다. 1792년 4월에는 부모의 출생 신분에 관계없이 모든 유색 자유인에게 시민권을 부여했는데, 왕당파와 반란 흑인 노예들에 대항해 프랑스 식민지를 지켜주는 용맹스러운 전사가 되어달라는 당근책이었다. 귀족 출신으로 자신이 노예 소유주이기도 했던 커생Armand Guy Kersaint은 전면적 노예해방과 국가 이익 사이에서 설왕설래하는 당시 프랑스 혁명정부의 딜레마를 잘 대변했다. 그는 사유재산권을 위협받는 백인 식민주의자들이 느끼는 공포에 공감하며 노예제도에 기반을 둔 사회제도의 변혁은 "정의, 공리, 이해, 영광이라는 원칙에 따라 신중하고도 점진적으로 진행되어야" 한다고 주장했다.[8]

시민권 확장 부여라는 프랑스 정부의 타협안에도 불구하고 생도맹그의 상황은 더 악화되었다. 백인 농장주들이 유색 자유인들에게 자신들과 동등한 권리를 부여한 본국 정부의 결정에 반발해 영국-스페인과 동맹을 맺어 등을 돌렸기 때문이다. 식민지 정부는 흑인 노예 반란군과 영국-스페인 연합군에 쫓겨 막다른 골목으로 내몰렸다. 국민공회가 생도맹그에 파견한 판무관 송토낙스Léger Félicité Sonthonax는 이 위기를 타개하기 위한 최후의 수단으로 1793년 8월에 흑인 노예해방과 노예제도 폐지를 선언했다. 그는 생도맹그 백인, 물라토, 해방노예의 대표자들을 프랑스 국민공회에 파견해 노예제도 폐지를 추인받았다. 그러므로 아이티에서의 노예해방은 인권선언의 보편주의가 순수하게 실천되는 모범 사례가 아니라 흑인 노예들이 능동적 저항운동으로 떳떳이 성취한 전리품이었다.

프랑스공화국 군대에 합류한다는 조건으로 해방을 얻은 흑인들은 자신들과 같은 노예 출신인 투생 루베르튀르François-Dominnique Toussaint L'Ouverture의 지휘를 받으면서 영국군을 격퇴했다. 나중에 생도맹그의 실질적 권력자가 된 루베르튀르가 '스페인 왕국'을 버리고 '프랑스공화국'을 혁명전쟁의 파트너로 선택한 것은 인권선언이 약속하는 자유·평등·우애의 사이렌에 흠뻑 매혹되었기 때문일까? 프랑스어를 읽을 수 있고 프리메이슨Freemason과 같은 계몽적 비밀결사단체와도 연관되었다고 알려진 그는 아마도 프랑스 인권의 기본 정신을 이해했을 것이다. 루베르튀르는 당시 생도맹그의 프랑스 사령관인 라보Etienne Laveaux 장군에게 1793년에 보낸 편지에서 '흑인 노예들의 자유'와 교환하는 조건으로 프랑스군에 협조할 것을 약속했다. 또한 노예제도 폐지가 확정된 이후에도 프랑스에 저항하는 동료들에게 그는

아이티혁명의 영웅 루베르튀르는 자신이 만든 헌법에서 '생도맹그는 프랑스 제국에 속한다'고 명기했던 현실주의 정치가였다. 왼쪽 동판 하단에는 "흑인 노예와 인류의 자유·평등·우애를 위한 투쟁의 상징 인물"이라고 적혀 있다.

'신성한 자유의 원칙'을 수호하고 실현하려는 '공화주의의 품안으로' 되돌아오라고 '휴머니티와 형제애의 감정으로' 호소했다.[9] 자신이 초안을 잡았던 생도맹그 헌법에서도 "모든 인간은 자유롭게 태어나서 살다가 죽는다"라는 조항(제3조)을 삽입함으로써 루베르튀르는 프랑스 인권선언문의 메아리를 카리브 해에서 부활시켰다.

해방된 흑인 노예들과 프랑스 공화주의자들의 협력체제는 쿠데타로 정권을 잡은 나폴레옹의 등장으로 와해되었다. 나폴레옹은 자신의 매제 르클레르Charles Leclerx 장군을 3만 명의 원정군과 함께 파견해 '흑인 나폴레옹'을 자처하는 건방진 루베르튀르를 체포해서 본국으로 송환시켰다. 루베르튀르는 깊고 외딴 프랑스 산골의 감옥에 갇혀 사망했지만 그가 뿌린 자유의 등걸은 새싹을 피웠다.[10] 최초로 맛본 자유의 달콤함을 결코 포기할 수 없었던 해방 흑인들은 새로운 지휘관 데살린 Jean-Jacques Dessalines 밑에 다시 뭉쳐 나폴레옹 군대를 물리치고 1804년

1월 1일에 세계 최초로 독립적 흑인국가를 탄생시켰다. 아이러니하게도 1798년 인권선언서의 그림에 묘사된 쇠고랑으로 무장한 고대 노예들이 자유의 상징인 프리기아 모자Bonnet phrygien를 쓰고 못된 주인을 쫓아내는 장면이 머나먼 카리브 해에서 '흰 제국'에 맞선 '검은 인권'의 승리로 재현된 것이다.

누구를 위한 인권인가?

아이티공화국의 탄생과정에서 잘 드러나듯이, 노예제도의 철폐는 인권선언의 자연스럽고 보편주의적인 결과라기보다는 제국주의 충돌이 낳은 부산물이었다. 흑인 노예들의 폭동을 진정시키고 영국과의 식민지 전쟁에서 승리하기 위한 전략적 궁여지책이 노예해방으로 연결되었다. 이런 '인권의 무기화'는 위기에 빠진 공화국을 구하기 위해 국민공회가 급파했던 위고Jean. B. V. Hugues가 인쇄기와 인권선언문을 지참하고 생도맹그로 달려갔다는 사실에서도 엿보인다. 그는 식민지에 상륙하자마자 인권선언문을 영어, 스페인어, 포르투갈어, 네덜란드어 등 '적국의 언어'로 번역해 삐라처럼 뿌렸다.[11] 식민지 경쟁 국가의 통치를 받는 흑인 노예들을 인권이라는 달콤한 사탕으로 유혹해 반란을 선동하는 미끼로 인권선언문이 활용된 것이다. 사실상 이 식민지 전쟁을 수행했던 자코뱅 지도자들은 노예해방에 대한 확고한 신념이 없었다. 생도맹그 대표 의원들이 식민지에서는 이미 노예해방이 선포되었으므로 이를 추인해달라고 요청하자 국민공회는 마지못해 1794년 2월에야 모든 식민지에서의 노예제도 폐지를 '사후적으로' 인가했다. 로베스피에르는 이 역사적 법안에 서명조차 하지 않았는데, 그의 정치적 라이벌이자 '흑인의 친구협회'Société des Amis des Noirs 주요 멤버였던 지롱드파 수장인 브리쇼Jacques-Pierre Brissot가 흑인 노예해방을 지지했기 때문이다.[12] 노예제도 폐지라는 인류의 거룩한 인권이 현실정치의 흥정대상이었던 것이다.

다른 한편, 인권에 관한 각별한 관심이 노예반란과 아이티혁명을 촉발한 직접적이며 핵심적인 원인이었는지는 여전히 논쟁거리다. 프랑스어를 몰랐던 대부분의 흑인 노예들은 아마도 읽어주는 독서법이나 상인과 선원 또는 난민(도망자) 노예 등 흑인 디아스포라가 형성하는 아프리카-대서양-카리브 해 해상연결망을 통해 공급되는 프랑스혁명의 최근 뉴스를 수집할 수 있었을 것이다. 그리고 혁명적 혼란기에 약화된 본국 정부의 통제력과 식민지 지배층(백인 농장주 대 자유 유색인)의 분열 덕분에 흑인 노예들은 이전의 산발적 지방폭동과는 달리 자신들의 해방과 자유를 향한 행진에 가속도를 낼 수 있었다. 1791년 봉기 때 체포되어 처형되었던 흑인 노예의 소지품에서 인권선언문을 포함한 프랑스혁명의 팸플릿이 발견되었다는 것으로 미루어 인권문제는 당시 생도맹그의 '흑인 공론장'이나 식민지 여론형성에 간과할 수 없는 중요한 요소였을 것으로 짐작된다.[13] 생도맹그 흑인 노예들은 프랑스혁명의 구호를 '카리브 해 식으로' 번역해 수용했을 것이다. '자유'를 노예제도 철폐로, '평등'을 신분제도 철폐로 이해했지만, 자신들과 프랑스 공화주의자들을 진정으로 접속시킬 '우애'는 가능하지 않다는 사실을 체험적으로 깨달았다.[14]

루베르튀르가 수감되었다가 숨진 프랑스 중동부 산 중턱의 포르 드주Fort-de-Joux 감옥. 프랑스 정부는 1954년에 감옥의 흙을 아이티 정부에 전달하고 판테온에 루베르튀르의 기념상을 세웠다.

아이티혁명의 사례는 인권선언이 외부적으로 표방했던 보편주의와 상충되는 배타적 타자인식을 보여준다. 다시 말하면 프랑스혁명은 시민권으로서의 인권에 집중함으로써 휴머니즘을 국경선 내부에 봉인시키는 한계를 노출했다. "모든 주권의 원리는 본질적으로 국민/민족으로부터 유래"한다는 인권선언 I의 제3조가 지시하듯이, 민족주의의 등장과 성장이야말로 "프랑스혁명이 세계 정치에 남긴 위대하고도 숙명적인 유산"이다.[15] 그리고 자유주의적 민족주의의 팽창은 제국주의의 위험한 모험으로 연결된다. 프랑스혁명은 한편으로는 프랑스 시민들을 봉건적 속박으로부터 해방시킨 진보적 사건이지만, 다른 한편으로는 인권을 근대 국민국가의 격자에 감금시킨 폐쇄적 성격을 갖는다. 『제3신분이란 무엇인가』의 저자로서 프랑스혁명의 이데올로그 중 한

명이며 '프랑스 근대 헌법의 아버지'로 존경받는 시에예스가 흑인과 원숭이를 교배시켜 노동전문계급을 만들어서 프랑스 노동계층을 노동의 굴레로부터 영원히 해방시키자고 주장했다는 점을 상기해보자.[16] 사유재산을 기준으로 프랑스인들을 '능동적 시민'과 '수동적 시민'으로 차별화했던 그는 유색 혼혈인들을 자기 국민을 위해 희생시켜야 할 노동도구로 간주했던 것이다.

프랑스혁명의 사학사에서 아이티혁명과 흑인 노예제도 문제는 오랫동안 침묵당하거나 의도적으로 은폐되었다. 동시대인이었던 헤겔은 18세기 말 생도맹그에서의 '절대정신(자유)의 자기실현' 혹은 '주인과 노예 사이의 목숨 건 변증법적 투쟁'을 알고 있었지만 아이티혁명에 관한 자신의 알리바이를 주창했다.[17] 세계사적 차원에서 '이성적인 것이 현실적인 것으로' 실천되는 아이티혁명의 역사적 중요성에 눈을 감은 헤겔은 '흑인들의 운명인 노예제도' 철폐를 자신이 견고하게 구축했던 세계 역사철학의 기반과 발전단계에 어긋나는 있을 수 없는 사건으로 무시했다. 고귀한 인권선언이 카리브 해 태풍에 길을 잃고 흑인 노예해방이라는 엉뚱한 바위를 만나 좌초했다는 나쁜 기억은 헤겔 이후에도 오랫동안 지속되었다. 혁명 발발 200주년 기념으로 퓌레와 오주프가 공동 편집해서 출간한 『프랑스혁명 비판사전』*Dictionnaire Historique de la Révolution Française*(1988)에는 '식민지'나 '노예제도(폐지운동)'는 물론 '아이티혁명'과 관련된 항목이 전혀 등장하지 않는다.[18] 아이티혁명에 대한 프랑스 역사가들의 오랜 침묵은 이 사건이 '원조혁명'이 성취했던 국민국가 신화 만들기의 인종주의적 편견을 드러내고, 고귀한 인권선언이 빛 좋은 개살구로 전락하는 결정적 순간이기 때문이다.

프랑스혁명이 외친 자유·평등·우애는 누구를 위한 것인가? 이런 근본적 질문을 제기하는 '식민지 문제'는 혁명의 정당성을 의심하고 동요시킨다. 보편주의 언술로 채색된 인권선언문 뒤에 감춰졌던 민족적·인종적 편견과 차별은 나폴레옹이 1802년에 노예제도를 부활시킴으로써 그 누추한 가면을 벗었다. 그리고 '검은 인권'에 대한 프랑스 국가(지배계층)의 부정적 편견이 예외적이며 일회적인 실수가 아니었음은 1830년 제국에 강제 편입시킨 아프리카 북단의 알제리를 1962년까지 지배했다는 사실로 반증된다. 제2제정 말기인 1865년에 통과된 법률에 따르면 알제리 원주민들은 '시민'citizen이 아니라 '신민'subject 신분이었고, 제2차 세계대전 이후까지도 완전한 시민권자인 '유럽인들' des Européens과 제한된 시민권자인 '원주민/무슬림들'des indigènes/des musulmans은 인권적으로 차별되었다.[19] 카리브 해에서 예행 연습했던 인종주의적 차별은 북아프리카로 그 무대를 옮겨 이슬람에 대한 폭력과 '백색 문명화 프로젝트'로 계승되었던 것이다.

「인간과 시민의 인권선언」과 「세계인권선언」, 1789/1948

장기적 관점에서 재검토해보면, 프랑스혁명은 세계인권 발전에 오히려 나쁜 기억과 유산을 남겼다. 시민적 인권과 공민권을 보호한다는 명분으로 구축되는 중앙집권적 국가권력의 강화는 세계인권이 국제운동으로 성장하지 못하도록 방해했기 때문이다. 세계박람회와 각종 국제평화회의, 근대 올림픽의 부활 등을 발판 삼아 19세기 후반 서양에서 본격적으로 '국제화'internationalization가 전개되었음에도 인권문제가 국제적으로 확산되지 못했던 원인 중 하나는 프랑스혁명이 인권의 범주를 민족국가주의의 좁은 틀에 고착시킨 탓이었다.[20] 국민국가 형성의 전제조건으로 발명된 근대 인권의 미성숙한 보편주의의 한계는 20세기 중반 너머까지도 지속되었다. 제2차 세계대전의 종식이 약속한 탈식민주의 분위기 속에서도 제국주의적 야심을 포기하지 않으려는 서양 강대국들의 각축전으로 인해 인권의 세계화는 지연되었다.

유엔이 1948년 공표한 「세계인권선언」Universal Declaration of Human Rights도 외부적으로 표방하는 탈식민주의에도 불구하고 서구 중심주의를 완전히 극복하지는 못했다. 우연히도 1948년 12월 9일에 인권위원회Human Rights Commission가 작성한 「세계인권선언」 초안을 유엔총회에서 보고한 대표자는 노예의 후예인 아이티공화국 상원의원 에밀 생로Emile Saint-Lot였다. 그는 이 초안이 비록 완벽하지는 않지만 두 차례 세계대전의 폭력과 상처를 치유해줄 "새로운 법적·도덕적 기초를 국제사회에 제공하기 위한 인류의 가장 위대한 노력의 결정판"이라고 엄숙하게 선언했다.[21] 그는 아이티 독립을 쟁취하기 위해 싸우면서 서양의 백색 제국주의자들에게 배반당했던 선배들이 남긴 역사적 교훈을 망각했을까? 바꾸어 말하자면 세계대전의 승전국인 미국이 주도했던 「세계인권선언」은 프랑스혁명 인권선언문의 한계를 극복하고 인권의 보편주의를 실천하려는 진정으로 진일보한 현대 인권선언의 모델이었는가?

유엔인권위원회 위원장은 미국의 전직 퍼스트레이디 엘리너 루스

벨트Eleanor Roosevelt(1884~1962)였다. 그녀는 만 2년에 가까운 우여곡절 끝에 마침내 12월 10일 유엔총회에서 확정된 「세계인권선언」이 미합중국의 「미국 권리장전」과 1789년 프랑스 인권선언을 뛰어넘는 '국제적 마그나 카르타'가 될 것이라고 확신했다.[22] 그녀의 낙관적 평가와 전망에도 불구하고, 「세계인권선언」은 초안 작성과정과 공식 채택에 이르기까지 20세기 후반에 본격화되는 냉전과 '문명충돌'을 예고했다.

무엇보다도 「세계인권선언」은 미국이 지지하는 개인주의적 정치 공민권과 소련이 선호하는 사회경제적 권리가 씨름한 불완전한 산물이었다. 미국이 자유주의적 공민권을 더 명시적으로 포함시키기를 원했다면—예컨대 모든 사람이 누려야 할 이성과 양심 및 존엄성(제1조), 생명과 자유 및 자신의 안전을 지킬 권리(제3조), 프라이버시와 통신의 자유(제12조), 보통비밀투표의 권리(제21조)—, 이에 맞서 소련은 사유재산제도가 가져올 경제적 불평등에 대응하는 국가 책임과 사회보장책—예를 들면 '공정하고 유리한 조건으로 일할 권리와 실업상태에 놓였을 때 보호받을 권리'(제23조), '자신의 이익을 지키기 위해 노동조합을 결성하고 가입할 수 있는 권리'(제23조 4항), '국가로부터 생계보장을 받을 권리'(제25조 1항) 등—을 더 많이 삽입하기를 요구했다. 매우 흥미롭게도 1789년 자유주의적 인권선언과 1793년 사회주의적 인권선언의 첨예한 갈등이 이상적인 국제인권에 대한 두 강대국의 경쟁으로 되살아났다. 그 밖에도 서구 자유주의가 후원하는 종교의 자유와 남녀평등은 이슬람국가들을 거북스럽게 했다. 이데올로기적 밀고 당김과 동서양 사이의 종교적 논쟁 끝에 「세계인권선언」은 소련을 포함한 동유럽권과 남아프리카, 사우디아라비아 등 8개국의 기권을 제외

한 50개국 다수의 찬성으로 확정되었다.[23]

「세계인권선언」은 그 탄생과정이 보여주듯이, 실질적으로 미국과 서유럽 국가들이 동맹해 만들어낸 서구 자유주의 담론이었다. "어떤 개인이 속한 나라나 영토가 독립국이든, 신탁통치 지역trust이든, 비자치 지역non-self-governing이든 상관없이"(제2조) 차별 없이 모든 인권이 보장되어야 한다는 선언은 소련의 통제하에 있는 동유럽(위성) 사회주의 국가를 겨냥해 서구 자유주의의 체제적 우월감을 과시하는 냉전용어나 마찬가지였다. 또한 「세계인권선언」이 부추기는 탈식민주의 운동도 국민 인권의 전제조건이 될 국가의 독립과 집단적 자치권 확보를 위한 것으로, 엄밀히 따지자면 개인의 인권 향상과는 구별된다. '국가/체제의 힘'을 시민 인권의 필요불가결한 요소로 내세운다는 측면에서 평가하면, 1789년 「인간과 시민의 권리선언」은 1948년 「세계인권선언」과 일란성 쌍둥이인 셈이다.[24] 그렇다면 역설적으로 인권의 진정한 국제화와 세계화는 국가주의 모델과 인종주의 편견에 깊이 뿌리박은 프랑스혁명의 인권선언을 계승하는 대신에 오히려 그것을 세계사적 차원에서 거부하고 새롭게 고쳐 쓰려는 노력으로부터 시작되어야 한다.

국가/인종/서구 중심적 편견을 벗고 탈국가적transnational 차원으로 인권운동이 거듭 태어난 것은 1970년대를 전후해서였다. 나치즘이 남긴 홀로코스트 상흔에 대한 뒤늦은 반성과 성찰이 인류범죄를 세계양심에 고발하는 계기가 되었다면, 아시아와 라틴아메리카 군사독재자 밑에서 신음하는 신생 독립국가의 인권에 대한 관심이 국제인권기구 탄생에 기여했다. 런던에 본부를 둔 국제앰네스티Amnesty International가 1961년에 창립된 것을 필두로 하여, 1978년에는 뉴욕에 본부를 둔 국제인권감시단Human Right Watch이 설립되었고, 뒤이어 국제법률가위원회International Commission of Jurists가 제네바에서 출범해 인권침해에 대한 범세계적 감시와 고발, 재판을 담당했다. 1993년에는 아시아 NGO 대표들이 모여 서양 국가들이 주도하는 국제인권기구들이 빠질 수도 있는 문화제국주의와 오리엔탈리즘을 경계하며 '아시아적 가치와 세계인권'의 함수관계를 재조명했다. 인권의 국제화를 위한 각종 인권단체의 설립과 세계적 네트워크에 힘입어 복지권, 원주민 인권, 어린이 인권, 범죄자 인권, 무국적자와 정치적 망명인의 인권, 성적 소수자 인권, 국가폭력 희생자들과 그 가족들의 인권 등이 다양하고도 심도 있게 논의되고 있다.

'세계화시대의 인권'이라는 21세기 초의 관점에서 회고해보면, 프랑스혁명이 생산한 인권선언문들은 상대적으로 작고 초라해 보일 수도 있다. 그러나 선언문에 들어 있는 과잉된 국민국가적 성격과 인종주의적 편견에도 불구하고, 형이상학적 '자연권'이 정치경제적 '인권/시민권'으로 이행하는 중요한 경계선에 프랑스혁명이 위치하고 있음을 과소평가할 수 없다. 또한 그 시대적 한계에도 불구하고 유대인·흑인 노예·성적 소수자의 인권을 위해 프랑스혁명이 세계 최초로 내디딘 첫발자국의 무거운 의미를 존중해야 할 것이다. 무엇보다도 '정부의 합법성과 건강함을 측정하는 시금석 + 세상의 행복과 불행을 판단하는 유일한 기준 = 인권'이라는 프랑스혁명이 남긴 위대한 등식은 '글로컬'Glocal시대를 사는 우리가 곱씹어봐야 할 핵심적인 명제다. 보편주의 인권과 도덕적 제국주의 사이를 방황했던 1789년 혁명의 시련과 실패를 통해 우리는 '지역적인 것이 세계적인 것이다'라는 구호를 세계인권운동에 어떻게 적용시킬 것인지 고민해봐야 한다. 국경 없는 다문화시대의 인권문제야말로 지역적·문화적·종교적 전통과 전 지구적 보편가치를 동시에 충족시켜야 하는 새로운 도전이다.

 인권은 불변하는 추상적이며 절대적인 그 무엇이 아니라 특정한 역사적 시간과 공간의 맥락 속에서 끊임없이 협상되고 다시 만들어지는 일종의 불완전한 유토피아다. 만약 '인권'이라는 렌즈로 다시 검증해본 프랑스혁명과 아이티혁명이 반쪽짜리 사건이었다면, 그 나머지 반쪽의 혁명은 지금 우리가 여기에서 실천해야 할 몫이며 숙제다. 어쩌면 혁명은 성공하거나 실패하는 과거완료형 사건이 아니라 장기지속적이며 일상적으로 발생·진행·모색되는 미완의 프로젝트일지도 모른다. 인권이 씨 뿌리는 민들레 영토가 점점 확장되듯이, 인권의 역사적 여정은 '기나긴 혁명'의 리듬에 맞춰 뚜벅뚜벅 때로는 절뚝거리며 행진하고 있다.

2부
영상으로 서술한 프랑스혁명

4 영화 〈프랑스대혁명〉에 투영된 사학사적 논쟁 읽기

혁명과 영화

19세기 말 영화가 발명된 이래 프랑스혁명은 영화제작자들에게 인기 있는 단골 주제의 하나였다. 시네마그라프 발명가인 뤼미에르Lumières 형제 밑에서 무대장치가로 활약했던 아토Georges Hatot는 20초짜리 첫 단편영화인 〈마라의 죽음〉과 〈로베스피에르의 죽음〉을 1897년에 찍었다. 그 후 프랑스혁명을 소재로 한 영화는 영화제작의 초창기인 1925년 무렵 벌써 전 세계에서 150편 이상 제작되었고, 혁명을 다룬 50여 권의 문학작품들을 각색한 100여 편의 극영화가 만들어질 정도로 인기를 끌었다.[1] 1789년에서 1799년의 짧은 기간에 절대왕정→입헌군주정→공화정→독재정치→반동정치→군사쿠데타 등으로 이어지는 급격한 정치적·사회적 파노라마를 연출했고 루이 16세와 앙투아네트의 공개처형, 미라보와 라파예트의 귀족적 영웅주의, 열혈 애국자 당통과 로베스피에르의 우정과 갈등, 청년장교 나폴레옹의 벼락출세와 제국 건설 같은 화려한 이야기를 낳았다는 점에서 프랑스혁명은 그 자체가 이미 훌륭한 한 편의 드라마였기 때문이다. 프랑스대혁명에 대한 영상 기록의 중요성을 뒤늦게나마 깨달은 혁명 200주년 기념 조직위원회는 역사가에게 위촉해 『혁명에 대한 전 세계의 영화목록』*Filmographie de la Révolution*과 『프랑스혁명과 영화』*Révolution française et le cinéma*를 출간 했다.

이 글은 프랑스대혁명이라는 동일한 사건을 '문자로 쓴 역사' historiography와 '영상으로 쓴 역사' historiophoty가 어떻게 달리 해석하는지 사학사적 관점에서 관찰하는 것을 기본 목표로 한다. '히스토리오포티' historiophoty라는 용어는 헤이든 화이트 Hayden White가 만든 신조어다. "언어적 이미지와 문자로 쓰인 담론의 형식에 의한 역사의 재현"을 의미하는 '히스토리오그래피' historiography에 비해, '영상으로 쓴 역사'는 "시각적 이미지와 영화적 담론 속의 역사와 그에 대한 우리 생각의 재현"을 지칭한다.[2] 영화에 대한 역사학적 독해와 역사적 사건에 대한 영상적 독해가 상호 보완적으로 만날 수 있는 가능성을 타진해보려는 것이다.

'히스토리오포티'가 갖는 역사서술의 잠재력을 검증해보기 위해서 이 글은 혁명 200주년을 기념해 제작된 〈프랑스대혁명〉(이하 〈대혁명〉으로 약칭)에 초점을 맞춘다. 프랑스의 저명한 감독 앙리코 Robert Enrico와 미국 텔레비전 연속극 프로듀서 출신 헤프론 Richard Heffron[3]의 합작품인 이 영화는 프랑스 영화비평계의 무관심 혹은 부정적 반응과는 달리 미국 비평가들로부터는 5점 만점에 3.5(★★★☆)의 등급을 받았다.[4] 원래 제목은 프랑스어로 '프랑스혁명: 빛과 공포의 계절' La Révolution Française: Les Années Lumière et Les Années Terrible인데, 영어 제목으로는 '프랑스혁명: 빛/희망과 분노/공포의 나날들' The French Revolution: The Year of Hope/Light and the Year of Rage/Terror이다. 데이비드 암브로스David Ambrose가 시나리오를 쓰고, 당통 역을 맡은 클라우스 브랜다우어Klaus Brandauer와 마리 앙투아네트로 분한 제인 세이모어Jane Seymour가 주연을 맡았다. 프랑스어와 영어, 이중 언어로 녹음된 이 영화는 국내에는 〈프랑스대혁명〉이라는 제목으로 교육방송EBS에서 8부작으로 소개되었다. 러닝타임은 8시간이다. 2시간 혹은 4시간짜리 분량으로 편집된 축소영화판으로 있는데 국내에서는 2시간용으로 일반극장에서 개봉되었다.

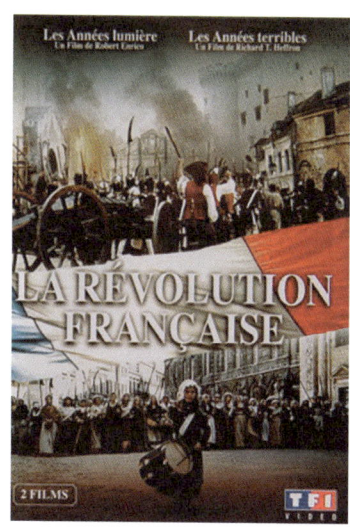

프랑스혁명 200주년을 기념해 미국과 프랑스 합작품으로 제작된 〈프랑스대혁명〉은 '빛의 나날들'과 '공포의 나날들' 2부작이다.

수많은 영화들 중에서 〈대혁명〉을 선택한 것은 다음과 같은 몇 가지 이유에 근거한다. 우선 혁명기의 특정 인물, 특정 시기, 혹은 특정 사건만을 한정적으로 취급했던 다른 영화들과 달리, 〈대혁명〉은 1788년에서 1794년 사이에 진행되었던 주요 사건, 제도적 변화, 역사적 인물

등을 시간 순서에 따라 포괄적이며 종합적인 시각언어로 서술했다. 프랑스 국방부와 문화부가 협찬한 이 영화는 1789년 혁명의 역사적 성격과 유산에 대해 200년 후에 영상으로 쓰인 '표준교과서'라는 의의를 가진다. 그뿐만 아니라 영국, 이탈리아, 프랑스 세 나라가 공동으로 기획하고 미국 영화사가 주도적으로 보급한 〈대혁명〉의 분석을 통해 혁명에 대한 자리매김이 20세기 말에 어떻게 국제적으로 일단락되었는지를 측정해볼 수 있다는 의의도 있다.

영상으로 작성된 표준교과서 〈대혁명〉을 해부하기 위해 '일반분석'과 '특수분석'이라는 두 개의 카테고리를 적용한다.[5] 일반분석에서는 영화의 줄거리와 전개과정, 결말 등의 이야기 틀이 언어-행위적 내레이션을 통해 어떻게 표현되는지를 관찰한다. 이에 비해 특수분석에서는 프랑스혁명과 관련된 특정한 사학사적 질문들이 영상적 내레이션을 통해 어떻게 은밀하고도 복잡하게 표출되는지에 대해 '두터운 묘사'를 시도한다. 전자가 〈대혁명〉에 대한 망원경적이며 내용 중심적인 외적 분석이라면, 후자는 이미지로 쓰인 영화의 특성을 고려한 현미경적이며 상징 중심적인 내적 분석이라고 할 수 있다. 결론 부분에서는 〈대혁명〉의 사례를 통해 영상으로 서술한 역사의 유용성과 잠재력 그리고 한계를 간략히 논의할 것이다.

〈대혁명〉의 외형적 내용 분석

1788년 베르사유 궁전에서의 마리 앙투아네트의 도박 장면으로 시작해 1794년 로베스피에르의 처형 장면으로 끝을 맺는 〈대혁명〉은 2부로 구성되었다. 제1부 '빛의 나날들'은 삼부회 개최, 바스티유 감옥 탈취, 베르사유 행진, 루이 16세의 탈출미수 사건, 혁명전쟁의 선포, 입법의회 해산 등이 주요 내용을 이룬다. 절대주의 왕정의 상징물이었던 베르사유 궁전에서 쫓겨나 파리의 튈르리 궁전에 갇혀 혁명의 인질 신세가 되었던 루이 16세와 그 가족들은 과격 분자들의 '혁명의 죄수'로 전락한다. "지금 이 순간부터 프랑스에는 왕이 더는 존재하지 않는다"라는 루이 16세의 절망적 고백은 "모든 것은 다 잘될 거야"라는 혁명가요 '사이라'ça ira를 합창하는 시민들에게는 희망의 메시지처럼 들린다. 리졸브(영상 겹치기) 영상기법을 빌려 라파예트가 낭독하는 「인간과 시민의 권리선언」 장면이 제1부의 하이라이트를 구성한다.

제2부 '공포의 나날들'은 반혁명 분자라는 죄목으로 감옥에 갇힌 귀족과 성직자들을 민중이 무참히 처형하는 '9월 학살', 국민공회 개최와 왕과 왕비의 처형, 혁명재판소와 공안위원회 주도하의 공포정치 등이 주요 내용이다. 민중에 의한 무분별한 폭력을 법률적으로 통제하기 위해 고안되었지만 "양심의 살인자"로 변질된 공포정치의 이중성에 대한 고발에 초점이 맞춰진다. 특히 후반부에서는 마라, 당통, 데물랭, 로베스피에르 등 자코뱅파 핵심인물들 사이의 우정과 권력투쟁의 갈등이 절정에 이른다. 로베스피에르 일당의 음모로 사형을 앞둔 당통의 최후진술 장면이 2부의 하이라이트다. 출생에 기초한 특권과 권리독점을 파괴하고 평등과 자유의 성취를 혁명이 이룩한 열매로 요약한 당통은 이런 고귀한 가치를 수호하기 위해 자신을 기꺼이 혁명의 제단에 바치겠다고 절규한다.

〈대혁명〉의 주제를 한마디로 꼬집어 요약하기는 어렵다. 군주제의 부패상과 공화정의 정당함? 혁명이라는 구조적 변화에 함몰되는 개인의 삶? 자유와 평등이 그리는 불협화음의 쌍곡선? '빛과 희망의 해 그리고 분노와 테러의 해'라는 영화의 부제副題로 미루어 짐작해보면, 위와 같이 양립하기 힘든 두 개의 상이한 가치관 사이에 낀 '혁명의 딜레마' 그 자체가 주제일지도 모른다. 그럼에도 영화가 관객들에게 궁극적으로 전달하려는 메시지는 비교적 명확하다. 청소년 시절의 로베스피에르가 루이 16세를 찬양하는 시를 암송하는 영화의 첫 장면과 당통의 최후진술이 배경으로 깔리는 교회미사의 마지막 장면은 영화 전체의 주제를 웅변한다. 왕의 충직한 어린 백성이었다가 성인이 되어서는 왕을 처형하는 데 앞장섰던 로베스피에르가 혁명의 부정적 측면인 폭력과 배신 그리고 급진성을 대변한다면, '미쳐버린 혁명'의 야만성을 멈추기 위해 목숨을 바쳤던 당통은 중용과 화합 그리고 현실주의와 같은 혁명의 긍정적 유산을 대변한다. 청렴하지만 엄격한 도덕률의 죄의식에 사로잡힌 노총각 로베스피에르가 아니라 적당히 타협하며 인생을 즐길 줄도 아는 유부남 당통을 주인공으로 설정한 것에서도 이 영화의 궁극적 의도가 드러난다. 당통의 최후증언이 제1부의 「인간과 시민의 권리선언」 내용과 사실상 중첩된다는 점에서도 〈대혁명〉의 주제의식을 재확인할 수 있다.

〈대혁명〉은 기본적으로 영웅열전이다. 우유부단했지만 담담히 기요틴에 오른 루이 16세, 따분한 남편 때문에 바람은 피웠지만 모성애가 빛났던 마리 앙투아네트, 여성의 육체 앞에서는 자신의 정치적 급진주의를 쉽게 망각해버리는 바람둥이 미라보, 혁명 초기에는 국민적

파리 시내 번화가 그의 옛 집터 자리에 세워진 당통 동상. 하단에는 "빵 다음으로 중요한 것은 교육"이라는 그의 연설문이 새겨져 있다.

영웅이었지만 결국은 혁명을 버리고 망명을 선택한 입헌군주론자 라파예트, 저널리스트로서 혁명의 격변기에 여론을 조작하고 대변하는 데 앞장섰던 마라와 데물랭—이들이 펼쳐가는 애증과 갈등의 드라마가 곧 〈대혁명〉인 것이다. 프리기아 모자를 쓰고, 낫과 창으로 무장하고, 빵값 인상에 예민한 혁명적 군중도 자주 화면에 등장하지만, 이들은 개체적 개성과 욕망을 지닌 인격체가 아니라 혁명의 소용돌이에 휩쓸린 '얼굴 없는 집단'일 뿐이다. 프랑스혁명이 프랑스 민중의 삶과 미래에 대한 변화와 진보의 사건이라면, 영화 〈대혁명〉에서 이들은 전쟁터에서 죽고, 변덕스러운 군중심리를 따르는 폭동자이며, 사건의 스케일을 웅장하게 꾸며주는 엑스트라로 취급된 것이다.

〈대혁명〉은 장르상 '다큐드라마' docu-drama 혹은 '역사적 로망스' historical romance로 분류될 수 있다. 사건과 등장인물 등이 역사적 실재에 근거했기 때문에 다큐멘터리의 성격을 갖지만, 인물묘사와 장면 연결에 가공의 극적 요소를 가미했다는 측면에서는 드라마의 성격을 갖기 때문이다. 예를 들면 왕의 최후진술, 왕족의 안전보장을 요구하며 프로이센이 프랑스에 보낸 외교문서의 내용 등은 문자기록으로 확인된 '역사적 사실'이다. 다른 한편으로 1789년 10월의 '베르사유 행진'에 당통의 첫 아내인 가브리엘이 참여했는지, 최후의 결전을 앞두고 당통과 로베스피에르가 나눈 '매우 사적인 마지막 대화'—"나(당통)는 아무런 공포 없이 매일 밤 아내와 육체적 기쁨을 즐긴다. 그렇게 못하는 당신(로베스피에르)은 고자가 아닌가?"—가 '과거에 실제로 있었던 사실'인지 여부를 확인하기는 매우 어렵다. 〈대혁명〉이 갖는 이런 이중성은 '사실과 허구 사이에서 절름발이' 신세를 벗어나지 못하는 영상으로 쓴 역사서술의 한계와 장점을 동시에 보여주는 것이다.[6]

역사적 로망스로 제작된 극영화는 극적 효과를 겨냥해 때로는 역사적 사실을 왜곡, 단순화하거나 과장해서 묘사한다. 〈대혁명〉의 경우에도 예외는 아니다. 예를 들면 영화에서는 국민공회 의원들 대부분이 루이 16세 처형의 당위성에 대해 의연하게 그리고 이구동성으로 찬성하는 것으로 그려지지만 이것은 역사적 사실과 거리가 멀다. 왕의 처형문제를 둘러싸고 온건 분자인 지롱드파와 과격 분자인 산악파 사이의 열띤 정치적 공방 끝에 단 한 표 차이로 루이 16세의 처형이 결정되었던 것이다. 대부분 정치재판이 만장일치로 판결이 내려진 역사적 선례에 비추어보면 721명 중 과반수를 간신히 넘는 361명의 의원만이 왕의 처형에 동의했다는 것은—그것도 찬성표 중 한 표가 무자격자가 던진 표일 가능성이 높다는 것을 감안한다면[7]—영화가 관객들에게 전달하려는 메시지는 사실에 부합하지 않는다. 왕의 처형은 봉건체제의 사슬에서 해방된 프랑스 시민들의 단합된 목소리의 결과가 아니라 혁명의 진로와 전술을 둘러싼 혁명세력 내부의 첨예한 갈등을 노출시킨 위기상황이었던 것이다.

흔히 극영화는 구체적 장면과 행위를 표현하는 데는 뛰어나지만 사건 뒤에 숨어 있는 심리적 동기를 영상으로 연출하기에는 역부족이라는 비판이 제기된다.[8] 이런 시각은 〈대혁명〉의 경우에도 어느 정도 적용된다. 예를 들면 왕족과 망명귀족 사이의 반혁명적 음모와 혁명전쟁의 위기상황 속에서 내부의 적을 처단하기 위해 발생했던 1792년 9월 학살의 비인도적 잔혹함에 대해서는 감옥에 갇힌 귀족과 성직자를 창밖으로 내던지는 그로테스크한 장면이 장황한 문자기록보다 더 실감나게 현장감을 증언한다. 그러나 형이상학적이며 복잡한 인과관계나 심리상태를 영상으로 설득력 있게 전달하는 데는 어려움이 있다. 주지하듯이 계몽주의가 구체제의 지식인은 물론 일반인들에게 끼친 혁명적 영향력을 무시할 수는 없다. 물론 영화 〈대혁명〉에서도 로베스피에르의 서재에 꽂혀 있는 루소의 『사회계약론』이 살짝 화면에 비친다. 그러나 『사회계약론』, 계몽주의, 공화주의, 인민주권론 사이의 철학적 연관성을 그 짧은 시간에 관객들이 이해하리라 기대할 수는 없을 것이다.

이미지로 쓴 역사가 문자로 쓴 역사보다 더 열등하며 신뢰할 수 없다는 고정관념은 깨기 어렵다. 사료의 중요성을 공문서→재정·사법문서→기업이나 지방정부 기록→편지나 일기 같은 개인자료 등의 순서로 등급을 매기는 관행에서 역사가들은 여전히 자유롭지 못한 것이다.[9] 그러나 이미지로 쓰는 역사서술이 갖는 또 다른 유용성과 잠재력을 과소평가할 수는 없다. 관객들이 정확한 역사적 사실을 탐색하려고 필기도구를 지참하고 컴컴한 영화관을 찾는 것은 아니기 때문이다. 프랑스혁명의 위인들 이름을 외우고 주요 사건의 원인과 결과를 파악하기 위해 관객들은 귀찮게 표를 사고 줄을 서서 〈대혁명〉을 감상하지는 않는다. 정확하고 풍부한 사실과 정보의 습득이 아니라 자신의 인생에 대한 점검과 전망의 계기와 실마리를 찾기 위해 많은 사람들은 '빛으로 쓴 역사'에 매료되는 것이다. 사람들은 권태로운 일상생활에 무뎌진 감성과 역사적 비판의식을 담금질받기를 기대하면서 〈대혁명〉이 상영되는 극장을 찾는 것이다. 역설적으로 "백과사전이 아니라 시집詩集의 기능"을 담당하기 때문에[10] 영화의 존재 가치가 빛나는 것이다. 영화에 대한 감상과 분석이 외형적 내용 분석에 머물지 말고, 영상언어에 대한 내적 분석으로 보완되어야 하는 까닭도 여기에 있다.

〈대혁명〉에 대한 사학사적 분석

특정 영화에 대한 특수분석은 문자로 쓴 저서에 대한 사학사적 분석에 비유할 수 있다. 이 영화는 어느 학자의 해석을 주요 텍스트로 삼아 각색되어 어떤 역사적 해석을 옹호하거나 반영하는가? 이 영화는 제작을 후원한 특정 프로덕션의 의도와 정부당국의 이데올로기적 견해를 어떻게 은밀하지만 어김없이 관객들에게 전달하는가? 한 편의 영화는 천재적 감독이나 시나리오 작가 개인의 창조적 산물이 아니라 그 시대의 지배적 가치관, 대중의 집단태도, 심지어는 영화 관람객들의 취향 등이 함께 어울려 빚어내는 공동산물이다. 그러므로 "영화는 그것이 증언하는 내용 때문에 가치 있을 뿐 아니라 그것이 허용하는 사회-역

사적 접근 때문에도" 사료로서의 중요한 가치를 갖는 것이다.[11]

그렇다면 〈대혁명〉이 겨냥하는 이데올로기적 의도와 효과는 과연 무엇일까? 이 영화가 외부적으로 표명하는 '사실의 표면' 밑에 숨어 있는 '과거의 질감'은 무엇일까? 우선 〈대혁명〉은 동유럽 현실사회주의 국가들의 말기적 모순이 노출되던 1980년대 말에 두드러졌던 정통(마르크스)주의 해석의 퇴조의 산물이라는 점을 지적하지 않을 수 없다. 한 마디로 공포정치와 로베스피에르→1848년 혁명의 6월 봉기→파리코뮌→러시아혁명으로 한 치의 어긋남도 없이 이어지던 '혁명의 교리문답'의 악순환을 끊으려는 혁명 200주년 당시의 이데올로기적 의도가 반영된 것이다. 1792년 8월 10일 파리 민중의 튈르리 궁전 습격을 전환점으로 하여 혁명이 자유주의적 궤도에서 일탈해 공포정치라는 "비탄의 시간" 속으로 침몰했다는 수정주의적 견해가 시나리오의 밑그림이 된 것이다.[12]

〈대혁명〉이 수정주의 해석의 영향을 받았다는 짐작은 영화의 주인공 선정에서도 확인된다. 로베스피에르가 아니라 당통을 주인공으로 선택함으로써 혁명의 급진주의적 유산을 청산하고 온건한 공화주의 전통만을 선별적으로 계승할 것을 역설했던 것이다. 다시 말하면 로베스피에르를 피의 숙청을 부르는 편집광적 인물로 묘사함으로써 소비에트연방의 스탈린주의적 공산주의 독재를 비난하는 한편, 당통을 혁명의 자유주의적 가치와 사회주의적 이상을 제한적으로 결합시키려고 했던 현실주의자로 부각시켰다. 이런 관점에서 로베스피에르를 선구적인 사회주의적 실천가로 상정했던 마르크스주의 역사가들의 주장이 상대적으로 묻힌 반면, 당통의 중도적 역할을 강조했던 수정주의적 해석이〈대혁명〉에서 좀더 두드러지게 강조되었다고 볼 수 있다.

정통주의·수정주의 해석 사이의 사학사적 논쟁은〈대혁명〉이 묘사하는 민중에 대한 이중적 평가에서도 노출된다. 마리 앙투아네트의 사치와 도덕적 방탕에 분노하고, 귀족과 성직자의 반혁명적 음모에 항거하는 파수꾼인 민중은 결정적 순간에 자신의 몸을 바쳐 혁명의 불꽃을 지핀다. 그러나 이들 '혁명적 대중'crowd이 변덕스러우며 폭력적인 '폭도'mob로 돌변할 위험을 경계해야만 했다.[13] 〈대혁명〉에서 묘사된 파리 민중의 모습도 야누스적이다. 한편으로 파리 시민들은 혁명의 숨 가쁜 행진 속에서도 거리의 야바위꾼 유혹에 정신을 빼앗길 정도로 무지하지만, 다른 한편으로는 역사의식으로 충만한 서민층 여성들을 대변하는 '뜨개질하는 여자'la tricotteuse는 왕비에 대한 재판 감시에 열중한다. 남녀 상퀼로트는 혁명적 권력과 합법성의 원천인 동시에 끊임없이 계몽시키고 훈육해야 할 대상이었다. 1794년 여름 샹 드 마르스 광장에서 개최된 최고 존재의 숭배축제에 참가한 민중도 혁명적 대중과 반혁명적 폭도의 양면성을 갖는다. 그들이 열렬히 지지했던 로베스피에르의 연설에 하품하는 모습에는 따분한 덕의 공화정을 거부하고 전복시키려는 민중적 욕망이 스며들어 있다. 민중을 야비한 기회주의자들로 스케치하는〈대혁명〉의 이데올로기는 그들을 역사진보의 원동력으로 간주하는 마르크스주의 해석과는 어긋난다.

다른 한편〈대혁명〉은 후기 수정주의자들이 주창한 정치문화의 중요성에도 주목한다. 삼색기, 프리기아 모자,[14] 자유의 나무 등과 같은 혁명적 표상이 갖는 상징적 의미와 그것이 권력에 작동하는 힘을 과소평가하지 않았다. 예를 들면 파리 시민들은 왕궁수비대가 베르사유 궁

왼쪽) 혁명 당시 가난한 육체노동자(상퀼로트)들이 애용했던 프리기아 모자(일명 고깔모자)는 고대 로마제국 시절 프리기아 지방 해방노예의 상징물에서 그 이름이 유래했다.
오른쪽) 프리기아 모자를 쓰고 삼색기를 달고 있는 자유의 나무. 소위 혁명의 정치문화적 상징물 3종 세트가 총출연한 삽화다.

전의 연회에서 삼색기를 짓밟았다는 소식을 자신들과 혁명에 대한 정면도전으로 받아들인다. 또한 1792년 6월 튈르리 궁전에 침입한 파리 시민들은 루이 16세에게 프리기아 모자 착용을 강요한다. 왕이 민중의 이런 무례한 요구를 비굴하게 수락하는 장면은 1750년대부터 서서히 진행되었던 '군주정의 탈신성화'[15]가 완성되는 극적 에피소드로 읽을 수 있으리라.

혁명 발발 200주년에 발맞춰 제작된 〈대혁명〉이 상대적으로 수정주의 해석을 더 많이 채택했다는 사실은 당시 제5공화국이 직면했던 정치상황에 비추어보면 놀랄 일이 아닐 수도 있다. 프랑스 정부는 바스크 분리주의 운동, 북아프리카 이슬람인의 대대적인 이민에 따른 인종적·종교적 분열, 유럽공동체의 결성으로 좁아지는 국제적 입지 등으로 요약되는 총체적 위기에 직면했다. 이런 국내외 배경으로 분열보다는 단합을, 폭력보다는 공존을, 전쟁보다는 평화를, 상처보다는 영광을 프랑스혁명이 남긴 위대한 유산으로 강조하는 역사영화를 환영했을 것이다. 프랑스 현대사가 경험한 온갖 종류의 정치외교적 시련과 사회경제적 갈등의 씨앗이었던 프랑스혁명이 마침내 "끝났다"고 선언한 영상적 보고서가 다름 아닌 〈대혁명〉인 것이다.

〈대혁명〉이 수정주의적 해석에만 순전히 경도되었던 것은 아니다. 이 영화는 또 다른 제3의 가치관으로 채색되었으니 다름 아닌 미국식 실용주의와 개인주의다. 그 증거들을 몇 가지 수집해보자. 영화에서 당통은 미국적 가치관의 대변자로 묘사된다. 그는 반혁명주의자들로부터 뇌물을 받을 만큼 적당히 부패했고 타협적이며, 첫 아내의 갑작스러운 죽음의 슬픔을 잊고 재혼해 신혼의 기쁨을 만끽할 만큼 현실적이며, 음모로 가득한 정치현장에서 한발 물러나 시골에서 아들과 함께 낚시를 즐길 만큼 가정적이고 전원을 사랑하는 인물이다. "강가에서 하루를 보내본 사람이라면 정치 같은 일에 시간을 낭비하지 않을 것"이라고 장담하는 당통이 과연 내란과 혁명전쟁의 위험에 빠진 조국을 구출할 이상적 영웅인가? 지극히 가정적이고, 정치를 혐오하며, 물질적·육체적 즐거움을 양보하지 않는 당통은 1790년대 프랑스인의 원형이 아니라 오히려 1980년대 미국의 모범적인 '보통사람'에 더 가깝다. 혁명의 수레바퀴를 지휘하며 격정의 시대를 온몸으로 살아가는 인물이 아니라 가족과 개를 데리고 캘리포니아 목장을 산책하는 미국 정치인의 실루엣이 당통에게서 투영되는 것이다. 어쩌면 공포정치의 폭력적 측면을 과장해 스케치한 제2부가 소비에트연방을 '악마의 제국'으로 비난할 만큼 극우적 분위기가 팽배했던 미국의 한 이름 없는 텔레비전 프로듀서에 의해 감독되고 배급된 것은 우연이 아닐 수도 있다.

영상역사학의 과제와 미래

영상으로 쓴 역사는 최소한 다음과 같은 세 가지 측면에서 문서로 쓰인 전통적 역사와 구별되는 장점과 잠재력을 가진다. 첫째, 영상역사학은 역사의 대중화 혹은 대중의 역사화에 기여한다. 영화감독과 시나리오 작가도 당당히 역사가의 일원으로 인정해야 한다는 주장[16]은 아직 파격적이라 하더라도, '빛으로 쓴 역사'가 대중에게 전달하는 역사관과 역사인식의 파급력은 대단하다. 둘째, 영상으로 쓴 역사는 문자로 쓴 역사로는 표현할 수 없거나 어려운 과거 목소리를 새로운 방식으로 기록한다. 음향, 디졸브, 슬로모션, 페이드아웃 등과 같은 시청각 언어와 기교를 동원해 스크린 위에 펼친 영상적 리얼리즘은 과거와 현재의 기억에 대한 새로운 질문을 자극하는 것이다. 셋째, 영상으로 쓴 과거에 대한 상이한 담론은 우리가 다른 종류의 과거 혹은 "보이지 않는 현실"을 발굴하도록 도와준다.[17] 영상역사학이 전통역사학의 보조 분야에 그치지 않고 독립적이며 능동적인 역할을 담당해야 할 당위성이 여기에 있다.

문자로 쓴 역사가 일류역사와 삼류역사로 구분되듯이, 이미지로 쓰인 역사도 좋은 영화와 나쁜 영화로 구분될 수 있다. 로젠스톤의 표현을 빌리면, 좋은 영화는 과거에 대한 기존 통념에 이의를 제기하고("contesting history"), 과거 사건이나 역사적 거대담론을 영상언어와 문법을 통해 보여주며("visioning history"), 리얼리즘 너머에 존재하는 과거의 숨결을 재조명("revisioning history")하는 조건을 모두 갖추어야 한다.[18] 새로운 해석, 감각적 구체성, '불완전한 과거'의 재발견 등 세 가지 요소를 동시에 충족시켜야만 비로소 좋은 영화로 기억되는 것이다.

과연 〈대혁명〉은 위에서 언급한 영상역사학의 장점과 잠재력에 부합하는 좋은 영화일까? 이 영화는 혁명에 대한 백과사전적 지식전달이 아니라 시적 감흥을 관객들에게 남겼는가? 문자로 기록된 사학사적 논쟁으로는 표현하기 어려운 잔영殘影이 남는 감동을 성공적으로 연출했는가? 프랑스혁명이라는 논란 많은 역사적 사건을 소재로 제작된 수많은 영화들 중에서 명작은 소수에 불과하다는 견해가 지배적이다. 한 영화평론가에 따르면, "심지어 가장 위대한 제작자들에게 있어서도 혁명영화는 흔히 하나의 주문품이나 또 하나의 영화에 불과했을 뿐이지 개인적이고 독창적인 영화는 결코 아니었다."[19] 유감스럽게도 〈대혁명〉도 예외가 아니다. 영웅열전에 의존한 스토리 진행, 진부한 패턴에서 벗어나지 못한 인물설정(중용적이고 사려 깊은 당통과 대비되는 과격하고 음침한 로베스피에르), 단세포적으로 노출되는 제작자와 스폰서의 현실적 의도(국민통합)와 정치적 이데올로기의 발톱(보수주의적 신자유주의)—이런 여러 요소들이 〈대혁명〉을 결국 좋은 역사영화의 범주에 못 미치게 한다. 혁명 200주년을 분수령으로 교체되는 정통주의 해석과 수정주의 해석의 틈바구니에서 엉거주춤하게 만들어진 통속영화가 바로 〈대혁명〉인 것이다.

포스트모던시대를 사는 역사가는 새로운 종류의 학문적 도전에 직면한다. 영상으로 쓴 역사의 등장은 분명히 인쇄술 발명에 버금가는 획기적인 현상이다. 6밀리미터 개인용 캠코더와 디지털 카메라를 이용한 일반인들의 기록 남기기가 유행하고, 인터넷을 통한 동영상 제공서비스가 범람하는 오늘날, 역사가는 이제 더는 공문서 보관소와 문자 데이터 속에서 자신을 고립시킬 수 없다. 문자해독 능력의 향상이 지난 천년의 역사변천에 중요한 역할을 담당했다면, 이제 시각적 해독 능력visual literacy과 영화적 해독 능력cinematic literacy은 역사가와 교양인들이 꼭 갖추어야 할 미덕이 되었다. 이미지가 범람하는 디지털시대에 거주하는 오늘날의 역사가들은 '빛과 이미지로 쓴 역사'를 배척하고 거부할 수만은 없다. 영상역사학에 대한 편견과 부정적 고정관념으로 얻는 것은 문자로 기록한 전통역사학에 대한 안도감일 뿐이요, 그 대가로 역사가들이 잃는 것은 과거(인물)에 대한 대안적 설명과 해석이라는 점을 명심할 필요가 있다.

5　미쳤거나 사랑에 빠졌거나: 프랑스혁명의 진정한 여성 영웅은 없다

민주주의 시대에 이야기되는 영웅담의 두드러진 특징은 영웅의 등장에 위로부터의 개입이 제한된 반면, 민중의 자발적 동의와 지지가 확대되었다는 점이다. (……) 세계사를 풍미했던 고전적 영웅들, 특히 전쟁과 민족 서사시의 주인공들이 퇴장하고 미디어 스타들이 그 자리를 메우는 오늘날, 그리고 정치적 영웅조차 스타의 요소를 갖추어야 하는 오늘날, 우리는 왜 과거의 영웅들을 이야기하고자 하는가? 그것이 해묵은 영웅 숭배나 영웅사관을 재탕하자는 것이 아님은 두말할 것도 없다. 오히려 영웅은 어떻게 시대에 의해 만들어지는가, 영웅에 대한 기억이 시대에 따라 어떤 변천을 겪어왔는가를 탐구하자는 것, 다시 말해 영웅 그 자체가 아니라 영웅 '숭배'나 영웅 '담론'을 분석대에 올리자는 것이다. 이를 통해 우리는 영웅을 만들고 그들의 초상을 새롭게 덧칠해온 각 시대의 서로 다른 욕망을 읽어낼 수 있기 때문이고, 그럼으로써 그 시대로부터 객관적 거리를 획득할 수 있기 때문이다. (……) 영웅의 초상화에 일어나는 변화는 바로 우리 자화상의 변천이기도 한 것이다.¹

여성을 위한 진짜 혁명영화는 없다

이 장에서는 우연히 같은 시기에 제작된 프랑스혁명을 소재로 한 영화 두 편을 선별해 영상으로 쓴 역사가 여성과 혁명, 여성과 사회, 여성과 남성 등의 관계를 어떻게 재현하고 왜곡하는지를 비평하고자 한다. 글의 전반부에서 분석될 〈메리쿠르〉Théroigne de Méricourt는 '혁명기의 여인들'Les Jupons de la Révolution Française이라는 제목의 텔레비전용 영화로 기획·제작되어 1988년에 출시된 총 6편의 시리즈 중 한 편이다.² 미구엘 커오즈Miguel Courtois가 감독하고 올리비아 브루놀스Olivia Brumaux와 헤르베 하이올레Hervé Hiolle가 주연을 맡은 이 작품은 러닝타임 80분짜리 비디오용으로 국내에 배급되었다. 후반부에서 분석될 〈슈앙〉Chouans은 블랑제Daniel Boulanger 원작에 브로카Phillipe de Broca 감독이 메가폰을 잡고 소피 마르소가 주연을 맡아 1988년에 선보였다. 러닝타임은 143분으로 국내에서는 '혁명가의 연인'이라는 제목으로 소개되었다.³ 두 영화 모두 소위 '미성년자 접근금지' 판정을 받았는데, 당시 전두환-노태우 군사독재정권의 강압적 시대 분위기를 거슬린 '혁명'이라는 위험한 소재 때문에 검열에 걸렸을 것으로 짐작된다. 혹은 미쳤거나 눈먼 사랑에 빠진 여성들의 이야기가 퇴폐적이라고 판정한 무식한 검열관의 잘못 때문일까.

　별로 잘 알려지지도 않은 두 편의 심심풀이 소비용인 삼류 영화를 선택해 '여성과 혁명'이라는 무겁고도 심각한 주제를 토론하는 것은 프랑스혁명을 배경으로 여성 영웅을 주연으로 한 좋은 영화가 없기 때문이다. 잘 알려진 것처럼, 당통이나 나폴레옹과 같은 남성 영웅들을 주인공으로 삼은 유명한 영화들은 있지만 마담 롤랑과 올랭프 드 구즈와 같은 여성 혁명주의자의 위급했던 삶과 비극적 사랑을 다룬 영화를 찾아보기는 힘들다. 혁명의 적인 마리 앙투아네트를 주인공으로 한 영화, 역사만화, 전기소설들이 많은 것과 비교해보면, 비록 이데올로기적 신념과 시대관은 다르지만 제각기 혁명적 현장에 투신했던 여성들의 생애를 추적한 좋은 영상작품은 없다. 이처럼 다른 선택의 여지가 거의 없었지만, 〈메리쿠르〉와 〈슈앙〉 같은 통속영화를 통해 혁명과 여성의 관계에 대한 20세기 말 프랑스 보통사람들의 집단기억이나 정신자세(망탈리테)를 더 잘 파악할 수도 있다. 삼류영화도 그 시대의 산물이기 때문이다.

　영상역사학이 가진 여러 장점들 중 하나는 그것이 역사를 종합적 과정으로 재현한다는 점이다. 문자로 쓴 역사가 주제, 지역, 시대 등의 카테고리에 따라 서술대상을 분리해서 취급하는 것과는 달리, 영상으로 쓴 역사는 한 개인이나 집단의 자취를 정치, 경제, 계급, 젠더 같은 다양한 차원을 하나로 융해해서 통합적 이미지를 제공한다.[4] 〈메리쿠르〉와 〈슈앙〉이 프랑스혁명기 여성들의 정치적·사회적·성별적 위상을 어떻게 개별적인 동시에 종합적으로 재현하며 그 이데올로기적 함의는 무엇인지를 본격적으로 살펴보자.

혁명적 광기에 불타버린 메리쿠르

메리쿠르의 생애와 혁명

영화 〈메리쿠르〉는 혁명 당시 "바스티유 감옥의 탈취자", "베르사유 행진의 선도자", "프랑스혁명의 아마조네스", "여성 혁명방위대 사령관" 등의 호사스러운 별명으로 유명세를 떨쳤던 실존인물을 주인공으로 하는 일종의 전기傳記영화다. 1762년 8월 13일 지금의 벨기에 지역인 아르덴Ardennes의 마르쿠르Marcourt라는 마을에서 부유한 농부의 딸로 태어난 메리쿠르(1762~1817)의 본명은 테르바뉴Anne-Josèphe Terwagne였다. '테루아뉴 드 메리쿠르'Théroigne de Méricourt라는 귀족풍 이름은 그녀가 주체적으로 작명한 것이다. Méricourt는 그녀의 출신 지역 Marcourt가 변형된 것이고 원래 성인 '테르바뉴'Terwagne를 프랑스식으로 고친 것이 '테루아뉴'Théroigne다.[5] 같은 시대를 살았던 또 다른 페미니스트 올랭프 드 구즈도 시골 출신의 미천한 신분임에도 스스로 귀족 출신임을 표시하는 'de'(~가문 출신의)를 임의적으로 붙인 것을 상기한다면,[6] 혁명기의 여성주의자들이 경험하는 '여성적 정체성'의 위기는 이름에도 상흔처럼 묻어 있었다.

메리쿠르는 불행한 유년기와 청소년 시절을 보냈다. 5세 때 어머니를 여의고 아버지가 재혼한 후 그녀는 고모 집과 수녀원 등을 전전했다. 그녀의 불행은 1778년 콜베르Colbert 부인과의 만남으로 끝나는 것처럼 보였다. 마담 콜베르는 메리쿠르에게 읽기, 쓰기와 음악 등 교양 교육의 세례를 베풀었다. 의젓한 숙녀로 새로 태어난 메리쿠르는 20세가 되던 해에 바람둥이 영국군 장교와 첫사랑에 빠졌다. 그의 집요한

'혁명기의 여인들'이라는 제목의 텔레비전용 영화 téléfilm 시리즈 중에서 "프랑스혁명의 아마조네스"로 불렸던 여걸 〈메리쿠르〉 포스터. 1988년에 제작된 6부작 중 한 편이다.

사랑고백과 구혼에 굴복한 메리쿠르는 애인을 따라 파리로 이주해 사교계의 향락에 빠지게 된다. 이 무렵 성병에 걸린 그녀를 치료한 의사가 남긴 기록은 파리와 런던을 오가며 "문화적 보헤미안주의, 상류사회, 도덕적 타락" 사이를 헤매던 메리쿠르의 일상생활을 증언한다.[7] 그녀의 방탕과 방황은 아버지가 불분명한 딸의 출산과 사망, 이탈리아 출신 성악가와의 사랑, 이탈리아에서의 오페라 공연여행 등으로 이어진다. 공연계획이 사기로 판명되어 1789년 5월 파리로 귀환함으로써 테르바뉴라는 이름으로 기록된 그녀의 전반기 인생은 마감된다. '사랑에 울고 돈에 속은' 삼류 여가수 생활을 어떻게 청산하고, 메리쿠르라는 새로운 이름의 혁명의 딸로 거듭났을까?

메리쿠르는 "첫눈에 혁명에 반했다."[8] 파리에서 병들고 지친 육체와 정신을 달래던 그녀는 시에예스의 『제3신분이란 무엇인가?』를 접하고 자신처럼 이제까지 '아무것도 아닌' 취급을 받았던 제3신분이 프랑스를 대표하는 '모든 것'이라는 메시지에 마술처럼 홀려 매료되었다. 고아와 다름없이 자라나 권태로운 장미의 나날을 보내던 인생도 새로운 국가의 주인공이 될 수 있다는 시에예스의 섬광 같은 가르침이 그녀 가슴에 예언처럼 꽂혔던 것이다.

특히 혁명 직후 그녀는 베르사유에서 개최된 국민의회를 방청하면서 정치의식과 혁명적 애국심에 눈을 떴다. "국민의회는 내게 위대하고 아름다운 광경으로 보였다. …… 처음에는 모든 토의내용을 그다지 잘 이해하지 못했다. 그러나 모르는 사이에 조금씩 배워갔고, 결국 민중의 대의와 특권층의 대의를 알게 되었다"고 그녀는 고백했다.[9] 그 후 자신의 거처를 혁명의회 근처로 옮겨 다닐 정도로 혁명의 열렬한 추종자로 변신했다. 파리 중심가에 위치한 그녀의 숙소였던 그르노블 호텔은 혁명적 여론조성의 근거지였다. 시에예스, 브리소, 데물랭, 바르나브 등 당대의 유명한 정치인과 지식인들이 모여 정치현안에 대해 열띤 토론을 벌일 때 그녀는 살롱 주인 역할을 했다.

점차 혁명적 사명의식에 눈을 뜨게 된 메리쿠르는 '법의 친구 협회'Société des amis de la loi 창설에 동참하고 '헌법의 친구 우애협회'Société fraternelle des amis de la Constitution에도 적극적으로 참여했다. 이런 혁명단체들을 매개로 여성이 공적 영역에 참여하는 것이 갖는 중요성을 선구적으로 깨달았다. 코르들리에Cordeliers 클럽 집회에서는 여성 신분으로는 예외적으로 발언권을 얻어 바스티유 감옥 자리에 혁명을 기념하는 건축물을 건립할 것을 주창하기도 했다.[10] 메리쿠르는 "고급 창녀에서 명확히 위협적인 정치적 존재로" 비약적으로 변모했던 것이다.[11]

농촌 출신의 연예인에서 혁명의 신데렐라로 승격한 메리쿠르는 반혁명세력에게는 눈엣가시였다. 사실 여부와 관계없이 그녀가 '베르사유 행진'을 주도했던 여성 지도자라는 풍문이 돌았고, 왕당파 계열 신

메리쿠르가 거주하던 튈르리 궁전 근처의 그르노블 호텔. 이곳에서 그녀는 진보적인 인물들과 사교하며 '혁명 살롱' 여주인 노릇을 했다.

문인 『사도행전』은 그녀의 활약상을 비꼬면서 '테루아뉴 드 메리쿠르' Théroigne de Méricourt라는 귀족풍의 이름을 부여했다. 왕과 왕비를 베르사유에서 파리까지 에스코트하는 데 앞장섰으니 그 역할에 합당한 귀족 이름을 하사해야 마땅하다는 야유였으리라. 메리쿠르는 그녀를 체포하려는 왕당파의 위협을 피해 1790년 여름에 고향으로 피신했다. 그녀의 귀향 소식은 오스트리아 군주제를 전복하기 위한 자코뱅의 밀명을 띠고 막대한 자금을 가지고 잠입했다는 소문으로 변질되어 망명 귀족들 사이에 퍼져 나갔다. 그리고 1791년 1월 15일 야밤에 일단의 남자들이 메리쿠르가 묵고 있는 숙소를 습격해 그녀를 납치했다. 밀명의 진위를 파악하기 위해 비엔나로 이송된 그녀는 고문을 포함한 집요한 취조를 받았다. 장기간 조사에서도 유죄를 입증할 증거가 발견되지 않은 데다 심각하게 망가진 심신을 우려하는 의사의 소견에 힘입어 메리쿠르는 1791년 8월 2일에 석방되었다.

  1792년 1월 중순 메리쿠르가 파리로 되돌아왔을 때 정치상황은 급변해 있었다. 자코뱅파와 지롱드파, 공화주의파와 왕당파, 과격파와 중도파 등 사이의 이데올로기적 갈등으로 프랑스는 내란 발생 일보 직전이었다. 메리쿠르는 지롱드파와 '투사적 페미니즘'을 자신의 정치적 노선으로 선택했다. 지롱드파가 여성문제 해결에 더 호의적이었기 때문이다. 이와 대조적으로 자코뱅 남성 정치인들은 마담 롤랑이 내무부 장관 남편 장 마리 롤랑Jean-Marie Roland을 뒤에서 조정해 정치를 부패시키고 있다고 공개적으로 비난할 정도로 여성의 정치 관여에 대한 불쾌감을 감추지 않았다. 또한 합스부르크 지배를 받는 고향 벨기에를 구체제의 사슬로부터 해방시키려는 희망도 혁명전쟁을 찬성하는 지롱드파를 메리쿠르가 지지한 또 다른 이유였다. 그 연장선상에서 그녀는 남성들이 독점하는 국민방위대에 버금가는 '아마존 대대'를 발족시켜 여성들도 조국방어에 적극적으로 동참해야 한다고 입헌의회에 제안했다. 그 제안은 거부되었지만 그녀는 이에 굴하지 않고 무장한 여성들을 마르스 광장으로 소집해 군사훈련을 지휘했다. 3월 25일에 오스트리아에 대한 전쟁이 선언되고 지롱드파가 정국을 주도하게 됨에 따라 메리쿠르의 정치적 입지도 강화되었다. 군주정의 마지막 숨결을 끊은 8월 10일 혁명에서 그녀의 용맹한 활약상은 '투사적 페미니즘'의 절정을 과시했다.

그러나 자코뱅파와 여성 상퀼로트들의 정치적 결합은 메리쿠르의 운명을 바꾸었고 페미니즘 운동에도 중요한 변화를 동반했다. 라콩브 Claire Lacombe와 레옹이 주도하는 '민중적 페미니즘'이 메리쿠르가 대변하던 '투사적 페미니즘'을 대체하는 세력으로 부상했기 때문이다.[12] 여권운동의 전략과 방향에 대한 내부적 갈등은 메리쿠르를 역사의 뒤안길로 영원히 퇴장시키는 사건으로 표출되었다. 1793년 5월 15일 오전 10시경 메리쿠르가 국민공회 방청석으로 입장하려는 순간, 일단의 자코뱅파 여성 상퀼로트들이 그녀를 막아섰다. 이들은 순식간에 그녀의 치마를 벗기고 엉덩이에 채찍질을 하기 시작했다. 바람난 여성을 욕보이는 일종의 민중적 축제의식이었을까. 마라가 급히 달려와 그녀를 구출했지만, 메리쿠르는 이 사건이 남긴 충격과 치욕에서 영원히 회복되지 못했다. 그녀의 남동생은 우울증과 피해망상증에 시달리는 누나를 치료해줄 것을 요청하는 청원서를 1794년 봄 코뮌 의장에게 보냈고, 같은 해 9월 20일 메리쿠르는 '미친 여자'로 공식판정을 받았다. 이후 20년이 넘는 오랜 세월 동안 여러 정신병원을 전전하던 그녀는 왕정복고기인 1817년 6월 8일에 마침내 숨을 거두었다.

혁명의 안티히로인

영화 〈메리쿠르〉는 오스트리아로의 납치 사건부터 정신착란에 이르는 메리쿠르 생애의 마지막 3년간을 추적한다. 영화의 첫 장면은 옷이 갈기갈기 찢겨 육체를 거의 드러낸 메리쿠르가 쇠사슬에 두 손이 묶여 괴로워하는 장면으로 시작된다. 그런데 느닷없이 화면이 바뀌어 그녀는 남자와 끈적끈적한 사랑을 나눈다. 물리적 고문과 사랑의 쾌락은 상통한다는 퇴폐적 암시일까. 메리쿠르의 정치적 경력에 대한 사전지식이 없는 관람객들이 '불륜이 그녀의 죄명일까'라고 혼란스러워할 수도 있는 편집기술이다. 이어지는 화면은 "여성의 활동무대를 침대에 국한시키는…… 프랑스의 남성과 귀족은 우리의 적입니다"라는 연설로 여성들을 선동하는 그녀의 과격한 모습이다. 영화가 시작된 지 불과 10여 분 만에 관객들은 혁명과 여성, 여성과 사랑, 사랑과 처벌 같은 무거운 주제들이 메리쿠르의 생애를 통해 어떻게 전개되는지 궁금해 해야만 하는 난해하고도 부담스러운 숙제를 떠맡는다.

스토리 전개의 중간중간에 플래시백 기법으로 주인공의 성장과정과 혁명 이전의 모습이 축약된다. "언젠가는 거쳐야 하는 여자의 숙명적 과정"인 처녀성을 한 늙은 귀족에게 강제로 빼앗긴 뒤 그 자국과 상처를 지우기 위해 추운 겨울의 분수대에서 몸을 씻는 어린 소녀 메리쿠르. 피아노와 성악 레슨을 시켜준 고마운 콜베르 부인의 딸에게 "남자의 야비한 동물성이 개입되지 않은 여성끼리 나누는 부드러운" 동성애의 유혹을 받는 틴에이저 메리쿠르. 집요한 구애와 장밋빛 약속에 못 이겨 결혼한 남편이 동성애자임이 밝혀져 몸과 마음이 슬픈 새색시 메리쿠르. 무대공연이 끝나면 줄을 서서 기다리는 늙은 귀족들에게 "나는 창녀가 아니라 성악가예요!"라고 울부짖는 예술가 메리쿠르……. 영화에 투영된 이런 모습들을 종합하면, 메리쿠르는 '비정상적인' 성적 통과의례를 경험했고 성인이 되어서는 축적된 성적 욕구불만을 반사회적 방법으로 발산했던 '문제적 여성'이다. 프로이트적 정신분석학을 대입해서 진단하자면, 유아 시절(구강기와 항문기)에 부모의

신문에 게재된 영화 〈메리쿠르〉 소개자료. "몸바쳤던 바람둥이 남자에게 버림받고 가수가 된 후 먹고살기 위해 고급 창녀가 된 여인"이라는 선정적인 표현이 하단에 적혀 있다.

따뜻한 애정과 보살핌의 결핍 속에서 자라난 그녀는 남성의 욕망과 배반이 아로새긴 트라우마를 의식의 수면 밑에 숨기고 그 히스테리를 변태적으로 발산하는 반항적이며 공격적인 페르소나다. 쉽게 풀어 말하자면, 그녀는 혁명 같은 위험한 상황에 노출되면 '미친년'으로 돌변할 수 있는 충분한 배경과 조건을 갖춘 인물이다.

영화 〈메리쿠르〉가 제공하는 혁명의 아마조네스의 활약상은 파편적이고 즉흥적으로 묘사된다. 혁명 초기 데물랭이 선동하는 혁명적 메시지에 익사해 졸도하는 정치애송이 메리쿠르. 빵 가게를 약탈해 병사들에게 빵을 나누어주는 고마운 '운동권 누나' 메리쿠르. 비엔나에서 석방되어 파리 민중들의 대대적인 환영의 헹가래에 취한 혁명의 으뜸 효녀 메리쿠르. 1792년 8월 10일 튈르리 궁전 침입과정에서 자신과 혁명의 고귀한 정신을 모독했던 왕당파 신문기자에게 결투를 청해 복수하는 용맹스러운 여전사 메리쿠르. 그리고 혁명의 롤러코스터에서 튕겨 나온 불쌍한 왕년의 예능인이자 비운의 히로인인 메리쿠르. "우리가 힘들게 일할 때 이년은 노래 부르고 귀족들과 잠을 잤다"는 비난과 함께 쏟아지는 여성 노동자들의 채찍질에 정신을 잃는 메리쿠르. 초점 없는 시선과 귀신을 방불케 하는 복장으로 갈급하게 물을 찾는, 정신과 육체가 모두 말라비틀어진 수수깡 같은 메리쿠르. 이런 장면들을 연결하면, 메리쿠르가 보낸 혁명적 생애의 후반부는 폭력, 살인, 배신, 감금(감옥과 정신병원) 등의 이미지로 얼룩진다. 한편으로는 혁명이 불행한 그녀에게 어린 시절과 죄의식에 가득 찬 방탕한 젊은 시절과 결별하고 새사람으로 태어나도록 도와준 절호의 도약대였지만, 다른 한편으로는 혁명이야말로 무의식 속에 잠재해 있는 광기를 끄집어내어 그녀를 파멸로 이끈 악마의 유혹이었다. 프랑스혁명 그 자체처럼 메리쿠르는 모순과 영욕으로 가득 찬 운명을 견뎌야만 했던 것이다.

위와 같은 구성과 줄거리로 꾸며진 영화 〈메리쿠르〉를 장르상 어떻게 규정해야 할까? 혁명이라는 거대한 역사의 물줄기에 휩쓸려 희생당하는 한 가엾은 여인의 기구한 운명을 그린 역사멜로물 혹은 사이코드라마? 실존했던 한 인물의 구체적 행적에 초점을 맞춤으로써 프랑스혁명에 내재된 모순과 폭력성을 추적 고발한 다큐드라마? 보는 사람의 감상과 관점에 따라 다양한 이름을 붙일 수도 있겠지만, 영화 〈메리쿠르〉는 무엇보다도 "페미니스트의 일생을 다룬 악의적인 반페미니스트적 작품"이다. '악의적인'이라는 용어를 쓴 것은 사실적 오류에 기반을 둔 의도적 연출 때문이다. 예컨대 8월 10일 메리쿠르와 왕당파 신문기자인 쉴로François Suleau와의 극적 만남에 대해 영화는 사실과 다르게 스케치한다. 메리쿠르가 쉴로를 무력적으로 위협한 것은 사실이지만, 그는 도망치다가 민중에게 잡혀 죽음을 당했다.[13] 메리쿠르를 사사로운 복수의 피에 굶주린 살인자로 낙인찍은 영화 장면은 사실적으로 잘못 연출된 것이다. 또한 내용전개와는 전혀 상관없이 장면과 장면 사이에 짧게 끼워 넣은 그녀의 야한 체위의 나체 장면과 베드신은 '낮에는 혁명하고 밤에는 성생활에 탐닉하는' 메리쿠르의 이중생활을 관람객의 뇌리에 심어놓으려는 값싸고 유치한 연출기교다.

사실의 비틀림과 악의적인 연출기법을 동원해 영화 〈메리쿠르〉가 관객들에게 전달하려는 메시지는 무엇일까? 그것은 '혁명은 여성들이 노리개로 유희하기에는 너무 심각하고 위험한 현실이다'라는 경고다. 본연의 활동무대인 침대를 벗어나 남성이 독점하는 공적 영역(정치)을 기웃거리는 건방진 여성은 태양에 너무 가까이 가서 스스로 녹아버리는 그리스 신화 속 이카로스처럼 자신의 욕망의 무게로 몰락한다는 것이다. 메리쿠르의 정치적 신념과 행위를 관객들이 성적·육체적 향연과 혼동 혹은 동일시하도록 유도하는 방향으로 영화가 편집되고 연출된 까닭이 여기에 있다. 성적 비정상(동성애)과 타락(창녀)의 수렁에서 빠져나와 메리쿠르가 펼치는 혁명적인 정치적 명분과 행위는 건강하고 합리적인 선택의 결과가 아니라 여성적 히스테리가 낳은 변덕의 결과임을 영화 〈메리쿠르〉는 강조한다. 다시 말해 이 영화는 여성의 본질인 육체의 성城을 떠나 정치같이 복잡하고 형이상학적인 세계에 도전하는 여성의 삶의 끝은 '광기의 감옥'뿐이라는 무시무시한 교훈을 관람객에게 각인시키려는 것이다.

여성, 사랑을 위해 혁명을 버리다

소재와 형식 그리고 내용 측면에서 비교해보면 〈슈앙〉은 〈메리쿠르〉와 매우 대조적인 영화다. 〈메리쿠르〉가 혁명의 심장부인 파리에서 활약했던 제3신분 출신 여성이 주인공이었다면, 〈슈앙〉은 파리 서쪽 브르타뉴Bretagne 지방 귀족들의 반혁명적 활동에 초점을 맞추었다. 전자가 실존인물의 불행한 일대기에 바탕을 둔 비극이라면, 후자는 가공의 남자주인공과 여자주인공의 행복한 결합으로 마감되는 해피엔드 영화다. 그러나 이런 표면적 차이점에도 불구하고 여성주의적 시각으로 진단하면 〈메리쿠르〉와 마찬가지로 〈슈앙〉도 반여성주의적 영화라는 공통점을 가진다.

〈슈앙〉의 줄거리를 간략히 요약하면 다음과 같다.[14] 1769년 브르타뉴 지방 카르테스 영지의 사비니엥 백작은 아내의 목숨과 바꾼 아들 오렐Aurèle과 한 여인이 버리고 간 여아 셀린Céline을 같은 날 얻는다. 그로부터 10년 뒤인 1779년에 사비니엥 백작은 수도원을 도망 나온 소년 타르캥Tarquan을 입양한다. 백작의 보살핌 덕분에 오누이처럼 우애 있게 성장한 세 소년소녀들의 운명은 프랑스혁명의 발발과 함께 굴절된다. 시골 변호사로 근무하다가 혁명의 열렬한 지지자가 된 타르캥은 양아버지인 백작이 미라보 백작에게 써준 소개장을 가지고 혁명의 심장부인 파리로 향한다. 셀린과 풋사랑에 빠졌던 오렐은 결혼을 권하는 백작의 뜻을 어기고 미지의 신대륙 보스턴으로 모험의 여행을 떠난다. 혼자 남은 셀린은 한 통의 편지도 없는 오렐에 대한 사랑의 확신을 점점 잃어간다.

세 명의 젊은 주인공은 1793년에 각각 새로운 모습으로 해후한다. 타르캥은 파리의 자코뱅정부가 지방에 파견한 혁명의 커미셔너 신분으로 금의환향한다. 혁명과업의 완수라는 중대한 임무를 띤 타르캥의

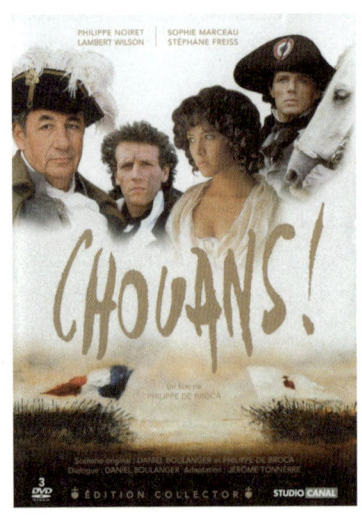

브르타뉴 지방의 반혁명운동을 배경으로 청춘남녀의 삼각관계를 다룬 영화 〈슈앙〉의 포스터. 국내에서도 개봉, 재방영되었다.

권고에 따라 셀린은 혁명의 교사직을 맡게 된다. 그리고 신대륙에서 한밑천을 잡아 귀국하던 오렐은 반혁명세력과 혁명군의 충돌 현장에 우연히 개입하게 된다. 영문도 모른 채 귀족 편에 서서 싸우던 그는 옛 애인 셀린이 혁명군 지역 책임자로 부임한 타르캥과 연인관계라는 충격적인 소식을 듣는다. 반혁명주의자라는 혐의로 체포되어 심문을 받으러 가던 오렐은 귀족들과 농민들의 연합세력인 '슈앙파'에 의해 구출된다. '슈앙' Chouan은 1791년 무렵부터 서부 프랑스 지역에 퍼지기 시작한 반혁명운동에 참가한 사람을 일컫는 별명인데, 이들은 강제징집제와 비선서파 성직자와 혁명정부의 탄압 등에 집단적으로 항거했다.[15] 오렐은 자신의 애인을 혁명주의자에게 빼앗겼다는 질투심에서 타르캥에게 복수하는 심정으로 슈앙파에 합류했다. 그리고 오렐이 슈앙파 여전사 올랭프 후작부인의 애인이 되었다는 풍문을 접한 셀린은 '홧김에' 타르캥과 육체관계를 맺는다.

혁명이라는 고귀한 대의명분이 아니라 사사로운 애증의 쌍곡선이 세 사람의 삼각관계를 움직였다. 후작부인을 등에 업고 슈앙파의 우두머리가 된 오렐은 애정 없는 연인관계와 명분 없는 반혁명투쟁을 청산하고 셀린에게 다시 돌아가기로 결심한다. 한편, 오렐을 향한 신분적 열등감에서 헤어나지 못하던 타르캥은 셀린에게 혁명과 함께 산화해 역사발전의 불쏘시개가 되자고 애원한다. 그러나 셀린은 동반 죽음의 유혹을 뿌리치고 도망쳐 오렐과 재회한다. 사랑에 버림받은 타르캥은 상처받은 맹수처럼 더욱 광신적인 자코뱅 추종자가 된다. 그가 지휘하는 혁명군이 슈앙파를 전멸시키고 오렐과 사비니엥 백작의 목숨마저도 위협하는 지경에 이르자 '사랑에 눈먼' 셀린은 타르캥을 암살하기에 이른다. 그녀의 배신을 예언했던 타르캥은 마치 기다리고 있었던 것처럼 자신의 죽음을 운명처럼 받아들였고, 임종 직전에 찾아온 오렐에게 셀린을 잘 부탁한다는 유언을 남긴다. 아버지 사비니엥 백작의 도움으로 셀린을 탈출시키는 데 성공한 오렐은 미움과 갈등의 땅인 조국을 떠나 새로운 보금자리를 찾아 신대륙으로 떠난다. 두 연인이 '혁명을 죽이고 사랑으로 도피한' 해피엔드다.

〈슈앙〉은 프랑스혁명을 배경으로 한 청춘남녀들의 삼각관계를 담은 애정극 혹은 어드벤처 영화로 분류된다. 통속적 사랑놀이의 표면 아래 숨어 있는 정치적 함의를 캐내기 위해 영화에 등장하는 두 여인—주연급인 셀린과 조연급인 후작부인—의 역할과 이미지를 좀더 면밀히 분석해보자. 우선 슈앙파 여전사인 올랭프 후작부인은 반혁명 귀족을 대변한다. 그녀는 혁명의 발발로 모든 전통적 질서와 가치가 전복되었고 귀족들이 누렸던 성城, 마차, 살롱 등과 같은 모든 특권도 끝났다고 신음한다. 올랭프 부인은 늙은 남편의 후광으로 귀족과 성직자들을 규합한 뒤 사랑의 올가미를 씌워 오렐을 슈앙파 사령관으로 사로잡는 데 성공한다. 반혁명 저항이 분쇄된 뒤 체포되어 사형을 선고

받았을 때, 후작부인은 기요틴으로 향한 계단을 침착하게 스스로 올라갈 만큼 반혁명주의의 신념에 충실한 정치범으로 묘사된다.

올랭프 후작부인이 반혁명세력의 화신이라면, 여주인공 셀린과 혁명과의 관계는 좀더 모호하고 복잡하다. 그녀는 한편으로는 혁명적 명분에 소극적이나마 동조하고 협력하지만, 다른 한편으로는 혁명의 대의명분을 진정으로 이해하지 못하고 등을 돌리는 기회주의적 인물이다. 셀린은 타르캥의 권고로 마지못해 혁명의 교사가 되었지만, 그것은 사랑하는 사람의 부탁을 거절하지 못하는 몸짓에 불과했다. 그녀는 어린이들에게 혁명의 교리문답을 가르치고, 프리기아 모자를 쓰고 자유의 나무에 물 뿌리는 혁명축제를 주도하고, 비선서파 성직자가 주도하는 루이 16세를 위한 추도미사를 '라 마르세예즈' 합창으로 방해하는 자신의 행위는 교사로서의 의무감 때문이라고 고백한다. 혁명의 자발적 일꾼이라는 공적 소명의식보다는 사랑이라는 사적 이해관계를 더 우선시하는 셀린의 세계관은 반혁명주의자의 혐의를 받는 오렐을 위해 타르캥에게 간청해 사면장을 얻어주는 행위에서도 드러난다.

혁명과 반혁명 사이에서 위험한 줄타기를 한 셀린은 최소한 두 가지의 죄악을 범했다. 첫째, 그녀는 타르캥의 혁명적 과업 완수에 수동적으로 동조했을 뿐만 아니라 그와 우호적 관계를 유지함으로써 의도적이지는 않다고 하더라도 오렐이 반혁명세력에 합류하도록 원인을 제공했다. 다시 말하면 그녀의 우유부단한 사랑의 양다리 걸치기는 천성적으로 비정치적인 오렐을 자극해 반혁명운동이라는 외길로 몰아넣었다. 둘째, 셀린은 "공화국의 생존을 위해서는 프랑스의 절반이 묘지가 되어도 좋다"고 부르짖을 만큼 확신에 찬 한 젊은 혁명주의자를 좌절과 죽음으로 몰아넣은 간접적 책임도 있다. 타르캥은 혁명수호라는 명분으로 슈앙파 아버지의 소재지를 알려주지 않는 어린 아들을 즉결 처분할 정도로 피도 눈물도 없는 냉혈한인데, 셀린에게 버림받았다는 절망감과 오렐에 대한 증오가 합쳐 만들어진 인간형이었다. 백작의 날카로운 관찰처럼 그가 싸우는 진짜 이유는 한 여인을 가질 수 없다는 분노 때문이었다. 말하자면 셀린은 한 남자(오렐)를 그의 의지와 관계없이 반혁명세력의 우두머리로 만들고, 또 다른 한 남자(타르캥)를 '혁명의 정상궤도에서 이탈한' 괴물로 만든 이중의 죄악을 저질렀던 것이다.

 위와 같은 줄거리와 등장인물 사이의 갈등구조를 통해 영화 〈슈앙〉이 관객에게 전달하려는 궁극적 메시지는 무엇일까? 그것은 프랑스혁명이 원래 의도와는 달리 오염되고 실패로 귀결된 원인들 중 하나는 '못된 여성'들 때문이라는 은근한 책망이 아닐까. 후작부인이 슈앙파의 여두목으로서 무력시위를 통해 혁명에 정면으로 맞섰다면, 셀린은 오랜 친구 사이인 오렐과 타르캥을 이간시킴으로써 혁명과 반혁명의 전열을 분열시켰다. 오렐은 새로 태어난 조국의 공화정을 버리고 신대륙으로 망명하고, 자코뱅주의자 타르캥은 죽는 마지막 순간에 "혁명 만세!"가 아니라 "삶 만세!" Vive la vie!를 외쳤다. 역사드라마의 단골 주제가 '로망스' romance(사적 영역/개인적 삶)와 '스펙터클' spectacle(공적 영역/사회활동) 사이의 갈등이라면,[16] 영화 〈슈앙〉은 전자가 후자를 압도함으로써 혁명이 실패했다고 말한다. 오렐과 셀린의 개인적 차원에서는 해피엔드지만, 혁명의 완수와 공화정 수립이라는 국가적 차원에서는 비극적 결말이었다. 오렐과 타르캥 모두 셀린이 주입하는 '사랑이라는 이름의 독약'에 중독되어 조국을 배반하고 혁명으로부터 도피했기 때문이다.

오늘날 여성은 무엇으로 사는가?

영화는 일종의 시대의 창窓으로서 그것이 제작된 시기의 가치관과 시대정신을 반영한다. 〈메리쿠르〉와 〈슈앙〉에 투영되는 20세기 말 보통 프랑스인들의 혁명과 여성의 상관성에 대한 지배적인 사고방식은 무엇일까? 이 물음에 대한 대답의 실마리를 찾기 위해 우리는 혁명 200주년 기념행사와 축제에서 혁명기 여성 영웅들이 어떤 대접을 받았는지를 꼼꼼히 관찰할 필요가 있다.

한마디로 말하자면 여성들은 프랑스혁명의 알리바이를 증명하는 장식품이었다. 「여성과 시민의 권리선언」의 저자였던 올랭프 드 구즈는 지방기념식에서 선구적 페미니스트에 어울리지 않는 푸대접을 받았고, 메리쿠르는 파리에서 거행된 자동로봇쇼 Les Androides에 엑스트라처럼 잠깐 얼굴을 빌려주었다. 그리고 격앙파의 지도자이자 민중적 페미니즘을 대변했던 레옹과 라콩브의 자취는 기념행사의 어디에서도 찾을 수 없었다.[17] 흥미롭게도 좌우라는 이데올로기 스펙트럼에서 오른쪽에 더 가깝게 있는 페미니스트의 순서대로 200주년 기념행사에서 변두리 무대에 초대받거나(왕당파 구즈), 성가신 손님으로서 깜짝 게스트로 얼굴을 내밀었거나(지롱드파 메리쿠르), 아예 출연금지(극좌파 레옹과 라콩브)를 당했다. 혁명기에 여러 여성 투사들이 제기했던 여성문제가

20세기 말 프랑스에서조차 여전히 찻잔 속의 태풍 신세에 머물고 있음을 반영한다.

위와 같은 시대 분위기 속에서 만들어진 〈메리쿠르〉와 〈슈앙〉은 어쩌면 자연스럽게 몇 가지 반여성주의적 메시지를 관객들에게 은근히 주입한다. 첫째, 두 영화는 혁명 같은 공적 영역에 무모하게 도전하려는 여성들을 비정상적 가정환경이 낳은 문제아라고 손가락질한다. 계모의 학대로부터 가출한 화류계 출신 여성(메리쿠르)이나 바람난 처녀가 길바닥에 내질러놓은 근본도 모르는 고아 출신 여성(셀린) 등과 같이 애초부터 '근본 없는' 비천한 여성들이나 건방지게 정치에 관심을 가진다는 것이다. 둘째, 두 영화는 여성들의 정치 참견은 개인적으로 불행한 결과를 자초할 뿐이라고 으름장을 놓는다. 혁명의 뜨거운 불길은 나약한 한 여성을 주체할 수 없는 광기의 벼랑으로 몰고 가서 파멸시키거나(메리쿠르), 이성적으로 판단하지 못하고 우유부단한 한 여성(셀린)을 살인자로 만들어 도피시킨다. 여성과 정치는 물과 기름처럼 전혀 어울리지 않으며 동시에 위험한 배합이라고 두 영화는 협박하는 것이다.

위와 같은 의도를 감춘 〈메리쿠르〉와 〈슈앙〉이 제시하는 이상적 여성상은 무엇인가? 여성은 도대체 무엇으로 사는가? 두 영화는 입을 모아 여성은 본질적으로 '오직 사랑으로' 살며, 미치며, 배반하며, 죽어야 한다고 합창한다. 메리쿠르는 여왕 암살 모의라는 무시무시한 죄명으로 오스트리아에 감금된 극한 상황에서도 자신을 심문하던 귀족 남자를 파리로 유인해 자살하도록 최면을 건 사랑의 마법사다. 이에 뒤질세라 셀린은 냉혹한 혁명주의자 타르캥을 "한 여인을 위해 민중을 희생"시키도록 눈멀게 했고, 양아버지 사비니엥 백작이 그녀를 구출하기 위해 목숨을 바치도록 한 사랑의 독거미다. 메리쿠르와 셀린은 그 이데올로기적 좌우 성향과 관계없이 '팜프파탈'femme fatal이라는 공통의 나쁜 피를 가졌다. '역사는 밤에 이루어지고', '큰 사건(혁명·반혁명)의 배후에는 반드시 요망한 여자가 있다'는 시시껄렁한 삶의 지혜와 교훈이 여전히 유효하다고 영화 〈메리쿠르〉와 〈슈앙〉은 관객들의 귀를 간질이는 것이다.

6

군인 나폴레옹, 정치인 보나파르트로 변신하기: 아벨 강스의 〈나폴레옹〉

나폴레옹, 영웅영화의 단골 주인공

프랑스혁명기에 명멸했던 수많은 위인들 중에서 가장 극적인 삶을 살았고 가장 논란의 대상이 되었던 인물은 나폴레옹 보나파르트다. 프랑스령의 작은 섬에서 태어나 프랑스어도 모르던 소년이 30대 초반의 젊은 나이에 프랑스 황제로 취임하고 유럽의 많은 영토를 호령했다. 그가 프랑스혁명의 고귀한 꿈을 쿠데타로 중단시키고 독재정권을 창출했는지 아니면 폭력적이며 무정부적인 혼란을 진압하고 혁명의 기본정신을 수호했는지에 대해 역사가들은 뜨거운 논쟁을 벌여왔다.[1] 나폴레옹의 삶과 행적에 대한 상반된 시각과 견해는 단순히 한 인물에 대한 평가에 그치지 않고 프랑스혁명이라는 사건에 대한 역사적 평가와 밀접한 연관성을 가지기 때문이다. 만약 나폴레옹을 혁명의 파괴자 혹은 배반자로 판정한다면 그가 주도했던 1799년의 쿠데타는 혁명의 끝

미국 파라마운트사에서 오리지널 버전으로 복원했다고 선전하는 아벨 강스 원작 〈나폴레옹 보나파르트〉 영화 포스터.

을 알리는 조종弔鐘이었다. 그러나 만약 그가 정복전쟁을 통해 자유·평등·우애의 메시지를 유럽 전역에 전파하는 데 기여했다면, "말을 탄 혁명주의자"로서 그의 통치기간은 혁명의 부활이며 연장이었다.

나폴레옹의 화려한 생애와 논란이 되는 역사적 평가를 반영하듯, 지난 한 세기 동안 그와 그의 시대를 다룬 영화는 700여 편에 달할 정도로 단골 메뉴였다.[2] 이탈리아 전쟁의 승리자로서 장군 나폴레옹의 일생에 초점을 맞춘 아벨 강스Abel Gance(1889~1981) 감독의 〈나폴레옹〉(1927)을 필두로, 나폴레옹을 가까이에서 관찰했던 한 노인이 주변 사람들에게 나폴레옹의 일생을 구술해주는 형식을 택한 사샤 기트리Sacha Guitry(1885~1957) 감독의 〈나폴레옹〉(1955), 나폴레옹 최후의 전쟁을 종착역으로 삼아 황제 나폴레옹의 업적에 초점을 맞춘 세르게이 본다르추크Sergei Bondarchuk(1920~1994) 감독의 〈워털루〉(1970) 등이 대표적이다. 일생 자체가 시시한 영화보다 더 극적이었을 뿐만 아니라 그가 남긴 역사적 유산에 대한 논쟁이 지속되는 상황에서 그를 영화 주인공으로 삼고 싶은 것은 감독이라면 누구나 꿈꾸어볼 만한 야망이리라. 예를 들면 〈2001 스페이스 오디세이〉와 〈닥터 스트레인지러브〉 등의 작품을 남긴 세계적 거장 스탠리 큐브릭Stanley Kubrick(1928~1999) 감독도 30년에 걸쳐 준비한 야심작인 나폴레옹 관련 영화를 아쉽게도 크랭크인조차 하지 못하고 사망했다.³

영화 〈나폴레옹〉은 30대 후반의 강스가 감독·출연·편집·시나리오 작업까지 1인 4역을 담당했던 그의 출세작이다.⁴ 19세에 브뤼셀에서 연극배우로 데뷔했던 강스는 1년 뒤 파리에서 몰리에르 작품으로 영화에도 얼굴을 내밀었고, 〈나폴레옹〉에서는 아내(마라 살해범 샬롯 코르데이 역할을 맡았다) 마그리트 강스Marguerite Gance와 함께 생쥐스트의 배역으로도 출연했다. 시나리오 작업에 직접 관여했던 강스는 스탕달의 『나폴레옹의 생애』(1818), 라스 카즈Las Cases의 『세인트헬레나의 비망록』(1823), 샤토브리앙의 『저승 비망록』 등과 같은 당대인들의 회고록은 물론, 빅토르 위고의 『93년』(1874)과 알렉상드르 뒤마의 『나폴레옹』(1839)과 같은 소설을 포함해, 아서 쉬케Arthur Chuquet의 『보나파르트의 청년기』(1898), 아데 레비A. Lévy의 『나폴레옹의 사생활』(1893), 알퐁스 올라르Alphonse Aulard의 『프랑스혁명의 연구와 교훈』(1893~1924) 등과 같은 역사서를 광범위하고도 꼼꼼하게 참조했다. 특히 낭만주의적 시인이며 급진주의적 지식인 엘리 포르Elie Faure의 『나폴레옹』(1921)은 나폴레옹 신화의 현재적 부활에 크게 기여했는데, 강스도 이 작품에서 큰 영향을 받았다.⁵

강스가 시나리오 작업과정에서 참조했던 다양한 자료 외에도 영화 〈나폴레옹〉을 읽는 연구자가 봉착하는 또 다른 어려움은 이 영화의 '오리지널 혹은 공인된 버전'이 존재하지 않는다는 사실이다. 강스 자신이 수차례에 걸쳐 〈나폴레옹〉을 편집, 재편집하는 과정을 거치면서 다른 형태의 판본들이 여럿 존재하게 되었을 뿐만 아니라 가장 완벽한 버전으로 알려진 소위 '아폴로판'은 아쉽게도 상실되었기 때문이다. 게다가 강스는 무성영화였던 오리지널 작품에 입체음향효과를 더한 버전인 〈나폴레옹 보나파르트〉Napoléon Bonaparte를 1934년에 발표했고, 1971년에는 4시간 상영용 컬러판으로 재수정·재편집한 〈보나파르트와 혁명〉Bonaparte et la Révolution을 그의 마지막 작품으로 남겼다. 1979년과 1981년에는 복원판이 등장함으로써 문제를 더욱 복잡하게 만들었다. 첫 번째 복원판은 영국 감독이며 역사가인 브라운로Kevin Brownlow가 20년의 노력 끝에 오리지널에 가깝게 5시간 상영용으로 복원한 필름으로 런던에서 상영되었고, 두 번째 복원판은 영화감독 코폴라Francis Ford Coppola가 현대 영화촬영 스피드에 맞춰 1초에 24프레임 속도의 4시간 상영용으로 복원한 것으로 1981년 뉴욕의 라디오 시티 홀에서 상영되었다.[6] 이처럼 복잡한 탄생배경과 인생유전을 겪은 영화를 연구대상으로 삼아야 하는 역사가는 동일한 인물에 대한 여러 개의 1차 사료를 참조해야 하는 고충과 혼란을 경험한다.

파리의 오페라극장에서 초연될 당시 〈나폴레옹〉은 관객들의 기립박수를 받을 만큼 작품성은 인정받았지만 상업적으로는 성공을 거두지 못했다. 스펙터클한 전쟁 장면 촬영을 위해 2,000여 명의 엑스트라를 동원하는 등 당시로서는 과감한 비용을 투자했으나 특수촬영효과를 살릴 수 있는 대형스크린을 설치할 것을 요구하는 등 까다로운 상영조건 때문에 많은 영화관의 외면을 받았다. 그래서 이 영화는 유럽 8개 도시에서만 제한적으로 상영되었고, 미국에서는 수지타산을 맞추어야 한다는 이유로 영화관에서 자의적으로 편집된 축소판으로 상영되었다. 그 결과 미국 관객들은 영화의 내용을 제대로 이해하지 못했고 영화 비평가들도 〈나폴레옹〉을 혹평했다. 상업적인 실패에도 불구하고 이 영화는 무성영화시대를 대표하는 걸작일 뿐만 아니라 프랑스혁명을 배경으로 제작된 영화들 중에서도 단연 수작으로 꼽힌다.

이 글은 아벨 강스 감독의 극영화 〈나폴레옹〉을 사례로 삼아 영상언어로 쓴 역사서술의 또 다른 가능성과 잠재력을 검토하는 것을 기본 목표로 한다. 제4장에서도 언급했던, 로젠스톤 영상역사학이 갖추어야 할 3가지 조건으로 제시했던 기존 해석에 대한 도전, 과거의 시각적 재현, 과거의 재조명 등을 〈나폴레옹〉이 어느 정도 충족시키는지를 따져보면서 '영화로 쓴 역사인물의 다시 읽기'를 시도해보려는 것이다. 이를 위해 나폴레옹의 생애를 영화의 시대적 배경이 되었던 프랑스혁명 당시와 영화가 제작되었던 1920년대 후반에서 오늘에 이르는 두 시기로 구분해 그 역사적 유산과 현재적 의의를 분석하고자 한다.

영화 속의 나폴레옹, 1781~1796

영화 〈나폴레옹〉은 식민지 태생 소년 나폴레옹이 브리엔 군사학교에 재학 중이던 1781년에 시작되어 총사령관으로서 이탈리아를 정복하는 1796년에 막을 내린다. 12세에서 27세에 이르는 15년 동안의 나폴레옹의 행적을 추적해 재구성한 강스의 영화를 다음과 같은 세 가지 이슈에 초점을 맞추어 감상·분석·비평하고자 한다. 첫째, 식민지 섬

마을 출신의 촌놈 나폴레옹이 어떤 과정을 거쳐 당당한 프랑스 시민으로 다시 태어나는가? 둘째, 나폴레옹과 프랑스혁명의 인연은 어떻게 시작되어 어떤 형태로 발전·귀결되는가? 셋째, 군인 나폴레옹이 정치인 나폴레옹으로 변신하는 것은 개인적 야심 때문인가 아니면 시대적 요구였는가? 사관생도에서 이탈리아 원정사령관에 오르기까지 나폴레옹이 그의 인생 전반부에서 이룩한 '반쪽짜리 성공담'을 영상으로 서술한 강스가 이런 질문들에 대해 어떤 대답을 암시 혹은 제시하는지를 살펴보자.

가난한 귀족의 자녀들이 왕립군사학교에서 무료교육을 받을 수 있도록 규정한 1776년 칙령 덕분에 브리엔 군사학교에 진학할 수 있었던 나폴레옹은 그곳에서의 재학 시절(1779~1784)을 황량한 고독 속에서 보내야만 했다. 그는 자기 이름도 프랑스 식으로 제대로 발음하지 못해 동료들에게 놀림을 당했지만, 역사지리 시간에는 코르시카 섬이 "반쪽 문명의 섬"이 아니라 "지상에서 가장 아름다운 섬"이라고 항의할 만큼 당찬 소년 민족주의자였다. 포병장교로 임관한 후 12년 만에 고향으로 되돌아간 그는 코르시카를 영국에 팔아넘기려는 파올리Paoli 일당의 음모에 맞서 "코르시카의 새로운 조국은 프랑스"임을 선포한다. 조국의 배신자라는 죄목으로 파올리에게 쫓겨 도망가다 바다에 이른 그는 위기일발의 순간 품안에 간직하고 있던 프랑스 삼색기를 임시 돛대 삼아 폭풍과 거센 파도를 헤치고 프랑스로 간신히 귀환한다.

나폴레옹과 혁명의 첫 조우는 1790년 자코뱅의 본거지였던 코르들리에 혁명클럽에서 이루어진다. 당시 첨예한 정치논쟁과 과격파의 근거지였던 클럽을 방문한 루제 드 릴이 자신이 작곡한 '라 마르세예즈'

청년장교 나폴레옹이 고향 코르시카를 떠나 '혁명을 구하기 위해' 삼색기를 휘날리며 프랑스로 되돌아가는 모습.

를 들려주었고, 그의 지휘에 따라 군중이 합창하는 자리에 나폴레옹의 모습도 섞여 있었다. 나폴레옹은 자코뱅의 지지자로서 혁명과의 첫사랑에 빠진 것이다. 나폴레옹이 혁명의 중심으로 한 발짝 더 다가간 계기는 군중이 루이 16세가 거주하던 튈르리 궁전을 습격한 1792년 8월 10일 사건이었다. '작은 방에서 관찰한 혁명에 대한 단상斷想'이라는 소제목이 붙은 일련의 장면에서 나폴레옹은 창밖 실루엣으로 투영되는 혁명의 광기와 폭력성을 바라보면서 "조심하지 않는다면 혁명의 가장 고귀한 열매를 잃을 것"이라고 신음한다. 모든 사람이 테러를 자신의 사적 이익을 증진시키기 위한 수단으로 남용하는 것을 우려하는 그는 자신과 혁명의 관계에 대해 고뇌에 찬 사색에 잠긴다.

강스의 해석에 따르면, 나폴레옹과 혁명의 최종 접선은 그가 코르시카 동포들에게 쫓겨 바다 위에서 운명을 건 영웅적 생존전쟁을 펼치면서 이루어진다. 옛 조국을 잃고 이제는 프랑스라는 단 하나의 새로운 조국으로 살아 돌아가려고 나폴레옹이 폭풍 속에서 투쟁을 펼치던 그날 그 시각, 파리에서는 산악파와 지롱드파 사이에 프랑스혁명의 성격과 진로를 둘러싸고 또 다른 종류의 생존경쟁이 전개된다. 혁명의 삼색기를 돛으로 의지하고 역사의 파고波高를 헤쳐 나가는 나폴레옹의 용기와 도전정신은 '국민공회'라는 이름의 찢어진 돛을 달고 선장도 없이 "공포정치라는 분노의 소용돌이"에 빠져 난파 일보 직전에 처한 프랑스 정국과 대비된다. 강스는 공간적으로 멀리 떨어져 진행되는 별개의 두 사건을 이중 폭풍double tempête이라는 상징적 이미지로 병렬시킴으로써, 나폴레옹의 생존은 개인적 차원의 문제가 아니라 프랑스혁명의 구원이라는 공적 차원과 관련 있는 운명적 만남이라는 인상을 관객들에게 주입시킨다.

 나폴레옹이 혁명의 파도를 타고 행진하도록 뒷받침해준 원동력은 무엇보다도 그의 출중한 군사적 능력과 예리한 판단력이었다. 고향에서 프랑스로 무사히 귀대한 그는 1793년 9월 프랑스군이 영국, 스페인, 이탈리아 연합군과 대치하고 있는 툴롱전선에 투입된다. 일개 포병장교였지만 굶주림과 패배의식에 젖은 병사들을 규합해 포병의 선제공격에 이은 백병전으로 전투를 승리로 이끈 그는 '툴롱의 승리자'라는 최초의 군사적 명성을 떨치게 된다. 그러나 곧이어 그를 파리경비사령관으로 임명한 로베스피에르의 명령에 불복해 '수상한 반혁명적 행위자'라는 죄목으로 감금되지만 테르미도르 반동과 함께 풀려난다. 석방 후에는 반혁명세력의 거점인 방데 지역 기병사령관직에 임명되지만 프랑스인에 맞서 싸울 수 없다는 이유로 또다시 명령을 거부한 그는 보직 없는 장교라는 불명예를 감수했다. 이처럼 나폴레옹은 주어진 명령을 기계적으로 수행하는 군인이 아니라 냉철한 역사의식을 가지고 스스로의 진로와 운명을 결정하는 독립적 인격체로 그려진다.

강스의 해석에 따르면, 1795년 10월 5일에 발생한 왕당파들의 반란은 군인 나폴레옹이 정치인 나폴레옹으로 변신하게 되는 결정적 기회를 제공했다. "나라가 위급할 때는 정부의 책임을 맡은 자들에게 협력하는 것이 도리"라는 명분으로 출사표를 던진 나폴레옹은 신속하고 과감하게 쿠데타를 진압하고 '방데미에르 장군'이라는 칭호를 획득한다. 26세의 젊은 나이에 혁명의 구출자로서 민중의 대대적인 환영을 받으며 역사의 전면에 다시 진입한 나폴레옹은 마침내 "지금 이 순간부터 내가 곧 혁명 그 자체"임을 선포하기에 이른다. 퓌레의 표현을 빌리면, "툴롱이 나폴레옹과 프랑스혁명이 맺은 결혼의 첫 단계였다면, 방데메르 반란은 그 두 번째 단계"였다.[7] 질주하는 혁명이라는 이름의 호랑이 등에 나폴레옹이 올라탄 것이 아니라 혁명이 자신을 위기에서 구해줄 기사로 나폴레옹에게 구애했던 것이다.

영화의 유명한 클라이맥스 중 하나는 나폴레옹이 이탈리아 원정 전에 텅 빈 국민공회를 방문해 혁명의 혼령들과 대화를 나누는 장면이다. 마치 햄릿이 아버지의 유령을 통해 자신의 과거를 깨우치고 미래에 마땅히 행할 바를 전달받듯이, 나폴레옹은 혁명의 기요틴에서 사라진 영웅들—마라, 당통, 생쥐스트, 로베스피에르 등—로부터 혁명의 의의와 과업을 점검·전수받는다. 혁명의 신성한 제단에 바쳐진 혼령들 앞에서 그는 자신이 그들의 유지를 계승해 혁명의 불꽃을 프랑스

영화 〈나폴레옹〉의 주연을 맡은 알베르 듀이도네Albert Dieudonnér가 내뿜는 매같이 날카로운 눈빛. 군인 나폴레옹이 정치가 보나파르트로 변신을 결심하는 순간인가.

는 물론 유럽 전역에 전파하고, 억압된 민중을 해방시키며, 모든 유럽인을 위한 '보편적 공화국'을 건설할 것을 맹세한다. 이제 그는 혁명의 과거로부터 정통성을 부여받고, 위기에 처한 혁명의 현재를 수호하며, 혁명의 미래 청사진을 제시하는 인물로 지목받은 것이다. 그러므로 영화의 끝 장면을 웅장하게 장식하는 이탈리아 원정의 성공과 영광은 나폴레옹 경력의 정점이 아니라 오히려 그가 앞으로 성취할 위대한 업적을 예고하는 역사적 첫걸음이라고 강스는 강조한다.[8]

그러면 위와 같은 내용과 플롯을 통해 강스가 보여주려는 나폴레옹은 과연 어떤 인물인가? 우선 공적 측면에서 나폴레옹은 혁명의 수호자이며 화신이었다. 이탈리아 원정계획에 열중하느라 자신의 결혼식도 잊어버릴 정도로 공인정신이 투철했던 그는 혁명의 수레바퀴가 정상궤도에서 벗어나려는 위기의 순간마다 문제를 해결한다. 청년장교에 불과했던 그가 공포정치와 반동정부 시기의 개인적 시련으로 담금질되어 혁명 그 자체로 동일시될 정도로 성장한다. 영화 전체에서 두 차례 등장하는 「인간과 시민의 권리선언」이 나폴레옹이 내리는 중요한 결단의 순간과 오버랩되는 이유가 여기에 있다. 루이 16세의 처형 후 혁명이 복수와 린치의 피비린내 나는 공포정치로 돌입하는 여울목에 섰을 때, 사태를 우려하는 나폴레옹의 고뇌하는 모습 뒤로 「인간과 시민의 권리선언」이 처음으로 등장한다. 그리고 그가 왕당파의 음모로부터 공화정을 구하기 위해 "질서를 완전히 회복할 때까지는 칼을 결코 집어넣지 않을 것"이라고 비장하게 다짐하는 장면과 겹치며 두 번째로 「인간과 시민의 권리선언」이 등장한다. 나폴레옹이야말로 좌·우의 위협과 극단으로부터 혁명을 구출해 '혁명의 정상화'를 완성할 인물이라는 인식을 관객들에게 주지시키려는 강스의 의도가 엿보이는 무대장치다.

나폴레옹은 준비된 지도자였을 뿐만 아니라 개인적으로도 매우 가정적이며 다정다감한 남자였다고 영화 〈나폴레옹〉은 증언한다. 그가 지닌 코르시카 출신 특유의 각별한 가족 사랑을 보여주기 위해 강스는 영화 전반부의 많은 장면을 할애한다. 목숨을 건 항해에서 깨어난 그의 첫마디는 어머니의 안전에 관한 염려였다. 또한 조세핀과의 수차례 만남을 반복적으로 보여주며 그가 멋진 프러포즈를 위해 전문 배우에게 연기지도를 받고, 이탈리아 원정의 포성 속에서도 애절한 그리움을 담은 연애편지를 아내에게 보낼 정도로 낭만적인 남자였다고 역설한다. 그뿐만 아니라 동향 코르시카 출신이면서도 자신을 모함하고 왕당파 반란에도 참여했던 살리체티Saliceti를 처형 직전에 구출해주면서,

"그를 용서는 하지만 잊지는 않으리"라는 멋진 대사를 남긴다. 나폴레옹의 거친 군복과 장발의 냉엄한 모습 안에는 가정적인 인자함과 타인에 대한 깊은 포용력이 깃들어 있었다고 강스는 관객들에게 호소한다.

사적으로도 공적으로도 완벽한 인물로 연출된 영화 속의 나폴레옹은 '민중혁명 속의 고독한 지도자' 이미지로 각인된다. 모든 권력의 합법성은 민중으로부터 유래되며, 타고난 리더십으로 무장한 나폴레옹과 같은 영웅만이 민중이 부여한 권력을 올바르게 행사할 수 있다는 '엘리트적 포퓰리즘' 이데올로기가 영화 전체를 관통한다. 나폴레옹은 자신의 이기적 욕망과 출세욕의 충족을 갈구하는 개인적 영웅이 아니라 자신의 변화를 통해 시대의 모든 갈등을 해소하는 통합의 영웅 모습으로 부각된다.[9] 이런 관점에서 혁명이 경계해야 할 제1의 공공의 적은 강력한 지도자로 군림했던 자코뱅정부가 아니라 나약한 집단지도체제를 채택했던 테르미도르 반동정부라고 강스가 지목했다는 사실에 유의할 필요가 있다.

강스는 자신이 열연한 생쥐스트의 입을 통해 혁명을 "무덤 위에 밝혀진 횃불"로 비유하면서 공포정치의 불가피성과 긍정적 측면을 변호한다. 자코뱅 지도자들은 인권신장과 관련한 1만 2,000여 개의 법령을 제정하고 통과시켰을 뿐만 아니라 위기에 처한 조국 프랑스를 왕권몰락의 혼란 그리고 방데 반혁명의 위협 속에서 구출했음을 기억해야 한다고 생쥐스트는 항변했다. 이와 대조적으로 공포정치 붕괴 후에 등장한 반동정부는 각종 쾌락과 사치를 위한 축제의 도가니에 빠졌다고 강스는 한탄한다. 혁명의 와중에 자신이 투옥되거나 가족구성원 중 누군가가 희생당했음이 증명되어야 입장할 수 있는 '희생자의 무도회'

는 농염한 댄스, 분별없는 취함, 퇴폐적 동성애 등으로 전염된 반동정부의 축소판이었다. 공포정치 기간의 폭력과 갈등이 새로운 미래의 건설을 위해 낡은 질서와 가치관을 청산하려는 창조적 파괴였다면, 반동정부는 방탕한 '퇴폐 귀공자들'이 농단하는 정치적 아나키즘과 도덕적 데카당스의 시절이었다. 이런 시대상황 속에서 '방데미에르 장군'으로 민중의 부름에 호응해 역사의 전면으로 부상한 나폴레옹은 민주적 지지기반을 바탕으로 한 새로운 종류의 위인―제왕적 영웅―이었던 것이다.

영화 〈나폴레옹〉은 픽션과 논픽션이 조합된 멜로-서사로 분류할 수 있다. 영화 첫 장면인 사관학교 운동장에서의 유명한 눈싸움 장면을 포함해 나폴레옹이 텅 빈 국민공회에서 혁명의 영웅들과 무언의 대화를 나누는 장면 등은 역사적 사실이 아니라 강스의 인위적 연출이다. 그러나 '과거에 실제로 일어났던 일'이 아니라는 이유로 이 장면들이 갖는 상징적 의미를 배척할 수만은 없다. 픽션적 요소를 포함해 재구성된 영화는 문자로 기록된 역사물이 접근할 수 없는 "사이코-사회적-역사적 영역으로 향하는 왕도"로 관객들을 안내할 가능성[10]을 과소평가하지 말아야 한다. 영상역사는 단순히 '화면 위에 옮겨놓은 역사책'이 아니라 '스크린 위에 빛으로 기록한 또 다른 종류의 역사'이기 때문이다.

영화 바깥의 나폴레옹, 1927년 그 이후

마르크 페로에 따르면, 영상으로 쓴 역사는 단순히 과거를 재현하는 데 머물지 않고 문자로 쓴 역사와는 다른 종류의 과거와 '보이지 않는 현실'을 관객들에게 전달한다. 영화제작자가 1) 당대 이데올로기의 영향력으로부터 독립해, 2) 영화만의 특유한 방식에 의존해서 과거를 재구성한다는 두 가지 조건을 충족시킬 때, 이미지로 쓴 역사는 기존의 지배적 해석에 대항하는 '반反역사' 혹은 '대항기억'으로서의 기능을 담당할 수 있다고 페로는 강조한다.[11] 그렇다면 아벨 강스의 〈나폴레옹〉은 과연 이런 기준에 부합하는 좋은 영상역사일까? 다시 말해 강스는 자기 자신의 이데올로기적 편견이나 시대정신의 외투를 벗어던지고 독창적 영상문법과 언어로 역사적 인물 나폴레옹을 재발견·재조명하는 데 성공했을까?

우선, 영화 〈나폴레옹〉은 제작 당시의 시대상황과 정신을 간접적으로 반영하는 시대의 창이다. 눈여겨보면 영화 속에는 제1차 세계대전을 전후한 유럽과 프랑스의 현실이 녹아 있다. 1905년에서 1936년 사이의 프랑스는 정치적으로 급진적 공화주의와 중도파의 연합정부에 의해 유지되는 불안전한 상태였다. 1920~1930년대의 20년 동안 40개의 정부가 교체되었을 정도로 정치적으로 매우 불안했다. '왼쪽'으로는 레옹 블룸Léon Blum의 지도하에 사회당이 세력을 확장해 1936년에는 제1당으로 성장했고, '오른쪽'으로는 모라Charles Maurras가 주도했던 악시옹 프랑세즈Action Française의 영향으로 1919년 선거에서 우파들이 1871년 이래 최대로 의회에 진출했다. 이 시기에는 또한 사상적·

문화적으로도 불안과 욕구불만이 팽배했다. 제3공화국을 지배했던 실증주의와 과학주의는 '세기말'을 전환점으로 철학적 신비주의와 예술적 아방가르드 운동에 밀려 퇴색되었다. 다다Dada와 초현실주의 예술운동은 부르주아적 사실주의에 반항했으며, 그 연장선상에서 세계대전 전에는 일부 예술인들만이 향유했던 퇴폐적이고 보헤미안적인 "연회의 나날들"이 일반인들에게도 전염되었다.[12]

〈나폴레옹〉은 몇 가지 측면에서 1920년대를 전후로 한 프랑스 제3공화국의 위기와 기회를 진단하는 또 다른 거울이다. 첫째, 프랑스혁명이 여러 가지 정치적·사회경제적 모순으로 가득 찬 구체제를 청소한 것이 창조를 위한 파괴였듯이, 제1차 세계대전은 아직도 전통의 사슬(종교와 군대)에서 자유롭지 못한 낡은 공화국을 새로운 공화국으로 재생시킬 좋은 밑그림이라고 강스는 주장한다. 둘째, 마치 제1공화국이 이데올로기적으로 좌우의 위협과 도덕적 방탕으로부터 분열되었듯이, 세계대전 이후의 제3공화국도 사회당과 악시옹 프랑세즈의 틈바구니 속에서 고통받으며 아방가르드라는 이름의 예술적·도덕적 퇴폐주의에 사로잡혔다고 강스는 진단한다. 셋째, 헝클어진 '혁명의 끝'이 동반하는 혼란을 나폴레옹이 프랑스의 영광을 높이는 발판으로 삼았듯이, 세계대전이 남긴 상처를 보듬고 새로운 프랑스의 통합을 주창할 또 다른 나폴레옹―페탱Philippe Pétain 혹은 드골Charles de Gaulle―의 도래를 강스는 기다린다. 이런 측면에서 보면, 강스의 〈나폴레옹〉은 프랑스혁명 그 자체에 대한 기록이라기보다는 1920년대 말 이후 제3공화국이 쓴 시대적 묵시록에 더 가까운 작품이다.

〈나폴레옹〉은 프랑스 국내문제의 현재적 비유에 그치지 않고, 세계대전 후에 유럽이 나아갈 바람직한 방향을 우회적으로 제시한다. 나폴레옹이 싸워야 했던 수많은 혁명전쟁들이 "유럽인들이 어느 곳을 가더라도 공동의 조국을 발견"하기 위해 지불해야 할 대가였듯이, 제1차 세계대전은 정치외교적·군사적 딜레마에 빠진 현대 유럽의 재통합을 위한 필요악이었다고 설명한다. 강스는 보편적 공화국 건설이라는 고귀한 목적을 위해 이탈리아 정벌을 감행했던 나폴레옹의 사례로부터 유럽 열강들이 평화롭게 공존할 수 있는 실마리를 발견하려고 노력한다. 오늘날 유럽 국가들이 유럽의회 창설과 공동화폐 도입을 통해 하나의 유럽을 실현하는 단계에 있다면, 강스는 이미 1920년대에 스크린 위에서 유럽 통합을 위한 원대한 청사진을 제시했다고 볼 수 있다.

한편, 영화 〈나폴레옹〉은 강스의 이데올로기적 자화상이기도 하다. 전통적 좌·우파의 잣대로 측정하면 강스의 이데올로기는 모호한 경계에 위치한다. 일단의 평론가들은 그가 묘사한 나폴레옹을 1920년대 후반에 고개를 내미는 무솔리니 같은 파시스트 지도자와 동일시하면서 강스를 위험한 극우파 혹은 군주주의 추종자라고 비난한다.[13] 일부 언론은 강스가 유대인이며 그의 영화가 독일 자금을 지원받아서 제작되었다는 음모론을 제기했다. 인민주권론을 지지하고 부르주아적 의회민주제의 나약함과 부르주아 물질만능주의의 천박성을 질타하는 데 앞장섰던 강스는 마르크스주의자에 가깝게 보이기도 한다. 또한 초월적 존재가 대중의 상상력과 직관력에 호소해 새로운 시대의 장막을 열어줄 것이라는 강스의 영웅사관은 니체의 초인사상을 닮았다. 1915년에 처음으로 니체의 『차라투스트라는 이렇게 말했다』를 읽은 강스는 "처음으로 해를 본 것 같은" 강렬한 감동과 충격을 받았다고 고백했다.[14] 영화 속에서 나폴레옹이 때로는 국수주의적 호전주의자로, 때로는 세계평화를 갈구하는 코즈모폴리턴으로, 때로는 부르주아지의 대변자로, 때로는 민중의 친구로 변화무쌍하게 그려질 만큼 강스가 견지한 이데올로기의 폭은 넓었다. 부르주아적 개인주의와 사회주의적 계급갈등을 동시에 부정하는 그의 입장은 양차 세계대전 사이에 조심스럽게 숙성된 '제3의 길'은 아니었을까. 평론가들이 영화감독 강스를 '신좌파' 혹은 '급진적 우파'라는 상호 모순적 잣대로 자리매김하는 이유가 여기에 있다.[15]

다른 한편, 강스는 〈나폴레옹〉을 통해 영상으로만 쓸 수 있는 새로운 역사관을 제시했다. 그가 감독한 약 50편의 영화들 중에서 실험주의 작가정신이 가장 치열하게 드러나는 〈나폴레옹〉이 오늘날까지도 클래식으로 손꼽히는 이유들 중 하나는 영화 속에 등장하는 각종 영상실험들이 한 인물의 인생역정을 '두텁게 묘사'하기 때문이다. 분할 스크린, 삼중연속 영상 triptych photography,[16] 흑백영화에 컬러 덧칠하기 color tinting 등의 선구적 영상테크닉을 활용함으로써 그는 인간 나폴레옹을 역사가의 시각과는 다르게 재발견하려고 노력한다. 그러므로 "그리피스 D. W. Griffith, 에이젠스타인 Sergei Eisenstein과 함께 영화문법을 발전시킨 몇 안 되는 선각자들 중 한 명", "무성영화시대 모든 테크닉의 참고사전이며 미래에 유행할 몇 가지 새로운 테크닉을 소개한 감독", "1920년대의 코폴라 혹은 스필버그 감독" 등과 같이 그에게 쏟아지는 존경과 격찬[17]은 결코 과장이 아닌 것이다.

강스가 〈나폴레옹〉에서 위에 열거했던 첨단 영상 테크놀로지를 동

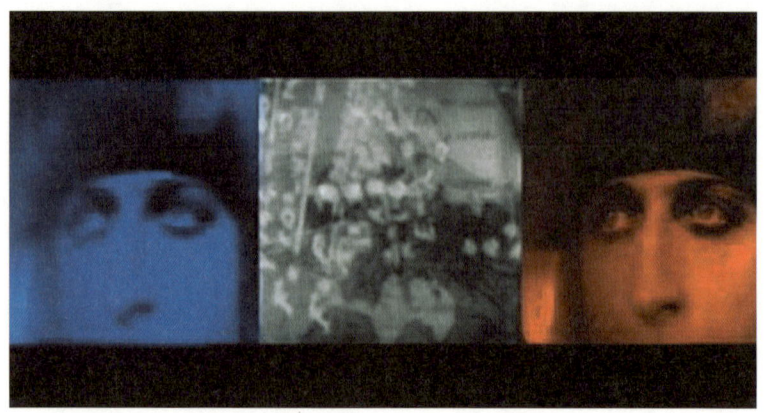

아벨강스는 분할 스크린과 흑백영화에 컬러 덧칠하기 기법 등을 연출한 무성영화시대의 선구적인 감독으로 유명하다.

원한 이유는 무엇이었을까? 아마도 그것은 영화가 자극하는 강력한 감동과 파급력을 그가 누구보다도 일찌감치 예견했기 때문이리라. 그는 "영화 역사에 있어서 최초로 관객들은 지금까지 항상 그래왔던 것처럼 한 발짝 뒤로 물러나 비판하는 구경꾼이 아니라 실제 삶에서 스크린 위의 배우처럼 드라마에 관여하는 배우가 되어야 한다"고 입버릇처럼 역설했다. 강스는 관객들이 극장에서 받은 충격과 감동을 영화 종료와 함께 망각해버리고 차디찬 현실의 무관심 속으로 되돌아가는 것을 경계하고, 마치 "고대 아테네 사람들이 아킬레스Aeschylus의 비극에 빠져드는 것처럼" 관객들이 영상이 전달하는 생생한 이미지에 감동받아 "심리적 변화"에 도달하기를 독려한다.[18] 다시 말하면 스크린 위에 펼쳐지는 영상적 파노라마를 통해 획득한 미학적 감동을 현실세계에서 잘못된 사회적·정치적 질서와 가치관을 교정하거나 고발하는 에너지로 전환할 것을 촉구한 것이다. '미학적 정치' 혹은 '스펙터클의 정치학'으로 불리는[19] 메커니즘을 통해 예술이 간직한 잠재적인 정치적 영향력과 사회참여의 가능성을 독려했던 것이다.

'스펙터클의 정치가' 혹은 '정치적 예술가'로서 강스는 전통적 역사가들과는 달리 영상언어로 나폴레옹을 촬영했다. 문자로 쓴 역사가 과거 사건과 인물의 인과관계의 분석에 치중한다면, 영상으로 쓴 역사는 상징적 이미지의 연속, 병렬, 분할 등을 통해 과거에 대한 관객들의 감정이입적 참여를 초대한다. 영화 〈나폴레옹〉이 실존인물의 전기傳記적 기록에 함몰되지 않고, 그에 대한 시적 묘사와 주관적 해석을 두려워하지 않는 까닭이 여기에 있다. 예를 들면 영화의 마지막 장면에서 (때로는 청·백·홍의 삼색기 컬러로 덧칠된) 삼중 스크린 위에 나폴레옹의 얼굴과 병렬되어 펼쳐지는 연속 몽타주—조세핀, 빠른 물살, 비상하는 독수리, 군인들의 절도 있는 열병식, 시계와 세계지도 그리고 각종 수학방정식 등—는 나폴레옹이야말로 진보, 강력한 통솔력, 예비된 황제, 자상한 남편, 이성적인 현대 기술문명 등의 대변인이라는 영화의 주제의식을 종합적으로 요약해 관객들에게 주지시키는 효과를 발휘한다. 1920년대의 대표적 시네마 작가cinéma d'auteur인 강스에게 나폴레옹은 역사가들이 독점하는 사실의 창고에 감금된 인물이 아니라 "시네마의 전유/내 것으로 만들기"를 통해 항상 새롭게 경험하거나 이해해야 할 수수께끼인 것이다.

영화 〈나폴레옹〉의 시공을 뛰어넘는 생명력과 성공 요인은 아이러니하게도 그것이 목소리를 매개로 한 대사와 해설이 전혀 없는 벙어리 영화라는 사실에서 일부 찾을 수 있다. 무성영화 〈나폴레옹〉의 장점은 1971년에 컬러·유성영화로 다시 제작된 〈보나파르트와 혁명〉의 단점과 대비된다. 전자가 나폴레옹 개인이 가진 주관적이며 신비스러운 매력과 카리스마에 초점을 맞추었다면, 후자는 나폴레옹의 파란만장한 생애를 혁명이라는 도달해야 할 단일한 목표에 맞게 제한한다. 이런 제작의도를 가진 유성영화 〈보나파르트와 혁명〉은 브리엔 생도 시절을 포함해 1792년 이전의 나폴레옹 자취를 과감히 생략하고, 그 대신 컬러 유성영화의 특징을 살려 나폴레옹의 연설내용과 각종 전쟁 장면 등을 첨부해 영화의 기록적 측면을 보강했다.

강스의 기대와는 달리, '1971년의 새로운 나폴레옹'은 '1927년의 낡은 나폴레옹'에 훨씬 못 미치는 평범한 영화로 판명되었다. 한 평론가의 해설처럼, 1971년 영화는 "내레이션이…… 영화의 순수한 시각적 리듬을 방해"함으로써 1927년 영화가 간직한 "소리로 메울 수 없는 침묵"의 깊이와 여백의 중요성을 깨닫지 못했다.[20] 명료한 대사 전달력의 힘과 권위에 의존해 인간 나폴레옹을 구술된 기록이나 문서의 노예로 만들려는 〈보나파르트와 혁명〉과 달리 짧은 자막, 이미지의 연속, 클래식 배경음악으로 스케치된 〈나폴레옹〉은 관객들에게 인간 나폴레옹을 해독되어야 할 낯선 텍스트로 전달한다. 이런 의미에서 흑백 무성영화 〈나폴레옹〉은 유일하고도 객관적인 과거 사실을 거부하고 프랑스혁명의 뒷모습을 새로운 역사인식으로 재조명하기에 '좋은 사료'다.

보나파르트, 독재자와 카리스마 지도자 그 사이

우리는 위에서 〈나폴레옹〉이라는 한 편의 장편영화 안에 공존하는 두 개의 다른 과거를 탐색해보았다. 영화가 직접화법으로 스케치한 프랑스혁명과 나폴레옹의 관계를 재검토한 뒤, 영화가 간접화법으로 투영하는 20세기 전반 제3공화국이 직면한 주요 이슈들을 분석해보았다. 나폴레옹을 미성숙한 상태로 혁명을 종결시킨 인물이 아니라 꺼져가는 혁명을 적들로부터 수비하고 되살린 인물로 설정함으로써, 강스는 장군 나폴레옹에서 정치인 보나파르트로의 변신을 개인적 야망의 산물이 아니라 시대적 요구에 따른 운명적 사건으로 평가한다. 또한 제1차 세계대전 직후 제3공화국의 이데올로기적 갈등과 도덕적 상실감을 프랑스혁명 직후의 위기상황과 유사한 것으로 대비시킨 강스는, 좌우의 극단적인 정쟁政爭을 진압하고 중용이라는 제3의 길과 도덕적 재무장을 보장할 강력한 리더십의 출현을 갈구한다.

　영상으로 쓴 역사는 단순히 과거의 시각적 재현에 만족하지 않고 과거(인물)를 두텁게 묘사함으로써 새로운 역사인식의 창출에 기여할 수 있는 잠재력을 갖는다. 문자로 쓴 역사책이 흉내 내기 어려운 각종 영상기교와 시각적 상징 메타포를 통해 강스는 나폴레옹에 대한 복잡하고도 다차원적인 접근을 요청한다. 그는 권위 있는 역사가가 독점적으로 기술한 교과서를 통해 나폴레옹이 던져주는 역사적 교훈을 암기하고 배우는 것이 아니라 관객들이 영화 속으로 들이가 나폴레옹의 삶이 가지는 의미를 자기 나름대로 음미하고 체험할 것을 권유한다. 특히 흑백 무성영화의 형식으로 그려진 〈나폴레옹〉은 관객들이 음성적 내레이션의 제한으로부터 좀더 자유롭고 주관적으로 역사인물을 이해하도록 도와준다. 나아가 언어가 가진 사실재현의 한계와 절대적 진리 획득의 불가능을 주장하는 포스트모더니즘의 관점으로 〈나폴레옹〉을 해체적으로 다시 읽을 수도 있을 것이다.

3부
프랑스혁명의 문화적 전환

7 문화적 사건으로서의 프랑스혁명: 담론, 축제, 기념물

혁명의 교리문답은 끝났다

"혁명은 종결되었다." 1989년 7월 14일 파리 콩코드 광장에서 거행된 프랑스대혁명 200주년 기념행사는 '프랑스혁명'이라는 단어가 연상시키는 어둡고 부정적인 유산과의 완전한 결별을 선언했다. 로베스피에르의 공포정치와 나폴레옹에 의한 유럽전쟁이 상기시키는 파괴적 기억은 청산되었다. 그 대신 「인간과 시민의 권리선언」에 각인된 자유·평등·우애 정신의 확산을 위해 프랑스혁명이 세계사적 차원에서 기여했던 역사적 유산이 강조되었다. 기요틴과 반혁명이 상기시키는 이데올로기적 다툼과 계층 간 사회경제적 갈등의 종결을 선포함으로써 200년 뒤에야 비로소 혁명의 유령들과 화해하는 것처럼 보였다.

과거 사건으로서의 프랑스혁명에 마침표가 찍혔지만 그 역사적 성격을 둘러싼 학자들의 논쟁이 완결되지는 않았다. 오히려 프랑스혁명의 현재적 의의와 유산에 관한 학자들의 논의는 혁명 200주년을 전후로 새롭게 전개되기 시작했다. 무엇보다도 지난 2세기 동안 혁명사 해석을 지배했던 정통주의 해석이 퇴조하고 1970년대 이후에 수정주의자들의 도전이 강세를 보였다.[1] 주지하듯이 혁명의 기원과 결과에 대한 역사가들의 지배적 해석은 크게 정통주의 학파와 수정주의 학파로 구분된다. 전자가 혁명을 왕, 귀족, 부르주아지, 노동자-농민 사이의 연속적 계급갈등이라는 측면에서 파악한다면, 후자는 혁명을 특정 계급과 체제의 부침으로 파악하는 해석의 오류를 지적한다. 마르크스주의자가 혁명에 대해 봉건체제의 모순을 타파하고 근대적 발전을 촉진한 진보적 사건으로 긍정적 평가를 한다면, 수정주의자는 혁명이 동반한 이념적이고 사회경제적인 열매의 허구성을 열거하면서 혁명이 남긴 정치적 혼란과 폭력 등의 부정적 유산에 주목한다.

정통주의·수정주의 사이의 논쟁은 1980년대를 전후한 소위 '후기 수정주의자'들의 등장으로 새로운 전환을 맞는다. 미국 학계를 중심으로 한 후기 수정주의자들은 혁명의 담론 연구에 주목한다. 이들은 정통주의-수정주의 싸움의 틈바구니에 끼어 '고래 등의 새우'처럼 천대받았던 주제들을 재발견하고, 개인적 경험과 인생관에 따라 다른 의미를 갖는 열린 텍스트로 프랑스혁명을 재조명했다. 말하자면 그동안 전문 연구자들이 당연하게 공유했던 기본적 합의점이 붕괴되고 견고했던 혁명사 연구의 해석 틀에 균열이 생기기 시작한 것이야말로 프랑스혁명 200주년이 학계에 던진 파문이며 의의였다.[2]

프랑스혁명 해석의 새로운 물결 중에서도 가장 파고가 높고 파장

제1공화국이 선포된 1792년을 원년(제1년)으로 삼고 전래의 그레고리 책력에서 기독교적 자취를 완전히 삭제해 공표된 혁명책력. 시간관념의 혁명적 창조물이다.

이 멀리 간 것은 혁명을 문화적 사건으로 접근하려는 시도였다. 바스티유 감옥의 탈취로 시작되어 1799년 나폴레옹 1세의 쿠데타로 막을 내린 프랑스혁명의 중요성은 봉건제도의 철폐와 공화정의 수립 혹은 봉건귀족에 대한 부르주아지의 승리라는 체제 변화의 차원을 넘는 것이었다. 혁명은 앙시앵레짐이 물려주었던 거의 모든 문화적 전통과 관행을 파괴해 이전에는 상상조차 할 수 없었던 낯선 것들로 바꾸었기 때문이다. 가톨릭 성직자는 국가에 충성을 맹세하는 공무원으로 변신해야만 했고, 오랫동안 서양인들의 시간관념 기준이 되었던 그레고리 책력은 공화정이 선포된 1792년을 원년으로 하는 혁명책력으로 대체되었다. 기독교축제는 세속화된 이성의 숭배에 자리를 내주어야만 했고, 도시와 거리 이름도 위대한 성인聖人이나 왕의 이름에서 계몽주의 철학자와 혁명영웅의 이름으로 바뀌었다. 프랑스인들이 일상생활의 일부처럼 간직했던 시공간 개념과 세계관을 급진적으로 교체했다는 측면에서 프랑스혁명은 무엇보다도 "심오한 문화적 사건"이었던 것이다.[3]

국내 학계에서는 혁명 발발 200주년을 전후로 한 1980년대까지도 마르크스주의 해석이 지배적이었다. 프랑스혁명에 대한 선구적 연구자이며 가장 권위 있는 전문가였던 당시 서울대 교수 민석홍이 견지했던 수정주의 해석에 대한 폄하와 과소평가가 후학들에게 직설적으로 전달되어 '이단적' 해석의 여지가 봉쇄되었다.[4] 민석홍은 정통주의 해석의 교과서에 해당하는 르페브르의 『프랑스 혁명』을 국내에 번역·소개하면서 마티에즈Albert Mathiez→르페브르Georges Lefebvre→소불Albert Soboul 등으로 이어지는 소르본 대학교 프랑스혁명사 강좌 주임교수직의 학문적 전통을 이 땅에 이식하는 데 기여했다. 대조적으로 수정주의 해석의 교과서인 영국 역사가 알프레드 코반Alfred Cobban의 『프랑스혁명의 사회적 해석』*The Social Interpretation of the French Revolution*(1964)은 지금까지도 번역되지 않고 있다. 불행 중 다행으로 1987년부터 국내에서 출간된 '프랑스혁명 200주년 기념총서'는 정통주의 해석과 수정주의 해석이 균형을 이루어 독자들에게 선보였다.[5] 그리고 혁명의 문화적 기원을 탐색한 샤르티에의 『프랑스혁명의 문화적 기원』이 시리즈에 포함됨으로써 혁명 연구의 '문화적 전환'이 국내 학계에서도 어느 정도 수용되었다.

이 글에서는 프랑스혁명을 일종의 문화적 현상으로 인식했던 세 명의 프랑스 역사가들의 학문세계를 소개함으로써 수정주의 해석의 장단점을 검토해보고자 한다. 정통주의 해석의 한계를 지적함으로써 '프랑스적 수정주의'의 영토를 개척한 프랑수아 퓌레François Furet(1927~1997),

문화와 정치 사이의 밀접한 관계를 혁명축제를 사례로 관찰한 모나 오주프Mona Ozouf(1931~), 공화주의 전통의 변천과정을 혁명기념물의 이미지로 추적한 모리스 아귈롱Maurice Agulhon(1926~), 이 세 역사가들이 견고한 마르크스 갑옷에 감금되어 있던 프랑스혁명을 구출해 문화적 사건으로 재해석하는 배경과 그 의의를 살펴보자.

퓌레와 아귈롱은 사회경제사의 대가 에른스트 라브루스Ernest Labrousse의 제자이며 젊은 시절에 공산당원이었다가 탈퇴했다는 공통점을 갖는다. 스탈린주의와 소련의 헝가리 침공에 대한 환멸이 이들에게 프랑스혁명을 탈마르크스적 시각으로 재조명하는 계기를 마련해주었을 것이다. 개인적 사상편력과 전문적 역사 연구 사이의 변증법적 상관성에 대해 아귈롱은 아래와 같이 진술했다.

나는 젊고 열의에 찬 스탈린주의자들 가운데 한 사람이었다. 우리의 정치참여는 열에 들떠 이야기를 하게 만들었고 쓸데없는 일을 하게 했으며 친구들과 스승들을 괴롭히고 시간을 낭비하게 만들었다. 하지만 이러한 정치참여를 통해 우리는 또한 흥미로운 여러 가지를 경험했는데 그중에서도 특히 마지막으로 겪게 된 일이 가장 값진 것이었다. 그 마지막 경험이란 이러한 정치참여에서 이탈하는 것이었다. 정치참여에서 이탈함으로써 우리는 좀더 명석해질 수 있었는데, 왜냐하면 우리는 매우 치명적인 어떤 질병을 이겨내고 이에 대한 면역이 생겼기 때문이다.[6]

'제2차 세계대전 이후 역사가 세대'에 속하는 퓌레, 아귈롱, 오주프

등이 자신들의 전문 영역에서 온몸으로 극복해야만 했던 '매우 치명적인 질병'은 무엇이었을까? 그리고 열병과 몸살을 앓고 그 대가로 얻은 면역성 덕택에 그들은 어떻게 프랑스혁명을 다르게 해석했는가?

퓌레: 혁명은 많은 사람들에게 많은 것을 의미한다

코반이 영국에서 불씨를 지핀 수정주의적 해석을 프랑스로 옮겨 횃불로 점화시킨 인물이 퓌레다. 그는 토크빌의 『앙시앵 레짐과 프랑스혁명』(1856)에 버금가는 현대적 고전으로 평가받는 『프랑스혁명의 해부』 Penser la Révolution française(1978)[7]에서 혁명을 원인(봉건주의의 모순)과 결과(부르주아지의 승리)의 잣대로만 해석하려는 마르크스 해석을 비판했다. 그는 1830년 7월 혁명을 1789년 대혁명의 부활로, 1848년 혁명을 제1공화국의 재건으로, 파리코뮌을 자코뱅 사회주의의 실현으로 해석하는 "기념비적 역사서술의 악순환"에서 헤어나지 못하는 마르크스주의 역사가들을 비난했다.[8] 이런 일련의 혁명적 사건들의 짝 맞추기 게임에서 해방되지 못한다면, 1789년 혁명은 항상 선행하는 그 무엇(봉건주의)과 뒤따라오는 그 무엇(사회주의의 도래)을 잇는 연결고리로서만 취급된다고 퓌레는 우려했다.

사실에 부합되지 않는 이런 이데올로기적 숨바꼭질에서 벗어나기 위해 퓌레는 '역사적 과정'으로서의 프랑스혁명과 '변화의 양식'으로서의 프랑스혁명을 엄격히 구별했다. 혁명이란 이쪽 지점에서 저쪽 지점으로 혹은 이런 체제에서 저런 체제를 '향하여' 이동하는 예정된 절차가 아니라 그 누구도 감히 상상하지 못했던 독창적 변화다. 변화무쌍한 다양성과 예측 불가능성이야말로 프랑스혁명을 '혁명답게' 만드는 생명력이라고 퓌레는 강조했다.

> 사건으로서의 대혁명의 주된 성격은 그것이 역사적 행위의 특정한 양식이라는 점이다. 사람들이 정치적, 이데올로기적, 혹은 문화적이란 이름으로 부를 수 있는 역동성이 바로 그것이다. 왜냐하면 사람을 행동화시키고 또 사건들의 양태를 결정짓는 고양高揚된 힘은 바로 혁명이 많은 사람들에게 많은 것을 의미한다는 사실에서 유래하기 때문이다.[9]

만약 프랑스혁명이 여성, 노동자, 외국인, 동성애자, 환경주의자 등에게 각기 다른 '많은 것'을 의미한다면, 그들에게 똑같은 정치경제적 교리문답을 암송하도록 강요하는 역사가들은 시대착오적이다. 퓌레는 고정된 정치경제적 구조가 아니라 움직이는 '혁명적 사고방식'의 창을 통해 프랑스혁명이 잠재적으로 가진 '많은 의미'에 도달할 수 있다고 확신했다. 그리고 혁명 참가자들의 세계관이나 혁명에 대한 좋고 싫어함을 이해하기 위해서는 혁명기에 출현했던 각종 상징물들과 언어생활을 분석해봐야 한다고 제안했다.

퓌레가 "프랑스혁명사에서 가장 무시되었던 역사가"였던 오귀스탱 코솅Augustin Cochin(1876~1919)의 자코뱅 연구를 높이 평가하는 이유가 여기에 있다. 퓌레에 따르면, 역사가로서 코솅의 가장 큰 장점은 사건의 외면적 서술과 평가에 집착하는 다른 역사가들과는 달리, 상징적 언어행위 분석을 시도했다는 점이다. 코솅은 공포정치의 실체를 자코뱅 같은 소수집단의 음모론이나 혁명전쟁과 같은 외부환경의 필연적 산물로 보지 않았다. 그 대신 공포정치는 "국가=사회 일반의지의 대표자"라는 루소적 정치언어와 정치담론을 민중들의 뇌리 속에 심는 데 성공한 세력들이 만들어낸 '특정한 형태의 사회'라고 규정했다.[10] '일반의지', '혁명의 적', '이성의 절대 존엄자'와 같은 새로운 정치언어의 창출과 그것을 활용한 여론조작을 통해 자코뱅은 프랑스 국민 전체를 공포와 테러정치에 복종하는 "새로운 형태의 세계"를 창조하는 데 성공했다는 것이다. 선배 역사가 코셍의 재발견을 통해 퓌레는 프랑스혁명을 "모든 제약에서 해방된 언어가 폭발적 잠재성을 가지고 공공公共을 찾는 데뷔무대"라고 정의한다. 담론의 투쟁과정으로 혁명을 재해석한 퓌레는 1980년대 이후 영미 학계를 사로잡았던 '역사학의 언어적 전환'을 예고하고 견인했다.

"프랑스 지식인들을 마르크스로부터 구출한 리더" 퓌레는 『프랑스혁명의 해부』가 동반한 유명세와 파급력에도 불구하고 소르본 대학교 프랑스혁명사 강좌 주임교수가 되지 못했다.[11] 정통주의 해석을 역사적 실체와는 동떨어진 형이상학적 괴물이라고 비난했던 '수정주의 괴수'에게 마르크스주의 역사가들이 구축했던 소르본의 성벽은 높고도 완강했다. 아날학파의 학문적 중심지인 사회과학고등연구원EHESS의 총장(1977~1985년 재임)에 만족해야만 했던 퓌레는 미국 시카고 대학교 교수를 겸직하며 자신의 수정주의적 해석의 신대륙 수출 가능성을 타진했다. 그는 레이건 행정부와 영국 대처 정부가 합창하는 신보수주의에 맞장구치면서 헌법과 의회정치를 무시하고 공포정치를 실천했던 자코뱅파가 나치즘과 스탈린주의와 같은 20세기 전체주의 출현을 예고

'최고 존재의 축제'를 묘사한 그림으로, 이 축제는 로베스피에르가 주도했던 공포정치 기간에 기독교 색채의 전통 축제를 '이성과 진보'를 대변하는 절대 존엄자라는 세속적인 가치관으로 대체하기 위해 기획된 국가적 행사였다.

했다고 주장했다. 공산당원 출신이었던 퓌레는 프랑스혁명을 좌파적 교리문답으로부터 구출한 대신, 아이러니하게도 말년에 자신은 혁명의 기념비적 악순환을 '우파적으로' 되풀이했다. 그는 프랑스 보수 지식인의 이름을 딴 레이몽 아롱연구소Institut Raymond Aron를 1985년에 설립해 '테니스코트의 저주'로 사망할 때까지 대표직을 맡았다.[12]

오주프: 혁명은 축제처럼 행진한다

오주프의 『혁명축제』*La Fete révolutionnaire, 1789~1799*(1976)는 저자가 서문에서 밝히듯이 "페스티벌과 프랑스혁명 사이의 동질성"을 탐색하려는 연구서다. 오주프는 매일매일 생사의 사선을 넘어야 하는 혁명정부가 한가롭게도 '연방축제'(1790), '샤토비유 축제와 시모노 축제' (1792), '공화국 화합축제'(1793), '최고 존재의 축제'(1794) 등과 여러 가지 행사들을 기획하는 데 열중했다는 사실에 주목했다.[13] 왜 위급한 상황에서 권력자들은 국민들을 야외무대로 집결시켜 국가 차원에서의 놀이와 축제를 조직했을까? 피비린내 나는 혁명과 오락적 축제가 어떻게 어울릴 수 있었을까? 『혁명축제』는 이런 상식적 물음들에 대한 대답을 문화인류학적 관점에서 탐색했다.

오주프에 따르면, 혁명축제는 국가(축제 연출자)와 국민(축제 참가자) 사이에 교류되는 집단적 정신자세(망탈리테mentalité)를 보여주는 야외무대. 정치는 때로 '공연'(퍼포먼스)이라는 형식으로 권력을 집행하면서 국민을 계몽하고 훈육한다. 혁명정부는 혁명축제를 통해 구체제에 대한 국민의 망각과 기억을 조련하거나 혁명적 트라우마를 치유하고 보듬는다. 혁명축제는 주최자인 혁명정부가 의도한 시대관이나 이데올로기를 참가자들에게 주입하는 "집단적 정서교육의 수단"이며 고도의 문화정치다. "만약 입법자들이 시민들을 위한 법을 제정한다면, 축제는 법률제정의 전제조건인 인간의 성격을 규정하는" 기능을 담당한다. 그러므로 축제에 대한 면밀한 해부는 "입법기관 이해에 필수불가결한 보조물"이 되는 것이다.[14]

혁명정부는 공공축제를 통해 달성하고자 하는 정치적 목표를 위해 몇 가지 공통되는 연출기술을 신중하게 활용했다. 첫째, 축제 조직자들은 앙시앵레짐을 연상시키는 모든 상징적 의식儀式과 의도적으로 단절하려고 노력했다. 구체제 질서와의 결별을 위해 축제 주관자들은 새로운 이념과 가치관의 창출자이자 주체자로서 젊은 세대들을 축제의

혁명 발발 1주년을 기념해서 1790년 파리 샹 드 마르스 광장에서 개최되었던 연맹축제는 국민화합을 위해 '위로부터' 조직된 공공행사였다.

주역으로 동원했다. 둘째, 혁명축제는 이미 획득한 혁명적 질서와 성과를 보존하고 이에 대한 도전과 반발을 최소화하려는 방향으로 고안되고 진행되었다. 화합과 법의 준수를 강조하기 위해 축제행렬은 혁명의 지지파와 반대세력들이 폭력적으로 충돌했던 장소나 거리를 의도적으로 우회하도록 짜여졌다. 봉건주의와의 단절과 혁명의 합법성 전파라는 이중적 과제를 달성하려는 것이 공공축제의 존재 이유였던 것이다.

위와 같은 성격을 갖는 혁명축제를 오주프는 "세속적 형태의 시민종교"에 비유한다. 혁명으로 가톨릭과 가부장주의라는 종교적 보호막과 전통적 가치관을 상실했던 프랑스 시민들은 자신들의 심리적 불안감과 공허감을 채워줄 대체물로서 공공축제에 열광했다는 해석이다. 낡고 권위적인 상징체계들이 사라진 후에 찾아오는 일종의 심리적 아노미를 극복하고 혁명이 이룩한 '신성성의 전이'를 운반하는 매개체가 공공축제였다는 뜻이다.「인간과 시민의 권리선언」이 성경을 대신하고, 자유나무가 성인이 남긴 기적의 성체를 대신하고, 축제가 열리는 광장이나 노천극장이 제단祭壇을 대신했다. 위로부터 만들어진 축제의 주관자는 영혼의 구원과 천당을 약속하는 성직자를 물리치고 자유·평등·우애라는 공화주의적 삼위일체를 설교하는 시민종교의 전도사였다.

혁명축제의 형식과 내용에 투영되는 정치와 문화 사이의 권력관계를 관찰한『혁명축제』는 역사 전문서로는 매우 이례적으로 프랑스에서만 2만 2,000부가 넘게 판매된 베스트셀러가 되었다. 1970년대 중반까지도 대부분의 역사가들이 곁눈도 주지 않았던 '축제'를 연구 주제로 삼은 이 책은 "20세기 후반부에 출간된 프랑스혁명에 대한 가장 독창적이며 중요한 연구"라고 칭송되었다.[15] 그러나 '공화주의 국민 만들기'라는 공통분모로 여러 혁명축제들을 묶음으로써 오주프가 공공축제와 시민축제, 지방축제와 중앙축제, 민중축제와 엘리트축제 사이에 존재하는 긴장감과 차이점을 간과하고 과소평가했다는 아쉬움을 남겼다.

아귈롱: 혁명은 죽어서 기념물을 남긴다

오주프의『혁명축제』가 그랬듯이, 아귈롱이『마리안느의 투쟁』(1979)[16]

에서 제기하는 물음도 전통적 역사가를 당혹스럽게 했다. '과거에 실제로 발생했던' 사건이나 실존인물이 아니라 가상인물에게 별명을 부여했다는 사실이 도대체 어떻게 역사 연구의 주제가 될 수 있는가? 공화정이 '마리안느'라는 여성적 별명을 획득하게 된 우여곡절을 추적하는 작업이 역사가에게 심각한 연구 주제가 되는가? 이러한 의구심에 대해 아귈롱은 다음과 같이 해명했다.

> 궁극적으로 저서나 작가를 '심각하게' 만드는 요소는 무엇일까? 연구대상인가? 아니면 그 주제를 다루는 방법인가? (……) 루이 14세와 그의 재임기간, 나폴레옹과 그의 업적은 당연히 중요한 주제가 된다. 그러나 이 주제에 관해 서술된 많은 저서들은 쓸모없는 것이다. 그러면 위대한 왕에 대한 하찮은 저서보다는 마리안느에 대한 학문적 글을 쓰는 것이 더 '심각한' 작업이라는 것을 우리는 수긍할 수 있다.[17]

위와 같은 소신으로 무장해 아귈롱은 『마리안느의 투쟁』에서 권력에 따른 혁명기념물의 변화를 쫓아 "사상의 역사와 대칭해 이미지의 역사의 유효성을 실험"했다.

아귈롱의 전문 분야는 구체제 말부터 19세기 중엽 지방에서의 공화주의 기원과 성격에 관한 연구였다. 박사학위 논문을 쓰기 위해 남부 지역의 수많은 사료들을 수집하고 분석하는 과정에서 그는 우연히 공화정을 상징하는 조각상과 기념물들을 발굴했다. 지방 특유의 정치문화와 정치성향의 상관성을 연구하면 할수록 아귈롱은 이미지를 매개로 하는 공화주의 문화가 "지역적 차원이 아닌 전국적 차원의 문제"

임을 깨달았다. 전국적으로 공유되는 공화주의 정치문화 연구라는, 그가 평생 화두로 삼을 새로운 연구 주제를 만난 것이다. "내 논문의 시각적이고 지엽적인 연장"으로 "재미 삼아 시작한 일이 골치 아픈 문젯거리"가 되었다고 그는 농담조로 회상했다.[18]

아귈롱은 문자사료가 전달하지 못하는 과거의 정치적 기상도氣象圖를 스케치하기 위해 혁명기에 만들어진 동상이나 기념동전과 우표, 공공기관의 문장紋章 같은 시각적 상징물을 분석했다. 그는 특정 예술품의 소재素材가 돌에서 대리석으로 바뀐 사실로 미루어 당대 정치 분위기가 과격한 투쟁단계에서 안정적 정착단계로 바뀐 것을 알 수 있다고 믿었다. 또한 역사화에서 상퀼로트를 상징하는 프리기아 모자가 다른 상징적 소도구와 함께 어떤 공간구도에 배치되는지를 알면 어느 세력이 정치적 헤게모니를 장악하고 있는지도 알아맞힐 수 있다고 주장했다. 권력은 기념물에 각인된 상징적 표상을 통해 문자를 해독하지 못하는 대중에게 친근한 이미지 형태로 행사되기 때문이다.

혁명기념물과 현실권력의 뒤엉킴을 한 올 한 올 풀어가는 아귈롱의 독창적 재능은 '마리안느'라는 이름의 진화과정을 추적하면서 잘 발휘된다. 프랑스혁명이 일단락된 후 국민들은 자신들이 쟁취한 정치적 전리품을 시각적으로 표현해줄 대상물을 찾으려는 "억제하기 힘든 경향"을 보였다. 이런 국민정서를 반영해 혁명정부는 추상적 공화주의를 상징하는 '자유의 여신상'을 형상화하는 데 골몰했다. 혁명의 좌경화에 따라 자유의 여신은 자코뱅의 상징인 적색 모자를 쓰거나 젖가슴을 노출한 과격한 이미지로 묘사되었다. 혁명의 폭풍우가 지나가고 보수반동적 질서가 복귀했던 1799년 이후 마리안느는 안정과 평온을 상

점잖고 정숙한 여성으로 형상화된 마리안느가 공화주의 상징 인물로 정착되기까지는 파란만장한 이데올로기 투쟁을 겪어야만 했다.

징하는 정숙한 여인으로 그려졌다. 그리고 1830년의 7월 혁명 이후에는 자유의 여신이 유산제도 철폐와 노동권 보장 등과 같은 사회주의 사상과 접목되었다. 1848년 혁명 전후에는 공화주의의 알레고리였던 자유의 여신이 부르주아 자유주의와 노동자 사회주의라는 상반된 두 가치관을 통합적으로 대변하게 되었다.

1848년 혁명의 실패로 잠적했던 자유의 여신은 루이 나폴레옹의 1851년 쿠데타에 반발해 농민들이 봉기를 일으킨 시기에 때맞춰 재등장했다. 그냥 다시 나타난 것이 아니라 공화주의를 의미하는 '마리안느'라는 새로운 명찰을 부착한 모습으로 부활했다. 나폴레옹 3세의 제

2제정에 반기를 든 공화주의자들은 기요틴과 공포정치 같은 부정적 이미지를 연상시키는 '산악파'라는 명칭 대신 '마리안느'라는 평범한 여성 이름을 저항의 암호코드로 채택했다. 귀에 익은 성모 마리아를 연상시키는 명칭을 이용함으로써 가톨릭의 영향권 안에 있던 많은 프랑스인이 공화주의를 지지하도록 유도하는 장점도 있었다.[19]

'과거 기념하기로서의 역사서술'이라는 분야를 개척했던 『마리안느의 투쟁』은 "문학적 퐁피두센터에 비유할 만한 대단한 것"으로 평가받았다.[20] 1970년대 말까지 많은 역사가들이 감히 접근조차 하지 않았던 이미지와 언어적 상징물들이 빚어내는 정치문화사의 지평을 확장했던 아귈롱은 1986년에 프랑스 학자들의 명예전당인 콜라주 드 프랑스Collège de France의 교수직에 임명되었다. 그리고 이에 보답이라도 하듯이 그는 『마리안느의 투쟁』 2권에 해당하는 『권좌에 오른 마리안느: 이미지와 공화주의 상징, 1880~1914』*Marianne au pouvoir: l'imagerie et la symbolique républicaines de 1880 à 1914*(1989)와 3권에 해당하는 『마리안느의 변신: 이미지와 공화주의 상징, 1914~현재』*Les Métamorphoses de Marianne: l'imagerie et la symbolique républicaines de 1914 à nos jours*(2001)를 연달아 출간했다. 박사학위 논문의 이삭줍기 삼아 재미로 착수했던 '이미지로 쓴 공화주의 정치문화 흥망사'는 아귈롱이 20여 년 동안 지속적으로 몰두했던 필생의 업적이 되었다.

프랑스 수정주의 해석과 미국 학계

퓌레, 오주프, 아귈롱의 사례를 통해 살펴보았듯이, 프랑스혁명을 문화적 사건으로 재해석하려는 역사가들은 혁명의 일상적 의미에 초점을 맞춘다. 정통주의자들이 누가/어떤 계급이 혁명의 수혜자였으며 그들이 획득한 정치경제적 열매가 무엇이었는지 등에 관심을 기울였다면, 수정주의자들은 정치언어와 지역 정치문화, 상징적 문화행사와 혁명기념물 등의 연결망을 미시적으로 추적한다. '계급'이라는 기준을 '문화'라는 잣대로 대체해 1789년 사건을 해부했던 이들 삼총사는 좌·우파 사이의 이데올로기 간격을 뛰어넘는 유용한 가교架橋를 독자들에게 제공했다.[21]

퓌레가 이론적으로 선도하고 오주프가 사례 연구로 초석을 얹은 프랑스혁명에 대한 수정주의 해석은 두 사람이 공동으로 엮은 『프랑스혁명 비평사전』*Dictionnaire Critique de la Révolution Française*(1988)으로 완성되었다.[22] 퓌레와 오주프가 반 정도 분량을 집필하고 사회과학 고등연구원 교수들이 주요 필진으로 동참했던 비판사전은 '사건', '인물', '단체와 기관', '사상', '역사가' 등 다섯 개의 큰 항목으로 구성되었다. '혁명책력', '공공정신', '혁명종교', '클럽과 대중협회', '자유·평등·우애' 등의 작은 항목들에서 드러나듯이 『프랑스혁명 비판사전』 전체를 관통하는 문제의식은 '정치문화'였다. 이 사전은 출간 이듬해이자 프랑스혁명 200주년인 1989년에 미국 하버드 대학교출판사에서 번역·출간됨으로써 프랑스 수정주의 해석이 신대륙에 상륙하는 디딤돌이 되었다.[23] 마르크스 해석의 적통을 잇는 소불이 편집하고 보벨이 동참했던 『프랑스혁명 역사사전』*Dictionnaire Historique de la Révolution Française*(1989)이 '비판사전'에 맞불을 놓듯이 1989년에 출간되었지만 아직까지도 영어로 번역·소개되지 못한 것과 비교된다. 미국 학계가 정통주의 해석보다는 수정주의 해석을 선호한다는 증표다. 프랑스혁명이라는 상품이 '문화적 사건'이라는 브랜드로 다시 포장되어 다문화 사회의 본거지인 미국에 수입된 것이다.

'퓌레학파'가 추구했던 정치문화사적 문제의식을 영미 학계에 전파한 중계인은 키스 베이커Keith Baker다. 그는 1987년에 '프랑스혁명의 정치문화'라는 공동주제의 국제학술대회를 자신이 재직하던 시카고 대학교에서 개최했다. 퓌레를 간판스타로 모시고 루카스Colin Lucas와 오주프 같은 중견 역사가들이 동참해 총 1,000쪽이 넘는 분량으로 27편의 논문이 발표되었다. 그 결실은 80여 명의 학자가 집필한 100여 편의 논문으로 구성된 『프랑스혁명과 현대정치문화의 창출』*The French Revolution and the Creation of Modern Political Culture*이라는 제목의 4권짜리 책으로 출간되었다.[24] 영미 지역 학자들이 필진의 거의 과반수를 차지하는 이 시리즈는 프랑스 수정주의 해석이 본격적으로 미국에서 수용되었음을 확인해주었다. 그러므로 북미대륙에서 개최된 혁명 200주년 관련 학회들의 65퍼센트가 혁명의 정치문화사 주제를 취급했음은 놀라운 일이 아니다.[25] 이 시리즈는 중국, 독일, 브라질, 오스트레일리아, 일본 등에서도 번역·소개되어 프랑스혁명의 문화적 해석이 전 세계적으로 보급되도록 부채질했다.

베이커는 『프랑스혁명과 현대정치문화의 창출』의 서문에 해당하는 논문에서 프랑스혁명은 기본적으로 인간의 언어적·문화적 창조물이라는 '퓌레 테제'를 지지했다. 프랑스혁명기에 표출된 각종 권력투쟁은 상이한 이해관계를 가진 개인과 집단 사이의 언어적·담론적 갈등 과정에 다름 아니며, 자신의 신념이나 세계관을 언어놀이와 상징게임을 동원해 타인에게 강요할 수 있는 능력을 가진 사람이 혁명의 승리자라는 것이다. 시리즈 제목으로 쓰인 '정치문화'라는 용어는 언어적 권력게임의 법칙과 관행들이 어떤 경로와 수단을 통해 생성·조직되고, 경쟁적 담론권력들이 어떻게 힘을 겨루며, 그 결과가 무엇인지를 추적하는 작업을 지칭한다고 베이커는 설명했다.[26]

영국의 저명한 역사학자 스톤Lawrence Stone은 20세기 후반에 전개되는 역사서술의 새로운 경향을 다음과 같이 요약했다. "인간을 둘러싼 환경에서 환경 안의 인간으로, 경제적·인구적 연구에서 문화적·감성적 연구로, 사회학·경제학에서 인류학과 심리학으로, 화석화되고 단세포적인 원인론原因論에서 연관성 있는 다인론多因論으로, 과학적에서 문학적으로, 분석에서 묘사로 역사 쓰기의 방향이 이행하고 있다."[27] 스톤의 이런 예견이 프랑스혁명을 문화적 사건으로 접근했던 일단의 수정주의 역사가들에게 그대로 적용된다고 단정할 수는 없을지도 모른다. 역사 그 자체가 진보하는지 여부와 관계없이 새로운 역사서술에 도전하는 것은 역사가의 미덕이다. 오래된 사건에 대해 다른 질문들을 끊임없이 던지면서 오늘을 비판적으로 해석하고 내일을 다시 만들어 나가기 때문이다.

8

프랑스혁명의
일상정치문화사:
린 헌트의 역사세계

　이 글은 키스 베이커와 함께 미국 학계에 '퓌레류 수정주의'를 공급하는 데 일조했던 린 헌트Lynn Hunt의 역사세계를 살펴봄으로써 프랑스 수정주의 해석의 미국적 변용과 전유과정을 이해하고자 한다. 여성 역사가로는 매우 드물게 미국역사학회 회장직을 역임했던 린 헌트는 현재 UCLA 역사학과에서 유진 웨버Eugen Weber 석좌교수로 재직 중이다.[1] 헌트는 1980~1990년대 영미 학계를 풍미했던 '새로운 문화사'와 역사학의 '문화적 전환'을 주도했는데 프랑스혁명에 관한 그녀의 3부작에는 이런 새로운 방법론적 실험정신이 녹아 있다.[2]

　헌트의 첫 저서『혁명과 프랑스 지방의 도시정치』*Revolution and Urban Politics in Provincial France*, 출세작『프랑스 혁명의 정치, 문화, 계급』*Politics, Culture and Class in the French Revolution*, 최근작『프랑스 혁명의 가족 로망스』*The Family Romance of the French Revolution* 등 3권[3]을 집중

분석함으로써 이른바 '미국적 수정주의 해석'의 장점과 한계를 살펴보려고 한다. 프랑스혁명이라는 동일한 소재를 다룬 3권의 저서들은 시간의 흐름에 따라 어떤 차별적 문제의식을 제기하며 이 저서들을 관통하는 공통적 문제의식은 무엇인가? 혁명에 대한 소위 문화사적 접근은 기존의 정치경제사적 시각과 다른 어떤 새로운 질문과 대답을 제공하는가? 헌트의 접근법은 우리가 앞 장에서 살펴보았던 퓌레, 오주프, 아귈롱의 수정주의 해석과 어떤 차이점과 유사성을 갖는가? 이러한 의문들에 대한 대답의 실마리를 찾고자 린 헌트의 역사세계 안으로 한 발짝 더 들어가보자.

근대적 '정치'의 재발견

헌트는 1970년대를 풍미했던 사회사의 영향력 아래 스탠퍼드 대학교의 도손Philip Dawson 교수 밑에서 지적 도제徒弟기간을 보냈다. 학위취득 후 캘리포니아 버클리 대학교에서 초년생 학자로 재직하면서 자신의 박사학위 논문을 보완해 출판한 첫 저서가 『혁명과 프랑스 지방의 도시정치』(이하 『혁명과 도시정치』)다. 당시 사회사의 추세였던 지방사 사례 연구에 해당하는 이 저서에서 헌트는 샹파뉴 지방의 두 중소도시인 트로와Troyes(인구 2만 8,000명)와 렝스Reims(인구 3만 2,000명)의 사회경제구조의 변화와 시의회의 인적 구성 등을 분석해 프랑스대혁명 성격의 일단을 규명했다. "1789년 파리에서의 혁명이 없었더라면 국민의회가 사생아로 태어났을 것이고, 각 지방도시에서의 혁명이 없었더라면 1789년 혁명은 유아기에 죽어버렸을 것"이라고 확신했기 때문이다.[4] 이 저서는 혁명의 문화적 측면을 부각시키지는 않았지만, 헌트가 초기에 견지했던 역사관, 방법론적 지향점, 프랑스혁명사에 대한 기본 소신 등을 엿볼 수 있는 초기 자료로서 중요한 가치를 지닌다.

『혁명과 도시정치』는 프랑스혁명사 연구의 거대한 두 뿌리를 형성했던 아날학파와 마르크스주의적 해석에 대한 비판적 입장에서 출발한다. 아날학파가 지리, 기후, 인구, 경제적 흥망 등에 대한 '장기지속적 역사'에 집착했다면, 마르크스주의자들은 정치(상부구조)를 경제와 계급이익(하부구조)의 수동적 반영체로 단순화함으로써 사회관계에 대한 연구를 소홀히 했다고 헌트는 비판했다.[5] 이 두 주류 해석들은 미시적 권력분석을 놓쳤다는 공통적인 약점을 갖는다. 마르크스주의자들이 정치를 경제사회적 헤게모니의 '자동적 결과물'로 비하했다면 아날학파 역사가들은 정치를 거대한 지리-사회경제적 구조 위를 부유하는 '덧없는 하루살이 먼지'로 무시했다.[6] 반면 헌트는 기존의 주류 혁명사에서 이처럼 천덕꾸러기 취급을 받던 정치적 차원의 중요성에 주목했던 것이다.

헌트의 설명에 따르면, 신분의회에 제출할 진정서 작성과 각 지역 대표자 선출과정에서 프랑스인들은 정치적 자각에 눈을 뜬다. 폐쇄된 친족관계에 의거한 제한된 형태의 정치만이 가능했던 앙시앵레짐과는 달리, 1789년 혁명은 정치적 채널(선거)과 토론광장(중앙혁명의회와 지방의회)을 마련해줌으로써 새로운 양상의 근대정치가 탄생하도록 자극했다. 이런 분위기 속에서 새로운 지방정치세력이 출현했다. 재산, 혈연, 사회신분 등에 의존하지 않고 선거를 통해 등장한 정치 신인들은 시위와 폭동을 동원한 대중압력을 행사할 줄도 알았다. 집단적 의사표시를 통해 자신들을 선출해준 대중의 이익을 대변할 수 있었던 이들은 프랑스혁명이 탄생시킨 "진정으로 새로운 정치적 인물들"이었다.[7] 프랑스는 "자본주의적 양식으로 새로 태어나는 것이 아니라, 앙시앵레짐과는 전혀 다른 새롭고 변화된 정치체제로" 새로 태어났다는 것이 『혁명과 도시정치』의 결론이었다.

그렇다면 "전혀 다른 새롭고 변화된 정치체제"는 어떤 환경에서 태동해 어떤 경로와 수단으로 대중에게 전달되어 그들의 지지를 획득하는가? 이런 물음에 대답하기 위해 헌트는 두 번째 저서 『프랑스 혁명의 정치, 문화, 계급』(이하 『정치, 문화, 계급』)에서 '정치문화'political culture의 중요성을 부각시킨다. 이 책의 주제는 "프랑스혁명의 핵심적 업적은 드라마적인 새로운 정치문화의 정착"이라는 명제로 요약된다. 정치를 사회경제적 환경의 반영물이나 종속물로 취급하려는 마르크스주의의 경직성을 거부하는 그녀의 초기적 관심이 이 책에서도 계승되었다. 『정치, 문화, 계급』은 크게 두 부분으로 구성된다. '정치의 시학'poetics of politics이라는 소제목이 붙은 전반부 3장은 혁명 참가자들의 언어행위, 이미지, 몸짓 등에 의해 상징적으로 구현되는 새로운 정치적 담론의 형성과정을 추적한다. '정치의 사회학'sociology of politics이라는 소제목이 붙은 후반부 3장은 혁명 동조자들의 정치성향이 지리적·직업적 배경에 따라 어떻게 표현되는지를 설명한다. 전반부가 추상적 대상으로서의 정치문화의 본질에 초점을 맞추었다면, 후반부는 정치문화의 주체적 행위자들에 대한 구체적인 사회학적 고찰이다.

'정치의 시학'이라는 부제가 시사하듯, 헌트는 『정치, 문화, 계급』

의 전반부에서 정치를 고정적 이데올로기의 산물이 아니라 가변적이고 창조적인 예술처럼 인식할 것을 요구한다. 정치행위의 광범위한 범주와 그것의 상징적 성격에 대해 헌트는 다음과 같이 설명한다.

> 정치란 구두口頭적 표현, 장관의 선출, 혹은 정치단체, 신문, 의회 등에서의 공식적 논쟁에만 한정된 것이 아니다. 정치적 의미는 다양한 상징적 표현물과 밀접한 관계가 있다. (……) 다른 복장은 다른 정치를 표시하며, 색깔, 특정한 길이의 바지, 특정한 구두의 스타일, 혹은 잘못 선택한 모자는 논쟁, 주먹싸움, 혹은 큰 노상싸움을 일으킬 수도 있다. (……) 색깔, 장식물, 복장, 쟁반, 돈, 달력 그리고 카드놀이가 한 편의 다른 편에 대한 '패거리의 표시'signs of rallying가 된다.[8]

프랑스혁명기의 정치행위는 제도화된 정치기구를 통해 임명되거나 선출된 정치인들의 독점물이 아니다. 그 대신 일상적 복장이나 언어생활, 예술품이나 각종 역사기념물 등과 같은 '문화적' 수단을 이용해 권력게임은 간접적이고 미묘한 방법으로 표출된다고 헌트는 강조했다.

당대인들은 구체제가 저물고 새로운 세계가 도래하는 과도기인 '신화적 현재'the mythic present에서 생존해야만 했다. 왕정의 몰락, 봉건체제의 해체, 가톨릭교회와 성직자의 국가화 등이 대변하는 불확실하고도 위태로운 하루하루를 살아야만 했던 당대인들은 신화적 현재를 안정적 내일로 승화시켜야 할 사명감에 불탔다. 이런 역사적 책임감은 '일상의 정치화'politicization of the everyday라는 새로운 현상을 낳았

왼쪽) 삼색기를 들고 이상향을 바라보는 듯한 모습의 상퀼로트 그림.
오른쪽) 프랑스혁명 당시 선보였던 '혁명카드'로 각 신분을 대표하는 인물그림과 혁명 전후 이들의 신분변화를 풍자하는 글이 적혀 있다.

다. 개인의 사소한 일상행동의 모든 측면이 예민한 정치적 행위로 간주되어 칭송과 비판의 대상이 되었다. 또한 구체제를 연상시키는 모든 것을 일상언어적 차원에서 청산해야 한다는 명분으로 '투명성', '공개성', '경계심'이라는 기준에 부합되는 일종의 모음과 자음으로 지은 언어공화국이 건축되었다.[9] 앞의 두 원칙이 사적 영역과 공적 영역의 구분이 없던 구체제의 궁정정치를 청산하고 공정한 공화정을 건설하기 위한 다짐이었다면, 세 번째 원칙은 반혁명세력들이 꾸미는 음모와 당파성에 대항하기 위한 긴장감을 촉구했다.

한편, 불확실한 현재를 통제하고 정치 어젠다를 선점하려는 혁명정부의 고난도 줄타기는 각종 상징물의 의도적 조작으로 귀결되었다.

예컨대 혁명의 잠정적 승리자로 등장한 자코뱅정부는 과격한 공화주의를 선전하기 위해 이전의 평화와 조화를 상징하던 자유의 여신 대신 헤라클레스를 국가의 대표인물로 채택했다. 힘과 권력의 상징인 헤라클레스는 온건한 공화주의파와 반혁명주의자를 힘으로 제압하고 공포정치에 동참한 국민들의 영광을 찬양하는 데 적합한 상징물이었다. 자코뱅정부의 몰락 후 등장한 반동정부는 좌·우파 간의 공박에서 중도적 입장을 견지하기 위해 폭력과 아나키즘을 의미하는 위협적 헤라클레스를 버리고, 그 대신 모호하고 좀더 온건한 이미지를 국가의 상징물로 교체했다.

『정치, 문화, 계급』 후반부에서 헌트는 새로운 정치문화의 출현을 가능케 해주었던 사회적 배경과 조건을 조사했다. 지역적 차이에 따라 혁명이 어떻게 달리 수용되었는가? 누가 혁명적 엘리트였으며, 어느 집단이 혁명적 메시지를 프랑스 전역에 전파하는 데 가장 큰 공헌을 했는가? 이와 같은 질문에 대답하기 위해 선거 결과의 지역별 지도와 당선자들의 직업적 프로필 등을 작성한 헌트는 몇 가지 중요한 결론에 도달했다. 우선, 혁명의 발발로 야기된 정치적 관심은 최소집단인 부락단위까지 파급되었다는 것을 알았다. 그리고 직업집단에 따라 제각기 다른 크기의 영향력을 지역단위별로 행사했다는 사실도 헌트는 밝혀냈다. 예를 들면 법률가들은 중앙무대나 광역권에서, 소매상인과 수공업자들은 시市 단위에서, 농민과 영세상인들은 부락단위의 무대에서 각각 두각을 나타냈다. 한 개인의 혁명에 대한 동조 여부를 결정짓는 데는 직업적 배경 외에도 인간관계의 역학이 작용했다. 혁명이 천명한 평등, 형제애, 보편주의 등의 이념들은 지역적 배타주의를 해소하는 데 어느 정도 기여했다. 이전까지 기존 정치권의 괄호 밖에서 소외되었던 타 지역 출신들, 유대인과 신교도들, 상인, 유랑극단인 등이 혁명이 안겨다준 새로운 기회를 환영하면서 지방 정치권의 새로운 혁명 지지세력으로 부상浮上했다. 이들은 가족과 이웃의 네트워크, 전문직업 모임, 프리메이슨이나 자코뱅클럽과 같은 단체를 적극적으로 활용해 "정치적 중개인이자 문화적 막후인물"political middlemen and cultural powerbrokers로서 프랑스혁명의 전위대 역할을 담당했다.[10]

위에서 간략히 정리해본 것처럼, 『정치, 문화, 계급』을 통해 헌트는 문화사와 사회사의 장점이 어우러진 사회문화사socio-cultural history의 한 모델을 보여주었다. 이 책의 제목이 시사하듯이 정치와 문화, 사회계층 등은 상호 이질적으로 존재하는 요소들이 아니라 서로 엉킨 관계망 속에서 그 특유의 성격을 갖는다. 프랑스혁명은 "대단히 잠재적인 활동으로서의 정치", "의식적 변화 매체로서의 정치", "성격, 문화, 사회관계를 만들어내는 주형鑄型으로서의 정치" 등 역동적이며 다차원적인 근대 일상정치문화의 모태라고 그녀는 평가했다.[11] 다시 말해 현재진행형으로 만들어지고 인간의 일상적 언어와 행위에 지속적으로 영향을 끼치는 새로운 정치문화의 탄생을 혁명의 가장 중요한 유산으로 꼽았던 것이다.

가족관계는 혁명투쟁의 축소판이다

헌트가 서부의 캘리포니아 버클리 대학교에서 동부의 펜실베이니아 대학교로 자리를 옮긴 뒤 발표한 것이 『프랑스 혁명의 가족 로망스』(이하 『가족 로망스』)다.[12] 혁명기 가족관계의 변동을 통해 집단적인 정치적 무의식의 변화를 읽을 수 있다는 가설에 바탕을 둔 이 책은 혁명에 대한 일종의 정신분석학적 연구다. 제목으로 사용된 '가족 로망스'라는 개념은 프로이트가 만들어낸 용어로 "어린이들이 현실의 친부모를 경시해 사회적·경제적으로 더 우월한 위치에 있는 환상 속의 대리부모와 바꾸기를 꿈꾸는 현상"을 일컫는다.[13] 이러한 정신분석학적 개념이 도대체 어떤 근거에서 프랑스혁명 연구에 유용한 도구가 된다는 말인가? 프랑스혁명이라는 공식적 사건이 가족구성원들의 사적 애증사와 무슨 연관이 있다는 말인가?

『가족 로망스』의 서론에 해당하는 제1장 '가족을 모델로 한 정치'에서 헌트는 정치적 합법성은 근본적으로 가부장적 권위에 기반을 두고 있다는 사실을 독자들에게 상기시킨다. 신하와 왕, 소작인과 지주, 아내와 남편, 아이들과 부모 사이의 관계는 가부장적 권위에 대한 존경과 복종이라는 공통 끈으로 연결되어 있다. 프랑스혁명의 과격성은 가부장적 권위와 경외심에 근거한 사회적 질서를 구성원 사이의 자유롭고도 평등한 정치적 합의와 계약관계로 대체하려는 데 있었다. 만약 혁명이 기존 사회질서에 대한 근본적 도전과 파괴를 의미한다면, 일반 사회구성원들이 이런 혁명적 변화를 실감하고 그 교훈을 배우는 최초의 장소이자 최소한의 단위가 가족이다. 그러므로 부친살해, 형제들의 싸움, 근친상간 등으로 표출되는 가족 갈등의 원인과 성격 등을 파악하면 당대인들을 사로잡았던 집단적 상상력과 정치적 경험에 대한 기본 패턴을 알 수 있다. 또한 가족 사이의 역학관계에 대해 면밀히 관찰하면 '카리스마의 위치'가 혁명기에 어떤 축과 방향으로 이동했는지를 짐작할 수 있다. 가족구성원들 중에서 누가 어떤 근거로 자신의 목소리를 높이는지에 대한 연구는 혁명기에 실제로 발생하는 권력역학을 이해하는 데 필요불가결한 축소판인 것이다.[14]

제2장 '좋은 아버지의 성장과 몰락'에서는 프랑스인들이 혁명을 전후해서 권위주의적 엄부嚴父보다는 자상한 아버지를 선호하는 배경을 파헤친다. 헌트의 설명에 따르면, 혁명 전야에 아버지 부재시대를 사는 고아 아닌 고아 신세가 된 자식의 "아버지 찾아 삼만 리" 같은 줄거리를 가진 소설들이 인기를 끈 것은 좋은 아버지의 출현을 바라는 집단심리상태를 반영한 것이었다. 예를 들면 폭력적 아버지를 거부하고 남매가 어머니와 함께 외딴섬에서 서로 의지하며 살아가는 이야기인 『폴과 비르지니』 *Paul et Virginie*는 1789~1799년 사이에 무려 30쇄를 거듭 출간했다. 이 소설의 선풍적 인기는 나쁜 가부장적 권위에 기초한 앙시앵레짐을 비난하고 가족문제에 애정과 관심을 가진 새 아버지의 출현을 갈망하던 당시 시대정신의 통속문학적 표출이었다. 실제로 혁명 발발 이후에 통과된 일련의 가정입법들―1790년의 장자상속권 폐지, 같은 해 8월의 가족분쟁의 민주적 해결을 위한 가정법원 설치, 1791년 9월의 남녀 성인 나이 하향 제정법 등―은 가부장권을 약화시키고 사회계약에 바탕을 둔 새로운 가족(사회)관계를 수립하기 위한 처방책이었다.

제3장 '형제들의 무리'는 폭력적이며 능력 없고 무책임한 아버지를 가장 지위에서 강제로 끌어내리고 그 자리를 아들이 대신 차지하는 과정을 묘사한다. 아버지에 대한 아들의 반란은 1791년 왕과 왕비의 야

반도주 사건 이후 절정에 이른다. 지배층의 반혁명 음모에 위기감을 느낀 혁명정부는 재판과정을 거친 후 왕을 1793년 1월 21일에 처형했다. 충성, 경외, 봉건주의의 화신인 왕을 기요틴의 이슬로 제거하고 해방된 형제들의 가족 로망스가 바야흐로 시작되었다. 가정의 독재자였던 왕을 처단한 아들 형제들은 그들 사이의 균등한 권리향유를 보장해줄 몇 가지의 입법개혁을 단행한다. 1793년 3월에는 직계가족 간의 공평한 유산분배에 관한 법, 같은 해 11월에는 서자에게도 동등한 유산권리를 인정하는 법이 각각 통과되었다. 또한 아버지의 가족에 대한 영향력을 감소시키기 위해 1793년 12월 12일에는 정부 통제하의 초등교육 의무화가 선언된다.[15] 이와 같은 법률개혁으로 자신들의 기반을 확보한 형제들은 남성적 우애와 영웅심을 대외적으로 과시했다. 1793년 7월에 암살당한 마라Jean-Paul Marat를 '민중의 벗'으로 칭송하는 거창한 장례를 치렀고, 반혁명 내란을 진압하다가 전사한 13세 소년 바라 Joseph Bara를 영웅으로 추앙함으로써 남자 형제들의 단합을 꾀했다.

제4장 '나쁜 어머니'에서 헌트는 가부장적 가족의 해체 이후 여성들의 운명을 서술한다. 남편이 살해당한 후 홀로 남은 과부 어머니는 과연 아들 형제들에 버금가는 권리를 부여받는가? 이 물음에 대한 대답의 실마리는 구체제의 공적 영역에서 활보했던 마리 앙투아네트가 쥐고 있었다. 감시와 검열을 피해 교회-궁정 권력을 야유하는 데 애용되었던 외설문학과 정치적 포르노그래피의 단골 주인공이 바로 마리 앙투아네트였다.[16] 왕비는 베르사유 궁전에서 행해진 간음과 혼음, 근친상간 등 각종 부도덕한 향연을 주재하는 '나쁜 년'으로 농락의 대상이었다. 도덕적 타락과 정치적 부패의 발원지로 지목된 왕비의 육체에

대한 대중적 침 뱉기는 앙투아네트가 처형되는 1793년 10월을 전후해 점점 더 거칠고 야만적인 형태로 심화되었다. 여우, 흡혈귀, 암호랑이 등에 비유된 왕비는 민중의 피를 먹고사는 변태적 반혁명세력의 배후 조종자라고 손가락질당했다. 루이 16세에 쏠렸던 미움보다도 더한 저급의 증오를 한 몸에 받았던 마리 앙투아네트는 국민공회의 투표 결과에 따라 처형되었던 남편과 대조적으로 일반 범죄인으로 취급받아 처형당했다. 왕이 정치범으로 취급되었던 반면, 왕비는 파렴치한 사회잡범으로 멸시되었던 것이다.

죽음의 절차와 형식에서도 차별대우를 받았던 마리 앙투아네트의 최후는 혁명기 불평등한 여성의 지위를 예고하는 상징적 사건이라고 헌트는 해석한다. 주제넘게 공적 영역에 참여하려는 '나쁜 어머니'에게 남자 형제들이 보내는 경고의 메시지가 왕비에 대한 처벌형식으로 전달되었다는 것이다. 전통적인 성의 이분법적 구분에 따른 사회적 역할―남성의 미덕이 정치참여에 있다면 여성의 미덕은 가정 수호에 있다―을 위협하는 여성들에 대한 남성들의 공포감이 마리 앙투아네트를 시범 사례로 처형하게 된 배경이라고 헌트는 설명했다.[17] 왕당파 처녀 코르데이Charlotte Corday(1768~1793)가 형제공화국의 영웅 중 한 사람이었던 마라를 암살한 사건은 여성들의 정치참여에 대한 남성들의 우려를 실제로 확인시켜준 본보기였다. 일반 여성들의 정치참여를 봉쇄하려는 의도로 자코뱅정부는 1973년에 여성클럽을 불법으로 금지했고, 대표적 여성 정치인 구즈와 마담 롤랑을 처형했다. 자유주의적 공화정을 남성 형제들만의 이데올로기로 수호하기 위해 혁명정부는 여성들을 '부엌데기 이데올로기'Domestic Ideology의 포로로 감금시켰다.[18]

루이 16세는 정치범, 마리 앙투아네트는 파렴치범이라는 각기 다른 죄명으로 목숨을 앗겼지만 이들 부부가 이 세상에 없다는 사실은 동일하다.

『가족 로망스』의 마지막 장인 '가족의 복권'은 공포정치가 몰락하고 테르미도르 반동정부의 통치기간(1795~1799)에 가족이 재건되는 과정을 기록한다. 자코뱅정부가 남긴 상처를 치유하는 데 주력했던 새 정부는 새로운 가족관계의 복원을 혁명으로 만신창이 혹은 시쳇말로 '콩가루 집안'이 된 국가를 재건하는 것과 동일시했다. 폭군이 아니라 가족의 보호자로서의 의무에 충실하겠다는 조건으로 아버지가 가족의 합당한 어른으로 다시 모셔졌다. '나쁜 어머니'는 바깥일에 치맛바람을 휘날리는 억센 여성이 아니라 모성애라는 자기의 본분을 수행하는 '집안의 천사'로 복귀했다. 이런 분위기 속에서 1795년 2월에는 가족분쟁에 관한 가정법원의 간섭이 철폐되었고, 같은 해 10월에는 자녀의 초등교육도 부모의 자발적 선택조항으로 맡겨졌다. 반동정부 시절에 개최된 화합의 축제에서는 임신한 여성과 남편을 동반한 아내를 출현시킴으로써 혁명으로 잠시 헝클어졌던 남녀·가족 관계가 '제자리'로 돌아왔음을 과시했다.

반동정부는 로베스피에르와 생쥐스트Saint-Just 같은 총각 과격주의자들이 주도했던 공포정치가 재발되지 않도록 몇 가지 방안을 강구했다. 결혼에 따른 가족부양의 의무가 개인을 '현실적으로' 만든다는 생각으로 원로원 피선거권 자격을 결혼 유경험자로 제한했다. 심지어는 30세가 넘도록 미혼으로 남아 있는 남녀에게는 일종의 가중세금이 부과되었다. 이런 조처들은 가족에 대한 사랑이 곧 국가에 대한 충성심으로 연결된다는 반동정부의 보수주의적 이데올로기가 반영된 결과였다. 1795년에 국가 주도로 개최한 7개 공식축제 중 3개(소년의 날, 부부의 날, 노인의 날)가 가족행사였음도 놀라운 일이 아니다. 이뿐만 아니라 '험하고 위험한 세상살이에 가족과 가정이야말로 마음의 안식처'라는 주제를 다루는 멜로드라마가 1790년대 후반부터 프랑스에서 대중문화의 독창적 장르로 발달하는 현상에 헌트는 주목했다. 통속적 주제를 다룬 멜로드라마가 유행했다는 사실은 총재정부가 가족을 볼모로 과격한 혁명의 기억과 결별하고 보수적인 도덕적 재무장을 꾀했음을 보여주었다.

프랑스혁명이라는 공적 대사건을 가족관계의 갈등이라는 사적 시각으로 접근했던 헌트의 『가족 로망스』에 대해 학계는 상반된 평가를 내렸다. 『뉴욕 타임스』와 같은 대중언론은 "흥미롭고, 독창적이며, 자극적인" 방법과 "매혹적인 새로운 시각으로" 프랑스혁명이 대중적 상상력 형성에 끼친 영향을 잘 연구했다고 칭찬했다. 대조적으로 『미국역사학보』와 같은 전문학술지 서평에서는 『가족 로망스』가 개연성과 추측성에 근거한 논리적 비약이 많고 프로이트의 정신분석학과 같은 사회과학이론을 프랑스혁명 연구에 무리하게 적용했다고 비판했다.[19] 헌트가 『가족 로망스』에서 선보였던 프랑스혁명에 대한 낯선 사료 선택과 '가족정치' 모델에 관한 파격적 가설이 한편으로는 대중적 사랑을 받았지만 다른 한편으로는 까칠한 전문 역사가들의 비난의 대상이 된 것이다.

사료와 해석: 사회문화사에서 새로운 문화사로

프랑스혁명에 관한 헌트의 『혁명과 도시정치』, 『정치, 문화, 계급』, 『가족 로망스』 등 3부작은 최소한 세 가지 측면에서 우리의 주목을 끈다. 첫째, 헌트는 1차 사료의 선택·활용과 관련해 과감한 실험과 변신을 거듭했다. 사회사 학자로서 출사표를 던진 첫 저서 『혁명과 도시정치』에서 헌트는 정부문서, 행정기록, 지방신문 등에서 획득한 정보를 근거로 작성한 각종 도표(빵 가격의 변화 추세, 두 도시 도서관의 서적 종류)와 지도, 통계자료(시위원회별 인구, 시의원들의 직업별 구성) 등을 일목요연하게 수집하고 분석하는 데 인상적인 능력을 발휘했다. 두 번째 저서인 『정치, 문화, 계급』의 전반부에서는 20여 편에 달하는 혁명축제 삽화, 혁명정부가 발행했던 기념문장, 기념동전, 혁명복장 등을 사료로 삼아 당시의 정치문화사적 기상도를 그렸다. 후반부에서는 혁명시의회 의원의 직업별, 신분별, 정치성향별 구분 등에 관한 10여 개의 각종 도표와 지도를 첨부해 혁명의 사회학적 이해를 돕기 위한 길잡이로 삼았다. 세 번째 저서 『가족 로망스』에서 헌트는 30편이 넘는 미술과 조각 작품, 신문의 정치만화, 포르노그래피, 통속소설 등을 주요 1차 사료로 활용했다. 초기에는 딱딱한 종류의 1차 사료에 매달렸던 헌트가 통계와 예술적 자료가 균형 있게 절충을 이루었던 중간단계를 거쳐, 최근에는 고전적 1차 사료로는 다소 파격적이며 이단적인 대중소설과 저속한 성 풍속도 등을 더 많이 참조했다.

　정부기록이나 외교문서와 같은 전통적 1차 사료에 익숙해 있던 역사가들은 기념동전이나 삼류소설, 선정적 춘화도春畵圖 등에 근거한 헌트의 역사서술에 당혹감을 느낄 수도 있으리라. 게다가 이런 '부드러운' 사료들은 빵 가격, 선거 결과, 전쟁 조약문 등과 같은 '딱딱한' 사료와 비교하면 역사가들이 해석하기에 더 까다롭고 어렵다. 새로운 종류의 사료들은 기존의 사료를 이용해서는 접근할 수 없는 역사의 새로운 일면을 보여주기 때문이다. 한 역사가의 사료 선택 적절성은 사료 그 자체의 종류와 유형의 우열에 따라 결정되는 것이 아니라 그것을 활용한 역사가가 어떤 새로운 질문을 제기하고 또 다른 역사적 사실을 발굴해냈는지 여부에 따라 평가되어야 한다. 중요한 것은 '어떤 사료'인지가 아니라 역사가가 그것을 매개로 '무엇을' 말하려는지에 달려 있다. 그렇다면 힌트가 별쭝스리운 사료를 수집하고 해석하면서 궁극적으로 제기하려는 프랑스혁명에 대한 새로운 해석은 과연 무엇이었을까?

그것은 헌트가 서술한 프랑스혁명 해석의 두 번째 급소인 일상정치문화의 재발견이었다. 사료의 미묘한 변화에도 불구하고 헌트의 프랑스혁명 3부작을 관통하는 흔들리지 않는 주제의식은 정치의 복권이었다. 우리가 각별히 유의해야 할 점은 헌트가 재발견하려고 했던 정치는 기존 개념과는 다른 차원에서의 일상생활정치라는 점이다. 부르주아 계급의 이익을 대변하는 공허한 상부구조로서의 정치도 아니고, 왕정을 대체한 공화정이라는 체제로서의 정치도 아니었다. 헌트가 재조명했던 대상은 지방에서의 여론형성과정으로서의 정치, 일상생활의 언어담론으로 표현되는 정치, 혁명적 상징물을 통해 조작될 수도 있는 정치, 개인(가족)관계의 역동적 갈등을 통해 노출되는 정치 등이었다. 즉, 가변적이고 열린 개념으로서의 정치이며 동시에 문화적 과정으로서의 정치였다.

헌트가 견지한 새로운 정치관은 『가족 로망스』에서 가장 잘 드러난다. 이 책은 서평자들이 흠잡듯이, 혁명기 정치적 흥망성쇠를 "(개인적 혹은 집단적) 판타지"로 전락시키려는 의도로 집필된 것이 아니다. 헌트는 "왕의 처형에서 멜로드라마의 출현에 이르는" 다양한 현상들을 종합적으로 이해하고 집단적이고 무의식적인 정치적 상상력과 접선하기 위해서는 '가족 로망스'와 같은 정신분석학적 도구가 필요하다고 역설했다. 아버지를 죽인 못된 아들·형제의 죄의식과 자기증명, 가정의 울타리를 넘어 거리와 광장으로 침입한 주제넘은 누나·어머니가 느끼는 해방감과 히스테리 등이 동반하는 "전혀 낯설고 새로운" 경험들은 루소와 볼테르 같은 위대한 사상가의 정치용어로는 결코 설명될 수 없었다.[20] 헌트는 고급 정치사상이나 지방정치의 선거 결과로는 도저히 포착할 수 없는 아주 미세하고도 사적인 풀뿌리 정치여론, 감성정치와 접속하기 위해 일상정치문화라는 예민한 안테나가 필요하다고 확신했다.

헌트의 3부작에서 주목해야 할 세 번째 이슈는 '정치문화'에 부여된 능동적 힘이다. '정치'라는 용어와 병렬적으로 쓰인 '문화'는 더는 정치→경제→사회 그다음 순서에 오는 '문화'가 아니다. 앞의 것들에 종속된 변수變數가 아니라 현실정치와 사회경제적 구조를 조직하고 변화시키는 상수常數라고 헌트는 재인식했다. 다시 말하면 문화는 다른 무엇을 수동적으로 비추는 '거울'이 아니라 스스로 빛나는 '등불'이라는 것이 새로운 문화사의 핵심이다. 예를 들면 삼색기, 혁명축제, 혁명기념물 같은 것들은 권력의 메타포일 뿐만 아니라 권력 그 자체의 수단과 목적으로 기능한다. 혁명의 주역들은 정치적 미세기술을 발휘해 정치문화 상징물을 조작·통제·전파함으로써 자신에게 유리한 방향과 내용으로 권력의 지도를 완성한다.[21] 그리고 보통사람들도 문화가 가진 변혁적 힘으로 혁명의 물레방아를 돌리는 데 적극적으로 동참한다. 고아 소설의 유행, 정치 포르노그래피의 증가, 멜로드라마의 본격적 등장 등 동시다발적으로 유행한 문화현상들은 우연의 일치가 아니라 나쁜 왕-아버지를 까부수고 새 가정을 꾸미려는 집단욕망의 산물이었다. 가상적인 소설 주인공의 불행에 자신들의 어려운 정치현실을 감정이입했던 독자(당대인)들은 일종의 자기도취적 최면상태에서 바람직한 가족관계의 재건을 위해—해피엔드를 위해!—혁명을 문화적으로 만들어갔던 것이다.[22]

결론적으로, 문화적 사건으로 바라본 헌트에게 프랑스혁명은 한 편의 텍스트였다. 이 책은 바스티유 감옥 탈취로 시작해 제헌의회, 국민공회, 총재정부를 거쳐 나폴레옹의 등장으로 끝나는 무미건조하고 '빤한 이야기'가 아니었다. 그녀가 다시 읽었던 프랑스혁명은 미리 정해진 각본이 없기 때문에 논란의 여지가 많은 것과 정비례해 극적이며 다양하게 해석될 수 있는 두터운 텍스트였다. 이 책의 저자와 주인공은 루소, 볼테르, 라파예트, 로베스피에르 등과 같은 위대한 인물이 아니라 냄새와 형체도 없는 위험한 혁명을 일상적으로 살고 견뎌냈던 모든 보통사람들이었다. 헌트는 자신의 3부작에서 인류학, 문예비평, 정신분석학 등의 학제 간 도움을 빌려 당대인들을 사로잡았던 상징성, 담론체제, 집단적 상상력의 이모저모를 탐험했다. 헌트는 퓌레가 역설했던 담론으로서의 혁명 연구, 오주프가 선도했던 세속종교로서의 혁명축제, 아귈롱이 수집했던 혁명기념물에 관한 도상학적 연구 등을 '역사학의 문화적 전환'이라는 미국 학계의 용광로에 부어 자신만의 독창적 무늬를 아로새긴 작품으로 빚어낸 노련한 장인이었다.

9 바스티유 감옥과 '라 마르세예즈'의 변천사

이 장에서는 '프랑스 바깥'에서 출간된 저서 두 권을 선택해 '프랑스혁명의 문화적 전환'의 장단점과 과제를 재조명하고자 한다. 독일 출신 뤼제브린크Hans-Jürgen Lüsebrink와 라이하르트Rolf Reichardt가 공동으로 집필한 『바스티유: 전제주의의 상징과 자유의 역사』[1](이하『바스티유』)는 프랑스혁명 발발의 진원지였던 바스티유 감옥을 둘러싼 역사와 신화를 추적하면서 역사적 기념물의 부침을 서술한다. 미국 중진 역사가 메이슨Laura Mason은 『프랑스혁명을 노래하다: 대중문화와 정치』[2](이하 『노래와 혁명』)에서 혁명기에 애창되었던 (반)혁명 민중가요의 변천을 통해 민중가요와 정치권력의 연관성을 관측한다. 『바스티유』의 공동 저자인 뤼제브린크는 독일 자를란드 대학교의 프랑스 문화 연구'와 문화 상호소통학과에 재직하고 있으며, 독일 하이델베르크 대학교에서 박사학위를 취득한 라이하르트는 마인츠 대학교 학술문헌학과, 기센 대학교 역사학과 교수를 역임했다. 미국 존스홉킨스 대학교 역사학과에 재직 중인 메이슨은 『프랑스혁명: 사료 모음집』*The French Revolution: A Document Collection, Boston: Houghton Mifflin Company*(1998)을 공동으로 편집·번역했다.

문화사와 일상생활사의 본거지인 독일에서 훈련받은 두 남성학자와 새로운 문화사의 발생지인 미국에서 민중문화를 연구한 여성학자가 저술한 『바스티유』와 『노래와 혁명』을 통해 프랑스혁명에 대한 정치문화사적 해석의 또 다른 특징을 배울 수 있다. 퓌레·오주프→베이커·헌트로 이어진 혁명의 문화사적 계보는 차세대 역사가들에게 어느 정도 수용되거나 응용되었는가? 혁명의 주동세력은 기념물과 혁명가요에 대한 민중의 기억과 망각을 조정하고 은폐함으로써 어떤 권력효과를 생산했는가? 역사적 기념물과 저항적 민중가요는 의회나 법률 같은 권력도구와 어떻게 다른 양식으로 역사를 움직이는가? 이런 질문들에 두 저서가 각각 어떻게 대답했는지 살펴보자.

바스티유 감옥은 어디로 사라졌을까

바스티유, 그 역사와 신화
14세기에 파리 북서부 입구의 왕실요새로 건설되었다가 국가감옥으로 용도 변경된 바스티유는 18세기 들어 전제왕정의 상징으로 악명을 떨친다. 계몽주의 철학자들이 주도하는 안티바스티유 저널리즘은 이 감옥을 절대왕정의 불법적 권력남용과 비인간적 폭력의 상징물로 단정하고 그곳 죄수들을 왕의 폭정에 항거한 순교자로 묘사했다. 바스티유 감옥에 대한 황색언론의 침 뱉기와 대중적 관심이 증가하는 것과 정비례해 바스티유 감옥에 대한 과장되거나 악의적인 신화 만들기도 덩달아 늘어났다.

계몽주의의 간판 철학자이며 프랑스혁명의 사상적 지도자로 추앙받는 볼테르야말로 바스티유 감옥 신화 만들기의 선두 주자이며 최대 수혜자였다. 볼테르는 일반적으로 알려진 것과는 달리 정치범이 아니라 파렴치범으로 두 차례 '바스티유 감옥의 하숙생' 신세가 되었다. 황태자와 그의 딸을 소재로 한 포르노그래피 저술 혐의로 1717년 5월부터 1718년 4월 사이에 바스티유 감옥에 처음 수감되었고, 두 번째로는 자신을 모독한 로앙Rohan 추기경에게 깡패를 보내 복수한 죄목으로 1726년 4월 14일부터 19일까지 단기 투옥되었다. 두 차례 모두 비교적 안락한 감옥살이를 했던 그는 "저 공포의 성, 복수의 궁전은 종종 죄지은 자와 무고한 자를 혼동하나니"[3]라고 엄살을 떨었다. 바스티유 감옥을 잔악한 전제왕권의 상징으로 공격함으로써 젊은 시절 볼테르 자신이 범했던 부끄러운 죄명을 감추고 절대왕정의 무고한 죄인으로 탈바꿈하려는 이중효과를 노렸던 것이다.

'정치범 수용소 바스티유' 신화 만들기의 조연은 미라보 백작이 담당했다. 아들의 패륜아적 행동으로부터 가문의 명예를 수호하려는 아버지의 고발에 의해 뱅센Vincennes 감옥에 수감되었던 미라보 백작은 그 화풀이를 엉뚱하게 바스티유 감옥에 퍼부었다. 실제로는 바스티유 감옥의 문턱에도 가보지 않았던 그는 죽음으로써만이 벗어날 수 있는 지하 감옥이야말로 절대왕정의 반시대적 상징이라고 목소리를 높였다. 혁명 직후에는 자신의 정치적 라이벌에게 "당신이 (베르사유 궁전에서 왕을 알현하기 위해 기다리는) 곁방에서 자유에 반하는 음모를 꾸밀 때, 나는 (바스티유 감옥의) 지하 감방에서 자유를 위해 저술했다"고 항변하면서 반체제 인사로서의 자기 이미지 만들기에 열중했다.[4]

위와 같은 안티바스티유 저널리즘의 선동과 달리, 바스티유는 정치적 양심범들의 수용소가 아니었다. 앙시앵레짐 후반기로 갈수록 죄인이 감소했을 뿐만 아니라 고문이나 지하 감옥 징벌 같은 비인도적 행위도 자취를 감추었다. 18세기 후반에는 빵 폭동, 포르노그래피 저술이나 판매 등에 연루된 일반 잡범들이 주를 이루었다. 특히 루이 16세 치하에서는 단 한 명도 지하 감옥에 투옥되지 않았고 1776년부터는 지하 감옥 투옥도 금지되었다. 과장해서 표현하자면 혁명 발발 한 세대 전의 바스티유 감옥은 '절대왕정의 악의 화신'이라기보다는 '절대왕정의 국민을 향한 화해의 지점'에 더 가까웠다. 왕권의 이런 유화적 제스처가 지배계급의 약한 모습으로 비치면서 바스티유 감옥을 절대왕정의 괴물로 얕잡아보는 태도가 오히려 강화되었다.[5]

바스티유 감옥의 탈취에 대한 증언과 기록도 사실과 판타지의 혼합물이었다. 바스티유 감옥의 함락 직후 언론 매체들은 의도적으로 "몇 가지 사실들을 잘못 구성함으로써 기본적으로 평범하며 군사적으로는 거의 무의미한 7월 14일 사건을 세계사의 상징적 주요 행위로 전환하고 신비화"시켰다.[6] 감옥 탈취에 직접 참가했던 당사자들은 정치적 센세이셔널리즘에 목마른 저널리스트의 구미에 맞춰 실제 사건에 대한 거짓 증언과 덧칠하기에 애썼다. 예컨대 무기와 화약을 구하기 위해 즉흥적으로 진행되었던 감옥 탈취가 구체제 악의 상징을 붕괴시키려는 시민군의 일사불란한 선제공격으로 과장되었다. 또한 실제로는 거센 저항 없이 접수하다시피 한 감옥 탈취가 수만 명의 용맹스러운 시민군이 (사용되지도 않았던) 성곽 공격용 사다리를 타고 쟁취한 극적 승리로 스케치되었다.[7] 그 덕분에 거의 용도폐기상태였던 낡은 요새의 무기고에 침입했던 일단의 무리들은 1790년 6월에 '바스티유 함락자'라는 호사스러운 영웅 칭호를 수여받았다.

바스티유 감옥에 수감된 죄인들에 대한 거짓 진술도 첨부되었다. 무시무시한 악명에 어울리지 않게 그곳에는 단지 7명의 죄수들만이 갇혀 있었기 때문이다. 2명의 정신병자, 가족의 요청으로 감금된 귀족 출신 성범죄자 1명, 지폐 위조범 4명, 예상외의 빈약한 전리품에 혁명군은 낙담했을 것이다. 루이 15세 암살미수범 다미앵Robert-François Damiens의 공범이라는 죄목으로 1757년에 투옥되었다가 정신이상이 된 한 명만 '바스티유의 순교자' 범주에 그나마 가장 가까웠다. 실망스러운 노획물을 벌충하기 위해 혁명군은 그들이 해방시킨 죄수 숫자를 두 배(14명)로 뻥튀기하는 데 만족하지 않고, 공격 당시 텅 비어 있었던 지하 감옥의 명성에 잘 어울릴 법한 가공의 반체제 인사를 만들어냈다. 이 인물은 실제 죄수였던 솔라주 백작Count de Slages과 발음이 비슷한 이름인 '로르주 백작'Count de Lorges으로 작명된 후 유일한 정치범이었던 '선술집 주인'Tavernier의 죄명을 뒤집어씌워 탄생시킨 가공 인물이었다.[8] 백발이 허리까지 자랄 정도인 30년 동안이나 더럽고 깜깜한 지하 감옥에 갇혀 있었다고 선전된 로르주 백작은 절대왕정의 폭력성을 증언해주기 위해 주문 생산된 거짓 '모범 죄인'이었던 것이다.

요약하자면 바스티유에 과장된 정치적 의미 부여하기, 감옥 탈취

민중이 바스티유 감옥을 공격하는 역사적 순간을 스케치한 삽화. 그림 하단에 보이는 사다리는 실제로 사용되지 않았던 상상 속의 소품이다.

의 스펙터클한 드라마 만들기, 절대왕정의 희생자 부풀리기 — 이런 복합적 메커니즘을 거쳐 상징체계로서의 바스티유 감옥 정치 시나리오가 완성되었다. 그리고 그 후 150여 년 동안 바스티유 감옥에 대한 '만들어진 기억'은 전제정치-폭력의 나쁜 상징과 자유-해방의 좋은 상징이 서로 겨루는 이데올로기적 흑백논리의 근대적 기원으로 작동했다.[9]

바스티유 감옥에 대한 기억투쟁

바스티유 감옥 탈취의 상징적 의미와 유산은 노래, 소책자, 기념주화, 현장 답사여행 등과 같은 다양한 방식으로 소비되었다. 함락 그다음 날부터 구체제의 잔재를 청산한다는 정치적 제스처로 바스티유 감옥의 해체작업이 즉각 시작되었다. 그리고 공터가 될 옛 감옥 터에 들어설 대체 기념물에 대한 아이디어도 공모되었다.

1792년 6월 19일 국민의회는 해체된 바스티유 감옥 터를 '자유 광장'Place de la Liberté으로 이름 짓고 그곳에 '자유의 탑'Colonne de la Liberté을 건립하기로 결정했다. 그러나 이 계획은 공포정치와 테르미도르 반동의 혼란 속에서 실행되지 못했다. 나폴레옹의 집권 후에는 바스티유 감옥의 영광스러운 기억이 푸대접을 받았다. 쳐부숴야 할 바스티유는 프랑스 내부가 아니라 국경선 저 너머에 존재한다고 선전하려는 의도로 나폴레옹은 7월 14일을 '국민 단합의 축제일'Fête de la Concorde로 정했다. 황제 취임 직후에는 '바스티유의 추억'을 덮으려는 의도로 바스티유 광장이 아닌 방돔 광장에 혁명전쟁을 위한 '승리의 탑'을 1806년에 건립했다. 거대한 청동 코끼리 동상을 바스티유 광

파리역사박물관에 전시된 바스티유 감옥 벽돌 조각. 파리방위대 캡틴 월랭이 루이 16세에게 선물한 기념품이라는 설명이 붙어 있다.

장에 세우려는 나폴레옹의 계획은 결실을 보지 못했지만 바스티유의 급진적 정치 상징성을 이국적 동물의 이미지로 희석하고 희화(戲畵)시키려는 그의 메시지는 충분히 전달되었다.[10]

나폴레옹의 몰락과 부르봉 왕가의 복귀와 함께 바스티유의 정치문화사적 상징성은 수면 밑으로 익사했다. 그리고 10여 년 후인 1830년 7월에 루이 18세에 맞서 시민군의 바리케이드에서 바스티유의 기억은 부활했다. 7월 27일부터 29일까지 3일 동안 반동적 왕정을 무너뜨리기 위해 싸운 시민군들은 '바스티유 감옥의 함락자'로 불리며 존경을 받았다. 개혁을 표방하며 인기를 얻은 '평등왕' 루이 필리프는 옛 바스티유 감옥 터에 '7월 기념비' Colonne de Juillet를 세움으로써 자신이 1789년 혁명의 합법적 계승자임을 대외적으로 과시했다. 길거리 카페들로 둘러싸인 채 현대식 흰색 바스티유 오케스트라 건물을 뒤로하고 서 있는 기념비가 바로 그것이다.

국민의회가 세우려 했던 '자유의 탑'이 7월 왕정을 수립하는 과정에서 희생되었던 사람들을 위한 추모비로 대체된 것이다. '자유'라는 위험한 용어가 삭제된 것은 선대왕의 목을 기요틴에 헌사했던 1789년 혁명의 악몽에서 탈주하려는 루이 필리프의 고육지책 때문이었으리라.

비질 소재 프랑스혁명박물관에 전시된 바스티유 감옥 축소 모형물.

한편, 바스티유 감옥 탈취의 정치적 중요성을 과장하기 위해 '과거에 진짜로 발생'했는지 확인할 수 없는 증언, 대화, 에피소드 등이 사실처럼 슬며시 첨가되었다. 예를 들면 그때까지 생존해 있는 바스티유 감옥의 함락자들에게 국가연금을 지급할 것인지 여부를 따지는 격렬한 논쟁이 1833년 봄에 정치인들 사이에서 벌어졌을 때, 루이 16세와 신하가 나누었다는 유명한 대화가 뒤늦게 '발굴'되어 역사책에 기록되었다. 바스티유 감옥을 파리 민중이 빼앗았다는 소식을 접한 루이 16세가 깜짝 놀라며 "이것은 반란이다"라고 신음하자, 그 옆에 있던 로시푸코 리앙쿠르 공작Duc de La Rochefoucauld-Liancourt이 "아닙니다. 혁명입니다, 각하"라고 정정했다는 대화가 그것이다. 로시푸코 리앙쿠르 공작의 아들이 연금지급을 반대하려는 명분으로 아버지의 육필 일기장에 기록된 이 대화내용을 낭독했던 것이다. 그런데 라파예트를 포

1830년 7월 혁명으로 권좌에 오른 루이 필리프가 옛 바스티유 감옥 터에 세운 7월 기념비. 자신이 프랑스혁명의 계승자임을 과시하려는 문화정치의 산물이다. 뒤에 보이는 흰색 건물은 바스티유 오케스트라 건물이다.

왼쪽) 기념비 하단을 확대한 부분으로 "1830년 7월 27~29일의 기억할 만한 3일 동안 공공 자유를 지키기 위해 무장하여 싸웠던 프랑스 시민에게 영광을"이라는 구절이 동판에 새겨져 있다.
오른쪽) 7월 기념비 맞은편 카페 건물 2층 처마 밑에 새겨져 있는 부조로, 바스티유 감옥이 "1789년에 민중에 의해 탈취되었고 같은 해에 철거되었다"고 설명되어 있다.

함한 공화주의자들은 이 대화를 7월 혁명이 바스티유 감옥 탈취의 기본 정신에 부합되는 증거라고 주장해 연금지급법률을 통과시켰다.[11] 궁전귀족이 자화자찬으로 남긴 사적 기록이 프랑스혁명의 기억할 만한 에피소드로 승격된 것이다. 낭만주의 역사가 미슐레도 바스티유 감옥 탈취 사건에 신성한 아우라를 덧씌우는 데 한몫했다. 그의 저서 『혁명사』Histoire de la Révolution(1847~1853)는 바스티유 감옥의 탈취는 절대왕정의 폭정에 항거하는 '민중'le peuple이 완수한 역사적 사명이며 민중적 격정의 정점이라고 칭송했다.[12]

제3공화정 출범과 함께 바스티유의 기억은 프랑스판 '문화전쟁' Kulturkampt으로 확산되었다. 공화주의자들은 루소 사망 100주년의 기념일을 의도적으로 7월 14일로 정함으로써 계몽주의와 프랑스혁명의 인과관계를 바스티유 감옥 탈취를 매개로 중매하려 고심했다.[13] 왕당파 맥마옹Marshal Mac-Mahon을 물리치고 제3공화국 첫 대통령으로 취임한 그레비Jules Grévy는 1880년에 7월 14일을 국경일로 선언함으로써 바스티유에 대한 모순된 기억을 자랑스러운 '국가 기억'으로 마침내 공인했다. 그러나 바스티유의 정치문화사적 상징성을 독점하려는 공화주의자들을 견제해 사회주의자들도 끼어들었다. 이들은 '봉건적 바스티유'를 붕괴시킨 시민군의 투쟁 기억을 되살려 자본주의자들이 세운 철옹성인 '노동의 바스티유'를 쳐부수는 무기로 삼아야 한다고 선동했다. '바스티유 프로파간다'를 극대화하기 위해 사회주의자들은 제2인터내셔널을 1889년 7월 14일에 맞춰 개최했고, 프랑스 좌파연합인 인민전선도 1936년 같은 날에 출범했다. 아울러 바스티유가 간직한 해방과 자유의 상징성은 제3세계까지 확장되어 반식민주의의 기표로도 환영받았다. 바스티유 감옥 탈취의 기억을 퓌레의 표현으로 패러디한다면, 전 세계적 차원에서 "많은 사람들에게 각기 다른 많은 것"을 의미했던 것이다.

민중 (반)혁명가요의 흥망사

혁명은 가요열차를 타고: 1789~1794년

앙시앵레짐에서는 노래chanson와 노래꾼이 천덕꾸러기 대접을 받았다. 원래 '민중이 부르는 작은 노래'라는 사전적 의미를 갖는 샹송은 그 어원에 경박하고 무식한 민중 감성의 표현이라는 의미가 함축되어 있다. 길거리 가수들은 경찰의 단속대상이었고 극단 소속 가수는 이들보다 약간 나은 대접을 받았지만, 이들은 공통적으로 길드를 조직할 자격조차 없었다. 거리악사나 극단 노래패들은 싸구려 여흥이나 민중의 천박한 희로애락을 배설시켜주는 광대로 인식되었기 때문이다. 이런 뿌리 깊은 편견과 적대감에도 불구하고 노래는 민중의 정서를 즉흥적이며 일상적으로 표현할 수 있는 장점을 가진 표현양식이었다. 생산과 소비 측면에서 좀더 제한을 받는 신문, 연극, 소설 등의 다른 매체와 비교하면 민중가요는 그 파급효과가 더 컸다. 상황에 따라 가사와 리듬의 응용과 변주를 통해 가변적 의미전달이 가능한 대중매체이기 때문에 법망을 교묘히 피해 정치적 견해를 표출할 수 있는 문화도구로 애용되었다.[14]

프랑스혁명은 구체제를 지배했던 각종 특권을 종식시킴으로써 다양한 민중문화가 싹틀 수 있는 터전을 마련했다. 이런 좋은 조건 속에서 혁명기에 만들어지고 유행했던 민중가요는 천박한 희로애락의 도구에 머물지 않고 정치개혁을 주도하고 민중의 정치교육을 담당하는 중요한 역할을 했다.[15] 예를 들면 〈헌법 외우기 노래〉constitutions chantées는 글자를 읽을 수 없는 민중에게 혁명의 이념과 기본 정신을 운율에 따라 암기시키는 혁명의 무기였다. 1792년에 처음으로 등장해 1799년까지 유행했던 〈노래로 부르는 헌법〉constitutions en vaudevilles 은 1791년에 발표된 혁명헌법에 대한 찬성여론을 조성하고 선동하는 데 활용되었다. 이처럼 프랑스혁명은 민중가요가 "합법적이며 존경할 만한 정치적 표현수단"으로 다시 태어나는 결정적 전환점이었다.[16]

1790년 7월에 열린 혁명 발발 1주년 기념식을 전후해 유행한 '사이라'는 첫 혁명가요였다. 빠르고 단순 경쾌한 리듬에 맞춰 "잘될 거야"라는 가사가 반복되는 이 노래는 혁명 초기의 낙관적 분위기를 잘 반영해 인기를 얻었다. '사이라'가 혁명주의자들의 구두탄口頭彈으로 장착될 기미를 보이자, 반혁명주의자들도 이에 대응할 수 있는 노래를 찾았다. 맹렬 여성들이 '빵집 주인' 루이 16세와의 면담을 요청하며 베르사유 궁정을 위협할 때 그곳을 지키던 친위대가 "우주가 당신을 버릴지라도 나는 그대를 돌보리라"고 충성을 다짐하며 합창했던 '나의 리처드 왕'O Richard, ô mon Roi이 왕당파의 인기곡으로 뽑혔다. '사이라'와 '나의 리처드 왕' 중에서 어떤 곡을 선호하는지에 따라 그 사람의 정치적 성향이 드러나는 '혁명가요 전쟁'이 시작된 것이다. 이제 특정한 노래를 전국적으로 보급시키거나 금지하는 일은 풍각쟁이들에게만 맡기기에는 아주 중요하고도 시급한 정치현안이 되었다. 민중가요

스트라스부르 옛 시가지 프랑스은행 기둥에 새겨진 프랑스 국가 '라 마르세예즈' 기념 동판. 당시 시장 저택이었던 이곳에서 루제 드 릴(맨 위 초상 동판)은 하룻밤 사이에 이 노래를 군가로 작곡했다.

가 정치투쟁의 승패를 가르는 결정적 무기가 된 것이다.

'사이라'에 이어 두 번째로 인기를 얻은 혁명가이며 가장 유명한 민중가요인 '라 마르세예즈'는 원래 군가로 태어났다. 1792년 스트라스부르에 주둔 중인 입헌군주주의 장교이며 아마추어 작곡가인 루제 드 릴 Jeseph Rouget de Lisle은 '사이라'가 정규군이 부르기에는 너무 저속하다는 불평을 접수해 하룻밤 만에 이 곡을 작곡했다.

'라인군대를 위한 군가'라는 원래 곡명이 말해주듯, 이 노래는 새 공화국을 거부하는 동부 지역 입헌군주주의 군인들을 위한 노래였다. 그런데 남부 지역으로 전해진 이 노래는 왕당파와 싸우고 있는 몽펠리에와 마르세유 연방주의자들fédérés의 군가로 채택되었다. 같은 노래가 정치적 색깔이 다른 지역에서 각기 대립적 이데올로기의 나팔수로 둔갑한 것이다.

'라인군대를 위한 군가'가 '라 마르세예즈'라는 명칭으로 탈바꿈한 것은 혁명의 극적인 반전 덕분이었다. 1792년 여름 남부 지역 연방주의자들은 이 노래를 합창하면서 혁명의 적으로부터 조국을 지키기 위해 파리로 진군했다. 이 노래 곡조와 가사에 파리 시민들이 익숙해

질 무렵 루이 16세를 체포하는 8월 10일 사건이 발생했다. 성난 민중이 군가를 부르며 튈르리 궁에 침입했을 때, 그동안 '조국의 자식들이여 전진하라'Allons enfants de la patrie, '무기를 들자'aux armes, '시민들' citoyens, '마르세유 노래'hymme des marseillais 등 다양한 별칭으로 알려졌던 '라인군대를 위한 군가'가 공화주의 애국가로 합창되었다. 원래는 오스트리아 적군과 적대적인 망명귀족에 대항하는 군가로 작곡된 노래가 국내외의 전제정치에 폭풍처럼 대항하는 '공화주의의 18번 노래'로 변주된 것이다.[17] 특히 시적 가사와 고전음악풍의 리듬으로 만들어진 '라 마르세예즈'는 프랑스 시민의 고상한 문화적 연상작용에 호소하면서 대중적 존경심을 획득했다.

공포정치 기간은 양적으로 풍부하고 질적으로 우수한 공화주의 노래문화가 정착한 시기였다. 1792년에서 1793년 사이에만 대중혁명가요 작곡이 두 배로 증가했을 만큼 거의 모든 민중집회에서 약방의 감초처럼 등장했다. 혁명책력의 휴일을 기념하기 위해, 혁명의 순교자를 기리기 위해, 집회의 종식을 위해 등등의 명분으로 공원, 극장, 카페 등지에서 혁명가요가 합창되었다. 18세기 말 무렵에는 동일한 노래에 대해 동질적 감수성으로 반응하는 '음악적 공적 여론'이 민중혁명가요를 통해 구현되는 것처럼 보였다.[18] 부르주아적 체면치레를 벗어버린 민중가요의 솔직한 감정 표출과 통속성이 자코뱅정부가 실현하려는 투명성 원칙에도 잘 들어맞았다. 계층적 차별성을 극복하고 시민들 사이의 열린 교류를 촉진시키는 혁명가요를 윤활유 삼아 혁명의 열차는 칙칙폭폭 잘 달리는 것처럼 보였다.

거리에서 합창하기에서 카페에서 노래 감상하기로: 1795~1799년

자코뱅의 몰락과 테르미도르 반동정부의 출현은 민중혁명가요의 시련기였다. 혁명의 고삐를 움켜쥐려는 좌·우파로부터의 위협에 우왕좌왕했던 테르미도르 반동정부는 민중혁명가요를 애꿎은 제물로 삼았다. 로베스피에르의 몰락 직후 '퇴폐 귀공자들'이 주도하는 백색테러가 난무하는 반동적 분위기 속에서 무명 음악가 슈리귀에르J. M. Souriguières와 가보Pierre Gaveaux가 만든 '민중의 각성'Réveil du peuple이라는 신곡이 혁명의 최고 인기가요인 '라 마르세예즈'를 제치고 득세했다. "프랑스 형제들이여, 대학살과 테러의 휘날리는 범죄의 깃발을 공포의 전율 없이 감히 어떻게 바라볼 것인가?"라는 구절로 시작하는 이 노래는 급진적 인민혁명에 반발하는 중도적 공화주의자들과 왕당파의 애창곡이 되었다. 1795년 봄에 물가상한제의 철폐에 항의하는 상퀼로트들이 국민공회를 공격한 제르미날 봉기가 일어나자, 반대파들은 '민중의 각성'을 힘차게 부르며 로베스피에르의 기억이 부활하지 않도록 애썼다. 1795년 가을에 왕당파가 주도한 '방데미에르Vendémiaire 반란'[19]이 발생하자, 테르미도르 정부는 '민중의 각성'을 금지시키고 '사이라'와 '라 마르세예즈'를 공연에 앞서 의무적으로 불러야 한다는 법령을 1796년 1월에 발표했다. 혁명의 민중가요가 정치적 상황에 따라 '좌우로 흔들리며' 어지러운 롤러코스터를 탄 것이다.

민중가요의 선동에 맞춰 '난리블루스'를 추는 좌·우파의 정치홍행을 차단하기 위해 총재정부는 문화예술공연법률을 제정했다. 1795년 11월에 발표된 프리메르 입법은 공공의 평화를 방해하는 예술가를 구류에 처했고, 프로그램에 없는 즉흥적인 노래나 음악의 연주를 금지했으며, 공중예의를 지키지 않는 청중의 퇴장을 명령했다. 1796년 6월에는 교통혼잡의 원인이 된다는 핑계로 거리악사와 공연패의 공연장소에서 노동자들의 밀집 거주 지역이나 단골 소요 지역을 제외시켰다. 또한 말썽쟁이 '운동권 가수'가 특정 장소에 정기적으로 출연하는 것을 금지함으로써 특정한 정치적 견해에 대한 대중집회를 원천봉쇄했다. 이런 일련의 법령들이 명시적으로 지시하듯, "혁명 개시 무렵에는 생동적이었던 노래문화가 반동정부에서는 저주가 되었다."[20] 총재정부의 한 핵심 인사가 "노래는 인민의 정신을 타락시키는 반역자들의 주요 수단들 중의 하나"라고 공공연히 비난할 정도로 민중가요의 위신과 존재 이유가 땅바닥에 떨어졌던 것이다.[21]

혁명 후반부를 지배했던 민중가요 탄압의 파장이 19세기 너머까지 지속되었다. 테르미도르 반동정부와 총재정부가 강화했던 민중문화 통제정책을 나폴레옹과 부르봉 복고왕정이 이어받았기 때문이다. 장기지속적인 관점에서 '혁명가요 부르기=정치적 박해'라는 악몽을 간직했던 '운동권 친화적' 민중은 반사적으로 자신의 내부세계로 도피했다. 광장이나 공원 같은 공공장소에서 어깨동무하고 정치적 색채를 띤 노래를 함께 부르는 대신, 음악 카페 같은 어두컴컴한 사적 영역에 칩거해 직업가수가 들려주는 음악을 들으면서 혁명적 분노를 삭이며 대리만족했다.[22] 한때는 민중혁명가요의 맹렬한 공연자이며 연출자였던 사람들이 이제는 공손하고도 사색적인 음악 소비자로 변신 혹은 변절한 것이다.

프랑스 근대 민중문화의 기원 찾기

『바스티유』의 장점은 많은 도표와 실증적 통계자료를 제시하면서 공간의 문화사를 서술했다는 점이다. 안티바스티유 저널리즘의 서사구조, 감옥 탈취 이야기의 시퀀스, 바스티유 문학에서 빈번히 등장하는 단어와 이미지의 비교·대조 등을 통해 뤼제브린크·라이하르트는 바스티유 기억에 의존한 이데올로기적 논쟁을 설명한다. 다만, 역사기념물의 답사 길라잡이를 자임하는 저자들의 시각에 담긴 신우파적 색채가 옥에 티처럼 아쉽다. 당대 지식인, 언론인, 예술가, 관료정치인 등 거의 모든 부류의 사람들이 합작해 사실과 부합되지 않는 바스티유 신화를 창출하고 영속화했다는 뤼제브린크·라이하르트의 해석은 해방과 자유의 상징물을 모욕하는 행위로 비칠 수도 있다. 그리고 볼테르와 미라보를 바스티유 감옥의 상징적 후광에 기대어 '만들어진 반체제 인물'로 폄하하려는 저자들의 의도는 프랑스혁명의 반계몽주의적 야유처럼 들린다. 『바스티유』가 저술되던 당시에 진행되었던 동유럽 현실사회주의의 몰락을 지켜보았던 저자들의 현실인식이 반영된 것일까? 무너진 베를린 장벽의 벽돌 밑에서 사회주의적 유토피아가 다시는 부활하지 못하도록 꽁꽁 묻어두려는 저자들의 무의식이 바스티유 감옥에 대한 '진보적 기억'의 삭제로 나타났다고 짐작할 수도 있다.

『노래와 혁명』의 저자 메이슨은 프랑스혁명에 관한 기존 해석들이 혁명의 우연성이나 가변성을 무시하거나 과소평가하는 약점이 있다고 비판했다. 혁명은 그 본질상 유동적이며 예측할 수 없는 '신화적 현재'를 만들어가는 과정 그 자체이며, 혁명의 정치문화도 다른 개인들과 계층들 사이의 "협상의 우연한 산물"이라는 점을 간과한다는 지적이다. 문화와 정치 사이에 진행되는 긴장감과 불확실성에 주목함으로써 "프랑스혁명에 대한 우리 비전에 일정한 혼란의 척도를 되돌려주는 것"이 정치문화사 연구자들의 과제라고 주장한다. 메이슨의 이런 신념은 프랑스혁명을 우연성과 영원성이 교차하는 '불확실한 현실을 만들어가는 과정'으로 강조한 퓌레의 영향을 받았을 것이다.[23]

『노래와 혁명』의 또 다른 핵심 주제는 프랑스혁명을 구체제와 확연히 단절된 현대적 민중문화를 탄생시킨 출생지로 평가한다는 점이다. 메이슨은 공화주의 정치문화의 창출과 유지라는 단기적 실패에도 불구하고 "현대 프랑스 역사상 최초로 민중문화가 구체적인 사회적·정치적 대안과 연결되어 새롭고 급진적인 열망에 대해 발언할 수 있는 능력"을 과시했다는 장기적 안목에서는 성공한 혁명이었다고 평가한다.[24] 그러나 즉흥성과 저항성을 전래의 특징으로 하는 민중노래문화가 혁명의 후반부 들어 순화되거나 부르주아 문화의 일부로 편입되었다는 사실을 기억한다면, 메이슨의 이런 견해에 선뜻 동의하기 힘들다. 프랑스혁명은 민중문화의 출발점이나 절정기가 아니라 오히려 전래의 특유하고도 자생적인 생명력과 저항의식을 상실하는 쇠퇴기가 아니었을까? 이런 가설을 검증하기 위해 다음 장에서 프랑스 공연문화계를 사례로 삼아 혁명 전후 민중문화와 엘리트문화의 관계변화를 추적해보자.

10

프랑스혁명과 민중공연문화의 '문명화과정'

문명화는 일련의 상승운동과 하강운동 속에서 이루어진다. ……사회적 상황과 행동규약에서 상류층과 하류층 간의 차이가 사회의 발전으로 줄어들었다는 것은 서구사회의 특성 중 하나다. 그 발전과정에서 하류층의 특성이 전 사회로 확산되어나간다. 서구사회 전체가, 능력 있는 모든 사람들도 일정한 유형의 노동을 통해 생계를 이어 나가는 사회가 되어간다는 사실은 그것의 징후다. 노동은 과거 하류층의 특징이었다. 동시에 예전에는 상류층을 구분하던 특징들이 이제 사회 전체로 퍼져 나간다. 사회적 외부통제에서 자기통제로의 전환, 습관적이고 자동적인 본능억제와 감정조절로의 전환은 이제 서구사회 내에서는 전체 민중계층에서도 일어난다. ……사회의 내부와 개인의 내면에서 이렇게 두드러진 차이가 감소하고 극히 다른 사회적 수준에서 유래하는 행동양식들이 특이하게 뒤섞이는 현상은 서구사회의 전형적 특징

이라 할 수 있다. 그것은 '문명화과정'의 중요한 특성들 중 하나이다.[1]

독일의 역사사회학자 엘리아스는 중세에서 19세기에 이르는 장기지속적 예절문화의 변천을 '문명화과정'이라는 명제로 규정했다.[2] 봉건적 궁정귀족의 해체와 상업적 부르주아 계층의 성장과 함께 타인에게 혐오감이나 수치심을 주는 행위들이 사려 깊은 감수성과 세련된 행동양식으로 점차 발전했다는 것이다. 식사예절, 성생활, 위생관념 등의 일상 영역에서 자기 억제와 타인에 대한 배려라는 두 원칙으로 문명화과정이 진행되었다. 그 완성단계인 19세기에 이르면 '중세의 궁정예절courtoisie + 르네상스기의 예절civilité = 문명civilisation'이라는 등식이 성립되었다고 엘리아스는 주창한다. '얻은 것은 길들여진 행동양식이며 잃은 것은 본능에 충실한 자연스러운 삶'이 서양 근대문명의 본질이라고 그는 파악했던 것이다.

이 장의 목적은 '엘리아스의 테제'를 18세기 후반부 프랑스 공연문화계에 적용해 민중문화와 엘리트문화의 존재양식과 상호관계성을 이해하는 데 있다. 야만성의 순화와 계층적 구별 짓기로 특징되는 문명화과정이 구체제의 궁전·부르주아지 고급문화와 민중놀이문화의 경계를 어떻게 해체하거나 재구성했는가 하는 질문에 대답하고자 한다. 1750년을 연구 출발점으로 삼은 것은 이 시기를 전후로 이전과는 다른 문화전통과 현상들이 출현해 공연문화계의 지형도를 변화시켰기 때문이다. 18세기 후반은 "극단 마니아의 유행시대"라고 불릴 만큼 프랑스 연극의 전성기였다. 1750년에서 1773년 사이에 23개의 새로운 극장이 지방에서 선보였고 1760년에서 1789년 사이에는 대략 3,000편의 희곡이 출판되었을 정도로 프랑스인들은 연극열풍에 사로잡혔다.[3] 연구의 끝을 1799년으로 정한 이유는 부르주아문화가 민중문화를 포섭하고 민중공연문화의 제도화를 완료하는 문명화과정이 나폴레옹이 프랑스혁명을 정지시킨 그때 일단락되었기 때문이다.

구체제 공연문화계의 지형

배우, 무대, 관객

18세기 후반까지 유럽 대부분의 나라에서 배우들comédiens은 전통적으로 천대받는 직업인이었다. 프랑스 배우들도 예외는 아니었다. 영어로 '액터'actors라고 번역되는 프랑스어 '코미디언'comédiens의 어원에는 '심각하게 취급될 자격이나 가치가 없는 사람'이라는 부정적 뉘앙스가 담겨 있다.[4] 유대인, 프로테스탄트, 사형집행인 등과 함께 배우들은 종교적으로 세례를 받지 못했을 뿐만 아니라 죽은 후에도 성당묘지에 묻힐 권리마저 박탈당했다. 배우들은 퇴폐와 저질문화의 향락자로 천시받으며 각종 민권을 누리지 못하는 하찮은 인생으로 취급받았다.

봉건적 사회신분제도를 반영하듯, 절대왕정기의 문화계는 외형적으로 상류층문화와 민중문화로 이분화되었다. 우선 권력층의 보호와 후원을 독점하는 궁정공연계는 3개의 독점체제로 분할·편성되었다. 문화적 특권층의 꼭대기에는 1669년 루이 14세에 의해 창립된 왕실음악아카데미Académie Royale de Musique가 있었다. 공식명칭보다 '오페라'Opéra라는 별칭으로 더 잘 알려진 이 기관은 음악, 노래와 춤 공연

위) 1669년 루이 14세 통치기에 창립된 왕실음악아카데미로 파리 오페라극장의 전신이다. 절대왕정 시절 상류문화계의 꼭대기에 있었던 이곳에서는 주로 발레와 오페라가 공연되었다.
아래) 절대왕정기에 주로 비극과 코미디를 공연했던 코미디 프랑세즈 극장. '오페라', '코미디 이탈리엔' 극장과 함께 구체제 공연문화계의 삼총사였다.

의 독점권을 행사하면서 주로 발레와 오페라를 상연했다. 오페라의 좌우로는 프랑스 전통풍의 비극과 코미디 상연의 독점권을 소유한 코미디 프랑세즈Comédie-Française와 이탈리아풍의 희극과 코믹 오페라 상연의 독점권을 소유한 코미디 이탈리엔Comédie-Italiane이 자리잡고 있었다. 이들 삼총사는 각종 문화적 특권과 혜택을 독점하면서 부르봉 왕가의 권력과 지배계층의 가치관을 보호하고, 군소 악극단들을 제압해 공연계의 권력을 손아귀에 쥐었다.

공연계의 특권을 향유하는 삼총사의 외곽에는 일종의 마이너리그 문화패거리들이 자리잡았다. 거리악극단은 소극笑劇, 줄타기, 팬터마임, 광대놀이 등과 같은 다양한 여흥거리를 관객에게 제공했다. 민중극단은 주로 시장마당을 공간으로 풍자와 판타지라는 예술기교에 의존해 구체제의 세금징수꾼, 지방귀족, 학자, 성직자, 주인나리 등을 희롱하는 대항문화를 공연했다. 계절마다 전국에서 열리는 상설 시장터와 파리 시내 북동쪽에 위치한 탕플 가街가 이들의 중심무대였다.

거리의 광대패들이 공연을 하기 위해서는 주로 국립극단 단원들로 구성되는 공연물 심사위원들로부터 사전에 공연허가증을 받아야만 했다. 그러나 연극과 유사한 여하한 형태의 구술대화는 철저히 금지당했기 때문에 민중극단들은 주로 마임과 '보드빌'vaudeville이라는 노래와 춤이 어우러진 여흥 형식에 의존했다. 또한 '게시판 각본'pièces en écirteaux과 같은 기발한 변칙을 동원해 오페라의 공연독점권을 비웃었다. 배우가 자신이 맡은 역할을 무대에서 흉내 내며 주머니에서 자신의 대사를 적은 종이를 꺼내 관객들에게 보여주면서 극의 흐름을 알리는 편법이었다. 이 수법은 나중에 보드빌 리듬에 맞춰 대사를 노래로

부르는 방법, 대사를 적은 팸플릿을 미리 관객들에게 배포하는 방법, 큐피드 복장의 아이들이 플래카드를 들게 하는 방법 등으로 변용되었다. 대중극단이 엘리트극단의 공연독점권에 맞서 싸운다는 사실을 관객들에게 환기시켜주면서 후원과 동정심을 이끌어내는 부수적 효과도 있었다.[5]

구체제 공연문화계의 주요 고객들은 당연히 부유한 귀족과 상류 부르주아지였다. 이들은 극장의 로열박스, 발코니, 좌우 날개 쪽 등 비싸고 조용한 공간을 독차지했다. 특별석 관객들은 콘서트나 연극관람 그 자체에 대한 예술적 관심보다는 자신들의 패션을 뽐내고, 사교계의 풍문을 엿들으며, 멋진 남녀가 만날 수 있는 연애 기회로 환영했다. 음악연주는 기름진 음식잔치나 귀족들 담화의 배경음악으로 취급되었을 정도로 "구체제 콘서트에서 깊이 귀를 기울이고 조용한 청중을 상상하는 것은 시대착오적이다."[6] 극장 구조도 상류층의 관람문화를 고려해 설계되었다. 고위귀족들이 독점했던 가장 비싼 특등석 발코니는 무대로 향해 있지 않고 맞은편 발코니를 바라보았다. 당시 공연관람의 주목적이 예술적 감상이라기보다는 상류사회 구성원들 상호 간에 보고 보여주는 '시선의 사교'에 있었음을 반영한 것이다. 관람석 전체의 시선에 어느 정도 많이 노출되어 있는지가 그 관람석의 가격과 특권을 결정했기 때문에 둥근 코너를 가진 정방형 형태가 극장의 보편적 구조였다.[7]

제3신분과 하류층이 귀족과 함께 공연을 즐기기에는 현실적 어려움이 있었다. 무엇보다도 비싼 입장료와 하루의 노동이 채 끝나지 않은 오후 5시라는 공연시간이 장애물이었다. 그럼에도 일부 제3신분과 하층민은 오늘날의 지정석 없는 3등 입석에 해당하는 '파르테르' parterre라고 불리는 공간에서 문화·여가 생활을 제한적으로나마 누릴 수 있었다. 무대 앞 네모 형태의 공간에 해당하는 파르테르는 노동자의 하루 임금에 해당하는 입장료를 감당할 수 있는 상인, 사무원과 점원, 하인, 직인과 도제, 창녀, 학생 등과 같은 다양한 계층과 신분들로 붐볐다. 이곳에서는 소란과 말싸움, 술주정과 음식물 먹기, 가래 뱉기와 오줌 싸기, '휘파람 불기'sifflet 등이 일상적으로 일어났다. 특히 휘파람 불기는 프랑스 연극계의 오랜 전통으로서 관객이 배우나 연극 내용, 또는 진행과정에 반대의사를 표시하는 대표적 표현법이었다.

보통 전체 입장객의 절반에서 3분의 2까지를 차지하는 파르테르 관객들은 공연의 성공 여부를 판정하는 중요한 변수變數였다. 이 추임새꾼들은 공연진행에 적극적으로 참견해 줄거리나 배우의 연기실력에 대한 자신들의 느낌을 즉흥적이며 직접적으로 표출했다. 때로는 집단 항의나 청원이라는 과격한 수단으로 극단의 레퍼토리 선택이나 스토리 변경과 결말에까지도 영향력을 행사했다.[8] 한 조사에 따르면 공연 중 소란행위로 체포된 관객들과 소매치기를 당했다고 신고한 사람들의 명단을 모두 합치면 총 303명인데 이들 중 207명이 파르테르 관객이었다. 직업별로 분류하면 서비스업자 57명, 상인과 상급직 43명, 군인장교 24명, 하급사무원과 하인 20명, 학생과 젊은이 20명 등이었다.[9]

문화취향의 부르주아화와 '막돼먹은 관객'

18세기 후반 들어 구체제 문화계의 지형도에 몇 가지 특기할 변화가 포착되었다. 우선 공연계의 '삼총사'—'오페라', 코미디 프랑세즈, 코미디 이탈리엔—의 견제와 감시에도 불구하고 민중악극단이 약진했다는 점을 꼽을 수 있다. 특히 1760년대 후반부터 단골 메뉴인 팬터마임 공연으로 부를 축적한 민중악극단들은 왕립극단들이 소유한 공연권의 일부를 구입할 정도로 성장했다. 1771년에서 1772년에는 처음으로 오페라와 대규모 거리악단들 사이에 공연권 흥정과 거래가 시작되어, 민중악극단은 사용료를 지불하고 공연권의 일부를 양도받거나 공유했다. 그리고 1784년 7월 칙령 덕분에 능력 있는 일부 대형 민중악극단들은 파리 지역의 극단시설과 장비의 독점권을 갖게 된 '오페라'로부터 각종 공연무대에 대해 높은 가격으로 응찰해 대여받기도 했다.[10] 이런 일련의 과정을 거쳐 문화권력의 입지를 높인 민중여흥 패거리들은 1780년대 중반에는 스스로를 '예능단체' spectacles가 아니라 '극단' théâtres으로 승격시킴으로써 왕립극단 삼총사와 어깨를 견주었다.[11]

　민중악극단의 인기와 성장에 대한 엘리트극단의 반응은 두 가지였다. 첫째, 지배계층은 민중문화를 엘리트문화의 품안으로 포섭해 그 특유의 도발적 에너지를 순화시키려고 애썼다. 민중이 품은 정치적 불만과 사회경제적 박탈감을 값싼 여흥거리 제공으로 희석시킬 수 있다는 믿음이 지배계층의 민중문화에 대한 통합논리로 작동했다. 예를 들면 귀족이었던 뒤 쿠드레이 Du Coudray는 "민중이 구경거리에 매이지 않으면 파벌주의에 유혹될 우려가 있으므로 사람들을 바쁘게 하기 위해서 (여흥거리가) 필요하다. ……여흥거리가 부족해 사람들이 게으름에 빠지는 것은 모든 악의 새로운 원인 제공자다"라고 진단했다.[12] 그런데 당시 팽배했던 여흥문화에 대한 대중적 욕구를 왕실극단 독점체제만으로 충족시키기에는 역부족이었다. 이런 이유로 코미디 이탈리엔은 1710년에 창립된 대표적 민중악극단인 오페라 코미크Opéra-Comique를 1762년에 병합했다. '오페라 코미크'라는 용어는 원래 대화와 팬터마임을 춤과 노래로 혼합한 장르를 지칭했는데, 그 이름에 걸맞게 오페라 코미크는 외설적 소극笑劇, 몰리에르의 희극, 오페라의 음악 등을 혼성 모방한 볼거리를 장기로 삼았다. 반세기 넘도록 상류층 문화를 패러디하고 야유하는 공연으로 민중의 사랑을 독차지해왔던 오페라 코미크를 인수함으로써 왕실극단은 민중문화를 제도권으로 편입시키는 데 승리한 것처럼 보였다.

민중여흥문화의 팽창에 대한 엘리트극단의 두 번째 반응은 민중악극단과의 적극적 교류와 모방이었다. 콧대 높은 삼총사는 대중악극단의 인기비결 배우기를 망설이거나 부끄러워하지 않았다. 예를 들면 코미디 프랑세즈는 민중악극단의 단골 메뉴인 팬터마임을 레퍼토리로 채택했고, '오페라'는 거리악극단의 안무가로 이름을 떨치던 안무가 노베르Noverre를 발레 마스터로 초빙해 장기계약했다.[13] 거리악단이나 유랑악극단도 엘리트문화에 우호적 제스처를 보내며 흉내 냈다. 대형 민중악극단들은 보드빌, 체조, 인형극, 팬터마임 등과 같은 장르를 여전히 애호했지만, 1780년대 이후에는 엘리트극단의 표현양식과 심각한 주제들을 점차 수용했다.[14] 경박한 보드빌 대신 품위 있는 오페라의 아리아 소품들ariettes이 불렸고, 거리나 시장에서의 일상적 에피소드보다는 고전적 소재를 채택하는 경향이 높아졌다. 레퍼토리의 교차교환과 무대연출법의 상호 교류는 거리극단과 왕실극단 사이에 존재했던 전통적 차이점을 희미하게 했다. 이로써 자연스럽게 사회적 신분에 따라 엄격하게 구분되었던 극장관람객도 뒤섞이게 되었다.

엘리트문화와 민중문화 사이에 형성된 이와 같은 문화적 카르텔은 주목할 만한 효과를 동반했다. 무엇보다도 민중극단과 엘리트극단 사이의 교류 증대는 '취향의 부르주아화'를 촉진했다. 민중악극단이 대형화되고 관료화됨에 따라 민중문화의 즉흥성과 자율성을 상실했고, 그 규모 경쟁에서 탈락한 군소악극단들은 설 자리를 잃었다. 오페라 코미크가 코미디 이탈리엔에 합병되자 배우들은 왕실배우로서 상승된 신분을 보장받고 상설극장을 확보할 수 있었다. 그러나 그 반면 시장과 거리라는 살아 있는 공간에서 분리되어 민중문화 특유의 풍자와 생명력을 상실하는 값비싼 대가를 지불해야만 했다.

다른 한편, 민중극단과 엘리트극단의 뒤엉킴에도 아랑곳하지 않고 파르테르 관람객들은 공연내용과 진행에 더욱 즉흥적이며 적극적으로 개입했다. 특히 1780년대 후반부터 절대왕정의 통제와 검열에 저항하는 소란이 파르테르 공간에서 자주 발생했다. 지배계층은 이를 단순한 '배우모독'이 아니라 공권력에 대한 심각한 도전으로 받아들여 파르테르 관객들을 폭력적으로 탄압하는 조처를 강화했다. 1751년에 정부는 상사 1명의 지휘하에 30여 명의 군인을 코미디 프랑세즈와 코미디 이탈리엔 두 극단에 배치했고 이 숫자는 1780년대 초까지 그대로 유지되었다. 일주일에 3회 공연이 있는 오페라에는 대략 40명에서 60명 사이의 공권력이 배치되었고 말썽의 여지가 있는 공연에는 병력이 추가되었다. 1776년 〈세비야의 이발사〉가 코미디 프랑세즈에서 공연되었을 때는 총 184명의 군인이 극장에 투입되었는데, 이들 중 상당수가 소란스럽고 반항적인 입석 관객이 점거한 파르테르에 배치되었다. 1751년에서

1789년 사이에 주요 왕립극단에 상주하는 경찰의 숫자가 대략 두 배로 증가했다.[15]

　민중의 천박한 문화취향을 순화하고 절대왕정의 위엄을 회복할 처방책으로 파르테르 공간의 '재개발'도 모색되었다. 파르테르 공간에 의자를 설치함으로써 관람객들의 불경스러운 에너지를 '의자에 붙들어 매려는' 고육책이 그것이었다. 실제로 1782년 4월 9일 코미디 프랑세즈가 새로운 극장으로 옮겨 개관하면서 파르테르에 처음으로 벤치를 설치했다. 그러나 기대와 달리 관객들의 소란을 방지하는 데 효과가 없자, 그 이듬해 코미디 이탈리엔이 새로운 극장을 개관하며 파르테르 지역에 벤치를 설치하려던 계획을 포기했다. 그런데 1788년 1월에는 가난한 사람들이 장시간 힘들게 서서 구경하도록 방치하는 것은 봉건적 불평등의 악습이라는 여론의 비판에 굴복해 또다시 벤치가 설치되었다.

　파르테르 공간에서의 고정좌석 설치 여부를 둘러싼 논쟁은 구체제 프랑스 문화계의 실체를 엿볼 수 있는 열쇠구멍이다. 파르테르 공간은 부르주아문화와 민중문화 사이의 상이한 이데올로기와 가치관이 충돌하는 상징적 경쟁 장소이기 때문이다. 궁정귀족과 상류 부르주아지 입장에서 보면 파르테르는 반란의 공간이며 고삐 풀린 망아지들의 운동장이었지만, 제3신분과 하류층들에게 그곳은 문화적 해방구이며 절대왕권의 공권력을 몸으로 부대끼며 '체험'해볼 수 있는 정치적 실습장이었다. 귀족과 상류 부르주아지가 얌전함, 질서와 규율, 공공성 등을 바람직한 관람태도로 준수했다면, 파르테르 관객들은 돌발적 즉흥성과 축제적 감정교배를 민중문화의 으뜸원칙으로 삼았다. 파르테르 공간을 둘러싼 두 문화 사이의 힘겨루기는 프랑스혁명의 발발과 함께 과연 어떻게 매듭이 지어질 것인가? 자유·평등·우애를 모토로 내세우면서 절대왕정을 붕괴시키고 공화정을 수립하려 했던 혁명정부는 과연 민중문화의 봄날을 보장했는가?

프랑스혁명과 '위로부터' 민중공연문화 다시 만들기

프랑스혁명의 발발은 공연계에 몇 가지 외형적 변화를 촉발했다. 구체제의 신분회의를 대체한 국민의회는 1791년 1월 공연계 특권을 청산하는 법령을 선포했다. 제1조는 "모든 시민은 극단설립에 앞서 지방자치체에 신고함으로써 극단을 설립할 수 있다"고 선언함으로써 극단설립의 자유화를 보장했다. 아울러 공연의 소유권을 극단으로부터 극작가에게로 넘겨주고 극작가가 사망한 5년 후에는 그 공연권을 공공재산으로 편입시키는 법도 통과했다. 덕분에 인기 있는 전통악극이 공유화됨으로써 구체제 삼총사가 오랫동안 향유하던 공연독점권이 폐지되었다. 또한 같은 법률 제7조는 공연검열 금지를 규정했다. 정부군이 아닌 청원경찰이 극단의 외부를 보호·경계하는 것은 허용되었지만, 극단 내부 출입은 소수의 내무공무원에게만 제한적으로 허용되었다. 공공안정이 심각하게 위협받는 예외적인 경우를 제외하고는 공권력이 공연계에 간섭할 수 있는 권리를 최소화했다.

위와 같은 자유주의적 입법 덕분에 바야흐로 민중문화의 봄날이 전개되는 듯했다. 극단설립의 자유화에 힘입어 1791년 한 해에만 20개의 신설극단이 창단되었다. 기존의 삼총사와의 경쟁을 선언하고 설립된 무슈 극단Théâtre de Monsieur(1789), 몽탕시예 극단Théâtre de Montansier(1790), 몰리에르 극단Théâtre de Molière(1791), 보드빌 극단 Théâtre de Vaudeville(1792) 등은 대규모 자산과 풍부한 배우진을 자랑했다. 이런 하드웨어 확장에 발맞춰 공연예술계의 소프트웨어도 재정비되었다. 프랑스 연극계의 오랜 전통인 '휘파람 불기'는 여전히 성행했지만 구체제 말기에 간헐적으로 시도되었던 파르테르 공간에서의 좌석설치는 취소되었다. 그리고 구체제하에서는 금지되었던 현실정치를 소재로 삼은 노래와 악극도 허용되었다. 공연문화계가 여론형성을 주도하면서 사회변혁의 나팔수 노릇을 담당할 여건들이 마련된 것이었다.

그러나 유감스럽게도 공연계를 중심으로 한 문화혁명의 바람은 찻잔 속의 태풍에 그쳤다. 악극단의 양적 성장은 공연계의 구조적 변화를 촉진하지 못했기 때문이다. '오페라'를 정점으로 한 구체제 공연계의 권력사슬도 근본적으로 개혁되지 않았고, 상류층은 '오페라'의 은밀한 공간에 자신들의 지정석을 여전히 보유했다. 고전극에 코믹물을 양념처럼 첨가한 레퍼토리도 별다른 변화가 없었다. 구체제 권력의 울타리 밑에서 기생했던 삼총사가 그랬듯이, 몇몇 신흥 대형극단들이 혁명정부에 협력한 대가로 지불된 특별금융지원을 독점함으로써 대소극단 사이의 위계질서도 그대로 유지되었다. 말하자면 혁명의 발발과 함께 새로운 종류와 유형의 민중공연문화가 시작된 것이 아니라 18세기 후반부터 진행되었던 궁전-부르주아 문화와 민중문화 사이의 상호 흉내 내기와 '물타기'가 지속되었던 것이다.[16]

'배우-정치인'은 관객을 모독한다

1789년 혁명이 동반한 가장 흥미로운 변화들 중 하나가 '정치의 극화劇化' 혹은 '연극의 정치화'였다. 예측할 수 없는 안개정국에 던져진 당대인들은 때로는 연극적 픽션과 현실적 삶 사이의 경계가 모호한 '드라마 같은 일상정치'를 경험했다. 구체제의 밀실정치와 대조되는 투명성과 공공성을 표방했던 혁명정부는 중요한 정치안건의 토론과 투표과정을 공개했고, 일반 시민은 자신들의 정치적 견해와 찬반주장을 소란스럽게 표현하는 것을 망설이지 않았다. 1793년 6월에 파리 지역 상퀼로트들이 지롱드파 당원들을 무력으로 체포해 산악파 통치의 길을 열어준 사건도 민중의 '정치무대' 참여의 대표적 사례였다. 그리고 '엑스트라 배우'들의 정치적 힘과 잠재력에 주목했던 자코뱅정부는 의도적으로 '배우수업을 통한 정치계몽'에 앞장섰다. 예를 들면 미리 나누어준 악보를 관객들이 극의 장면에 따라 합창하게 함으로써 관객들도 무대 밑에 있는 또 다른 한 사람의 배우(혹은 혁명의 명품 조연)임을 주지시켰다. "무대 위에서 시민과 배우들이 어울려 노래하고 춤추는 것⋯⋯ 혹은 약동하는 군사행진곡에 도취해 전쟁터로 질주하는 것이야말로 일반의지에 직접적으로 참여하는 것"이었다.[17]

일상생활의 정치화는 새로운 유형의 '배우-정치인'Comédien-Législateur의 전성시대를 예고했다. 초보 정치인이 힘써 배우고 익혀야 할 필수과목이 대중선동과 이미지 조작 능력이 될 정도로 정치판은 연극놀이판과 유사했다. 마키아벨리의 말을 빌리면, 이상적인 정치인은 교활한 여우의 탈을 쓴 "기만자이며 위장자"로서 그럴듯한 연설과 제스처로 국민들에게 힘과 꾀를 가진 것처럼 보여야만 했다.[18] 이런 관점에서 짚

위) 혁명 이전 튈르리 궁전의 활기찬 모습이다.
아래) 거리와 공원으로 변해 그 옛 모습을 찾아볼 수 없는 현재 사진이다. 궁전 내 승마홀에서 1792년 9월 21일에 제1공화국이 선포되었다.

어보면, 혁명 초기 영웅이었던 귀족 미라보Mirabeau가 한때는 아마추어 희곡작가였고, 자코뱅클럽 의장 출신으로 국민공회 파리 시의원이었던 데르브와Collot d'Herbois가 무명배우 출신 극작가였다는 사실이 흥미롭다. 우연의 일치처럼 페미니스트 여성정치가 올램프 드 구즈와 클레르 라콩브Claire Lacombe도 지방극단의 여배우 출신이었다. '보여주고 싶은 것만 (관객에게) 보여준다'는 것을 직업의 비밀로 간직한 정치인과 연극인은 혁명의 세례를 받고 일란성 쌍둥이로 거듭난 것이다.

그러므로 배우--정치인이 주도하는 정치행사가 종종 구체제의 극장 구조물에서 개최된 것은 자연스러운 일이었다. 국민의회는 튈르리 궁전의 관람석이 겸비된 승마홀salle du manège에서 1789년 11월 9일 개최되었다. 1791년에는 같은 장소에서 왕의 처형을 위한 공개재판이 관객들의 열띤 호응과 소란 속에서 진행되었다. 1793년에 국민공회는 튈르리 궁전의 극장Salle de Spectacle에서 개최되었는데 이곳은 코미디 프랑세즈와 무슈 극단의 배우들이 집결했던 진짜 무대였다.[19]

'연극무대의 복사판이 된 정치판'을 축복이라도 하듯이 혁명이 파괴했던 잔해 위에 새로 건축된 극장 구조도 배우에게 스포트라이트가 집중되도록 설계되었다. 구체제 고위귀족들이 독차지했던 무대 근처의 로열박스가 제거되고 홀의 가장 뒤쪽에 위치한 좌석도 무대에 좀더 가깝도록 당겨졌다. 그리고 구체제 왕실극장이 선호했던 원방형태가 아니라 모든 좌석이 무대를 향하도록 설계하고 고정된 관람석에는 조명이 어둡도록 배려했다. 이런 각종 무대장치들은 모든 스포트라이트의 초점이 관람객이 아니라 배우에게 맞춰지도록 면밀하게 고안된 것이었다.

정치집회가 극장—체육관이 아니길 천만다행이지!—에서 진행되는 추세에 호응이라도 하듯 풋내기 정치인들은 신인배우 노릇하기를 쑥스러워하지 않았다. 이들은 연설, 법안발의, 공개투표 등과 같은 자신의 정치행위를 관객의 눈에 감동적이며 애국적으로 보이도록 연출하고 연기하는 데 최선을 다했다. 필요하다면 관객 속에 '바람잡이' claquers를 심어 자신의 주장에 대한 억지호응을 유도하기도 했다. 바야흐로 정치인의 배우겸업시대가 도래했던 것이다. 그 결과, "실질적으로 모든 사회적·공적 삶에서 광대들이 추방되었던 프랑스에서 이제는 배우와 정치인, 무대와 정치일반 등이 아주 친숙하게 섞여서 사실상 구별이 불가능하게" 되었다.[20] 옛날의 광대는 이제 더는 하류인생이 아니라 혁명의 롤러코스트를 기회주의적 술수로 헤쳐 나가는 근대적 정치인의 원형으로 격상되었다.

배우-정치인이라는 신종 인간형의 탄생은 파르테르 관객에게도 영향을 끼쳤다. 이제 파르테르 관객은 배우-정치인들에게 혁명의 주도권을 빼앗겼을 뿐만 아니라 그들의 모독대상으로 전락했다. 정치인-배우들이 혁명무대의 주인공 자리를 독점하기 위해 자신들이 연출하는 '정치연극'의 내용과 결말에 불만을 품고 항의하는 군중을 탄압했기 때문이다. 1791년 6월 14일에 통과된 르샤플리에Le Chapelier법이 그 신호탄이었다. 노동결사를 금지하기 위해 고안된 르샤플리에법은 상류 부르주아지의 권력독점에 불만을 제기하는 공화주의 정치클럽과 중앙집권에 반대하는 연방주의자 등을 강제적으로 침묵시켰다. 파르테르라는 해방공간에서 내쫓겨 지정좌석에 얌전히 앉아 있기를 강요받던 구체제 관객처럼, 혁명 이후에도 프랑스 시민들은 자신들이 뽑아 보낸 의원들의 빤한 정치 쇼에 동원되어 조용히 박수만 쳐야 했다. 국민 대표기관에 모독을 퍼붓는 자들에게 사형을 선고할 수 있는 경찰법loi de grande police이 통과됨으로써, 파르테르 군중은 까불고 반항할 수 있는 문화공간을 잃게 되었다.

주제넘게 관객이 정치무대로 뛰어올라 각본에 짜인 스토리를 방해할 경우, 그는 하나뿐인 귀한 목숨을 내놓아야 했다. 1791년 7월 17일의 샹드마르스Champ-de-Mars 학살 사건이 그 본보기였다. 그동안의 혁명적 성과를 자랑하고 국민의 단합된 힘을 과시하려는 목적으로 기획된 공공축제가 참가자들의 즉흥적 시위와 과격화로 변질되자 혁명정부는 시위대를 무참하게 학살했다. 공화주의 혁명가요인 '사이라'를 합창하며 행패를 부리는 파르테르 '민중-관객'들에게 '배우-정치인'들이 따끔한 경고를 보낸 것이다. 이와 비슷한 '관객모독'은 혁명의 중요한 고비마다 연출되었다. 1793년 가을 지방분권을 주장하며 중앙정부의 권위에 도전한 리옹 반란군을 진압했던 책임자는 전직 배우 출신이었던 데르브와d'Herbois였다. 그는 자신이 한때 삼류 연극배우로 활약했던 이 지역에서 발생한 반란을 무자비하게 평정했다.[21] 서럽고 힘없던 배우 시절에 휘파람을 불며 까불던 '민중-관객'들에 대한 복수였을까. 아니면 거듭난 '배우-정치인'으로서 자신에게 맡겨진 새로운 배역을 충실히 연기한 것일까. 분명한 사실은 이제 관객과 배우의 관계가 후자에게 유리한 방향으로 역전되었고, 파르테르를 흥분시키던 민중문화의 축제석 즉흥성이 부르주아 계층의 전매특허와 같은 '문명화'의 질서와 규율로 대체되었다는 점이다.

민중문화 길들이기

혁명 초기에 고개를 내밀었던 민중문화의 기회주의적 태도를 위로부터 재조직하기 위해 '당근과 채찍'이 동원되었다. 공안위원회는 1793년 9월 칙령을 발표해 애국심과 공화주의를 선전하는 데 기여한 주요 극단들에게 차등적으로 포상했다. 놀랍게도 구체제 왕립극단의 우두머리였던 '오페라'가 가장 많은 보조금을 받은 반면, 공화주의 출범을 환영하며 태어난 평등극단, 공화국극단, 상퀼로트 극단Théâtre des Sans-Culottes(이전의 몰리에르 극단) 등에게는 더 적은 재정보조금이 지급되었다. 구체제에서 부르봉 왕가의 영광을 찬양했던 경험을 되살린 '오페라'는 이번에 악보를 바꿔 공화주의를 위한 용비어천가를 불렀다.[22] 반면 공권력을 야유하는 못된 '파르테르 전통'을 포기하지 않는 일부 과격한 민중악극단들은 자코뱅정부에게도 골칫거리였다. 차별적 보조금 지급이라는 당근으로 민중극단들을 정권의 앞잡이로 줄 세우고 다른 한편으로는 그들을 훈육하려는 채찍을 휘두른 이유가 여기에 있었다.

나라 안팎으로부터 밀려드는 반혁명의 위기 속에서 자코뱅정부는 예술단체들의 자율성을 옥죄는 고삐를 바투 잡았다. 1793년 8월에는 "자유의 영광스러운 사건을 곱씹어보는" 연극을 적어도 1주일에 3회는 의무적으로 상연할 것을 지시하고, "공공정신을 타락시키고 비난받을 군주정의 미신을 부활시키는" 극단을 폐쇄할 수 있는 법령을 통과시켰다. 또한 적과 동지를 구별해야 한다는 명분으로 연극 프로그램을 사전 검열하는 제도가 1794년 3월에 부활했다. 국가가 공연계의 레퍼토리에 명시적으로 간섭했을 뿐만 아니라 특정 극단의 사활과 공연검열을 결정할 수 있는 권한들이 혁명정부에 부여되었다. 혁명적 형제애를 고양시키고 무대 위의 배우와 무대 밑의 관객들이 혼연일체가 될 수 있는 애국적 공연이 허락된 것이었다.

'위로부터' 민중공연문화의 성격을 개조하려는 자코뱅정부의 문화정책은 연극내용에도 흔적을 남겼다. 예를 들면 구체제 오페라의 공연에는 거의 없었던 선서 장면이 약방의 감초처럼 등장해 국가와 시민의 계약적 파트너십을 강조했다. 혁명적 애국주의의 상징으로 포장된 서약 장면은 1793년에서 1794년 사이에 최소한 한 번 이상 매 공연마다 단골 메뉴로 등장해 관객들의 감성에 호소했다. 또한 평등한 공화주의 국가 만들기라는 역사적 사명에 호응하는 민중적 영웅관도 공연의 인기소재가 되었다. 혁명의 하급관료, 북치는 어린 군인, 아들과 남편을 혁명의 제물로 바치고 슬픔에 빠진 과부 등과 같은 익명의 영웅들이 주인공으로 각광받았다. 주인공들의 개별 이름을 밝히지 않음으로써 그들의 애국적 행위와 희생에 보편성을 부여했을 뿐만 아니라 관객이 주인공 영웅들과 자신을 쉽게 동일시하는 부수적 효과도 있었다.

또한 자코뱅정부가 독려하는 민중적 영웅관은 자살에 대한 공적 추모와 찬양을 낳았다. 구체제 연극에서 흔했던 사랑과 질투의 틈바구니에서 목숨을 스스로 버리는 '사적 자살'은 혁명적 대의명분에 목숨을 바치는 '공적 자살'로 미화되었다. 실제로 공포정치기 정치인들에게 들불처럼 번졌던 자살 사건들을 애국주의와 국가주의라는 입맛에 맞게 각색, 왜곡, 편집한 에피소드가 공연에 악센트처럼 삽입되었다.[23] 개인의 성격, 불행한 가족사, 사랑과 이별의 고통에서 연유한 한 개인의 자살을 애국적 분노와 공익을 위한 희생으로 가공 처리한 '죽음을 원료로 한 공화주의 만들기' 혹은 '자살의 문명화'가 공연형식을 빌려

프랑스 파리국립음악원Coservatoire National Superieur de Musique et Danse de Paris(CNSM). 국립음악원을 모태로 1795년에 창설되었으며 유럽에서 가장 오래된 음악학교 중 하나다.

완성된 것이다.

    자코뱅정부가 추진했던 위로부터의 민중문화 만들기는 공연예술의 전문화와 관료화로 수렴되었다. 국민공회 의원 르클레르J. B. Leclerc의 제안에 따라 1793년 1월에 공연문화를 공적 기구로 재편성하려는 계획이 수립되었다. 왕실 군악대를 모태로 1792년에 임시변통으로 만들어졌던 파리국민방위대 무료음악학교École Gratuite de Musique de la Garde Nationale Parisienne의 조직을 대폭 확장해 1793년 11월에 출범시킨 국립음악원Institut National de Musique이 그 성과물 중 하나였다. 교수 115명과 600명의 학생으로 구성된 음악원은 혁명축제노래의 공모와 보급, 혁명이념을 지지하는 음악을 작곡하고 연주할 전문가 양성,

공화주의 국민의식 함양을 위한 음악교육 실시 등의 업무를 담당했다. 국립음악원의 예산집행과 사업방향에는 행정부가 관여함으로써 예술기관과 문화적 생산물에 대한 중앙정부의 통제를 확장했다.[24] 창작예술의 관료화는 당연히 민중문화 특유의 즉흥성과 독창성을 죽이는 독배였다. 국립음악원은 아마추어 음악가들을 배제하고 주류 중진 음악가들을 집중 후원함으로써 새 오크통에 김빠진 포도주를 숙성시키는 오류를 범했다.

자코뱅정부의 갑작스러운 몰락이 위로부터 만들어지는 민중문화의 중단을 가져오지는 않았다. 테르미도르 반동정부도 자신이 무너뜨린 정부의 민중문화 순화작업을 계승했기 때문이다. 1795년 11월에 발표된 프리메르Frimaire법 제6조는 "공공의 평화를 방해하는 예술가는 24시간에서 3일까지의 구류에 처한다"고 명시했고, 제7조는 프로그램에 없는 즉흥적 노래나 음악의 연주를 금지했으며, 제8조는 공연 에티켓을 지키지 않는 관객의 퇴장을 명령했다. 1796년 6월에는 교통혼잡의 원인이 된다는 핑계로 경찰의 허가서를 소지한 거리의 놀이패들이 공연할 수 있는 장소를 한정적으로 공시했다. 선량한 시민들을 혁명의 수렁에서 구출해 '혁명의 어두운 자식들'이 망가뜨려놓은 미덕을 고쳐시키겠다는 테르미도르 반동정부의 문화정책은 18세기 후반부터 진행되어오던 민중문화 문명화과정의 완결판이었다. 격정이 아니라 평화를, 파괴가 아니라 질서를, 분노가 아니라 참을성을, 파격과 창조가 아니라 온고지신溫故知新에 호소하는 것이 예술의 본질이라는 부르주아적 미학이 승리했던 것이다.

다른 한편, 프랑스혁명이 가속화시킨 민중문화의 문명화 프로젝트는 폭력과 무질서를 핑계로 프랑스혁명을 '정지'시킬 수 있는 정당성을 독재자에게 제공했다. 혁명의 화염 속에서도 살아남은 민중문화의 야만성을 부르주아적 세련됨과 예절바름으로 순화시키면서 '혁명에 질서를 부여하려는' 권위주의 세력이 국민의 지지를 받으며 재등장했기 때문이다. 말하자면 "1799년에 (군사쿠데타로) 권력을 잡았을 때 나폴레옹은 제도적으로뿐만 아니라 문화적으로도 그의 길(독재자의 길)이 준비되어 있음"을 잘 알았다.[25] 궁정귀족과 부르주아지가 합작해 이룩한 문명화 프로젝트에 민중저항문화가 순한 양처럼 무릎을 꿇었기 때문에 독재와 언론탄압, 가부장적이며 중앙집권적인 나폴레옹의 제1제정 성립이 가능했던 것이다. 이런 관점에서 다시 따져보면, 1789년이 정치경제적으로 부르주아 계층이 봉건세력을 물리쳤던 혁명이었는지는 논란의 대상이 될지라도, 프랑스혁명은 '성공한 부르주아 문화혁명'으로 자리매김되어야 할 것이다. 프랑스혁명이 남긴 역설적인 역사유산이다.

민중문화의 봄날은 뒷걸음질쳐 사라졌다

1750년경부터 1799년까지 서서히 진행되어온 민중공연문화계의 문명화과정은 우리에게 몇 가지 생각거리를 던져준다. 첫째, 문화적 측면에서 바라보면 구체제와 혁명의 관계는 급격한 단절보다는 연속성으로 파악되어야 한다. 18세기 중엽부터 공연문화계의 두드러진 경향이었던 부르주아문화와 민중문화 사이의 경계 해체는 혁명 이후에도 지속되었다. 레퍼토리의 상호 교환과 인적 교류를 통한 두 문화 사이의 간격 좁히기와 민중문화의 제도권으로의 편입을 통한 길들이기가 동시에 진행되었다. 오페라 코미크를 왕립극단의 일원으로 합병했던 선례를 따르듯이, 혁명정부는 민중공연문화의 유희적·저항적 요소들을 국립음악원의 관료주의 속으로 화석화시켜버렸다. 그리고 구체제 말기에 한층 강도가 심해진 파르테르 관객 길들이기의 관행은 혁명 이후에도 배우–정치인에 의한 '관객모독'의 형태로 계승되었다. 1790년 샹드마르스 학살 사건, 1793년 리옹 반란 진압, 1795년의 '퇴폐 귀공자들'에 의한 백색테러 등 일련의 사건들은 부르주아적 공권력에 의한 민중 길들이기와 훈육이라는 공통점을 가진다.

둘째, 구체제와 혁명을 잇는 연속성보다 더 주목해야 할 점은 부르주아문화와 민중문화가 혼종적으로 융합하는 역동적 과정이다. 1750년을 기점으로 연애, 잡담, 음주, 싸움, 배우모독 등으로 가득 찼던 자유분방한 민중문화공간은 점점 더 축소되었고, 그 빈자리를 행실 바른 공연 에티켓을 표방하는 부르주아문화가 채웠다. 그런데 이런 '문명화과정'은 위로부터 아래라는 한 방향으로만 일방적으로 진행되지 않았다. 혁명 전후로 성행했던 민중악극단들의 왕립극단 따라 하기에서 엿보이듯이, 민중문화도 '아래로부터 위로' 부르주아문화와 접선하려고 능동적으로 노력했다. 다시 말하면 고삐 풀린 망아지 같은 민중문화를 순한 양으로 순화시키려는 '문명화과정'은 순전히 부르주아지의 음모적 기획이 아니라 교양문화시민의 대열에 동참하려는 민중의 자발적 동화과정으로도 이해되어야 하는 것이다.

셋째, 문화적 사건으로서의 프랑스혁명은 문화생산자로서의 민중을 문화소비자로 전락시키는 역사적 유산을 남겼다. 19세기의 민중문화는 저항과 해방의 표현물이라는 위험한 탈을 완전히 벗고 탈정치적 오락물이라는 옷으로 갈아입었다. 시민들은 이제 떠들썩하고 위험한 거리, 시장, 광장을 떠나 아늑하고 사적인 카페-콘서트와 카바레로 모였다. 값싼 술과 아련한 담배연기 속에 모여앉아 직업가수와 배우의 공연을 그냥 얌전히 구경만 하는 문화소비자로 타락한 것이다. 그러므로 장기지속적 관점에서 바라보면, 프랑스혁명이 저항적 민중문화 탄생의 출발점이며 동시에 터전이었다는 평가는 과장되거나 잘못된 것이다. 우리가 이미 살펴보았듯이, 적어도 공연문화계에 관한 한 1789년에서 1799년은 위로부터 인위적으로 민중문화 만들기의 전성시대였기 때문이다. 전통적 민중문화의 원시적 힘을 규제하고 표준화함으로써 그 정치적 잠재력을 거세시키는 데 성공했던 최초의 근대문화혁명이 바로 프랑스혁명의 또 다른 맨 얼굴이었다는 사실에 오히려 주목해야 할 것이다.

　마지막으로, 18세기 후반 프랑스 민중공연문화계의 변모 사례는 근대성modernity의 빛과 그림자에 대해 곱씹어볼 기회를 제공한다. 우리는 언제부터 목을 조르는 넥타이를 매고 서구적 교양세례를 받기 위해 오페라 혹은 오케스트라의 공연장으로 달려갔는가? 엄숙하게 경청해야 할 연주 도중에 '중간박수'를 보내는 초보 팬의 반사적 흥겨움과 즉흥적 환호를 누가 어떤 기준으로 음악적 무식함의 공개적 증표로 비난하는가? 불 꺼진 푹신한 지정관람석에 파묻혀 무대 위 화려한 공연을 수동적으로 구경하는 현대인은 과연 200여 년 전 파르테르 공간을 메웠던 입석 관객들보다 더 행복할까? 문명화 혹은 서양적 근대화가 질서와 청결, 공손함, 타인 눈치 보기, 충동적 폭력과 수치스러운 육체 숨기기 등으로 요약된다면, 프랑스혁명은 과연 환영할 만한 '문화적 혁명'이었는가? 우리는 정녕 승리했을까? 저물어가는 근대의 황혼녘에 이런 질문들만 우두커니 서 있다.

에필로그

저항의 기억, 연대의 부활

1789년 '원조혁명'에서 20세기 마지막 혁명인 '68혁명' 이후 우리는 혁명의 불임不姙시대에 살고 있다. 소비가 생산을 주도하고, 경제가 정치를 대리하며, 부자되기가 '분노하라'에 우선하는 소위 후기 산업정보사회 혹은 국가·법인 자본주의체제에서 살고 있기 때문이다. 한때 잠재적 혁명계층으로 기대를 모았던 노동자들은 정규직과 비정규직으로 분열되고, 중산층은 내 집 마련과 자녀교육에 허덕이고, 혁명의 아방가르드 역할을 자임했던 지식인들은 '닥치고 논문쓰기'에 고립되고, '지속가능한 딴따라짓하기'를 꿈꾸는 예술가들은 '밤샘 알바'로 급진적 상상력을 팔아먹으며, '아프니까' 대학생들은 예비 실업이 순전히 "내 탓이요"라며 자기 가슴을 찢는다. 지난 반세기를 지배했던 "하면 된다!"는 함성에 깜짝 놀라 "안 돼!" 정신에 탯줄을 감고 있는 혁명이 날마다 낙태하는 풍경이다.

우리가 지금 여기에서 "혁명은 되지 않고 방만 바꾸어"야 하는 배경에는 이유가 있다. 첫째, 집권세력은 대중의 욕구불만과 개혁의지를 순화시키는 전략과 프로그램을 소유하고 있다. 권력구조의 펀더멘털에 위협이 되지 않는 한도 내에서 아래로부터의 불만과 항의를 수용하려는 전향적 제스처가 그것이다. 19세기 말 독일제국의 수상이었던 비스마르크가 사회주의의 도전으로부터 정권을 지키기 위해 각종 사회보장 복지제도를 선구적으로 도입해 대중의 인기를 뺏은 것이 좋은 사례다. 우리나라의 경우, 1987년 '6월 항쟁'에 굴복해 노태우 당시 집권당 대표가 대통령 직접선거제를 약속했던 것이 독일과 유사한 사례다. 그람시가 '수동적 혁명'이라 부르고 마르쿠제가 '억압적 관용'이라고 이름 붙인 지배계층의 이런 헤게모니는 기득권을 유지하기 위한 임시방편이며 마키아벨리적 허위에 불과하다.[1] '6월 항쟁'으로 쟁취했던 직접선거제도의 성과가 군사독재정권의 계승으로 귀결되었음을 상기해야 할 것이다.

혁명의 불발不發시대를 조장하는 또 다른 이유를 권력 그 자체의 변신에서 찾을 수 있다. 그람시의 헤게모니 개념에 착상해 푸코Michel Foucault가 발전시킨 '미시권력', '생체권력', '생산하는 권력' 등의 모델은 탈근대시대 혁명의 무모함과 시대착오성을 진단해준다. 간략히 설명하자면, 현대 권력은 왕이나 국가, 경찰과 사법부 같은 중심에서 하향적이며 억압적으로 행사되는 것이 아니라 일상생활의 모든 영역에 미시적으로 스며들어 권력대상의 안전과 행복을 증가시키는 방식으로 구현된다. 선생은 학생들의 성적이 향상되도록 '야자학습'과 전국일제고사를 강행하고, 병원은 환자들의 건강을 담보로 신체를 첨단

의학에 복종시키며, 기업과 관공서는 종업원 복지와 시민의 안전보장을 빌미로 작업장과 거리 곳곳에 폐쇄회로녹화기CCTV를 설치해 "네가 한 짓을 다 알고 있다." 우리 일상에 빡빡하고도 촘촘히 박혀 있는 권력의 응시에서 비켜나 혁명의 씨앗을 뿌리고 싹을 틔울 공간과 여건이 봉쇄된 것이다.

푸코가 해부한 미시-훈육권력의 메커니즘은 혁명이 오랫동안 역사에서 차지했던 특권적 지위를 해체시킨다. 만약 탈근대시대의 권력이 지역적이고 파편적이며 피권력자가 동의하는 방식으로 작동된다면, 권력이 집중된 핵심 사령탑(왕, 국가, 사법권력 등)을 공격하는 혁명은 이제 더는 유효하거나 바람직하지 않다. 내 자유로운 영혼과 육체를 속박하는 권력의 매트릭스에 즉각적이며 개별적으로 저항하는 방식이 오히려 더 효과적이다. 한 걸음 더 나아가 푸코는 혁명을 '우발적이며 예측 불가능한 사건'이 아니라 인간 이성의 진보와 자유주의·사회주의 실현 등으로 이해하려는 혁명의 관념화에 반대한다.[2] 혁명을 보편적이며 연속적인 인류 진보를 위한 필연적 단계로 파악하는 근대 계몽주의자들의 해석을 거부했던 것이다. 그 대신 그는 실격당하고 무시되었으며 심지어는 탄압당했던 작고 이름 없는 혁명들의 중요성을 재조명한다. 다시 말하면 푸코가 견지한 '반-혁명적' 사유는 동질적이며 목적론적인 낡은 혁명관으로부터 저항의 기억을 구출해 내일의 수많은 새끼혁명들의 봉기를 재촉한다.

'박제화된 혁명'은 가도 저항의 기억은 되살아난다. 1989년 베를린 장벽의 붕괴는 현실사회주의의 실패를 선언한 '역사의 종말'이 아니라 수많은 저항의 백가쟁명百家爭鳴을 알리는 신호탄이다. 1789년 프랑스혁명 발발 200년 후에야 마침내 '혁명의 교리문답'의 따분한 책을 덮고, 지역적이면서도 세계적이며 사적이면서도 정치적인 저항의 춘추전국시대가 개막되었다. 새로운 제국의 네트워크 권력의 안팎이 없듯이, '전 지구적 시민권'global citizenship과 '사회적 임금'을 쟁취하기 위한 우리의 저항은 국경의 경계를 모른다.[3] 어제는 바스티유 감옥을 탈취하기 위해 달려갔던 민중이 오늘은 시애틀에 모여 G20 세계정상회담을 방해하고 내일은 서울에 집결해 하나의 거대한 공장과 시장이 된 세계화에 저항할 것이다. 아이티 흑인 노예들이 따라 불렀던 혁명가요 '라 마르세예즈'는 우크라이나에서의 오렌지혁명과 튀니지의 재스민혁명으로 메아리친다. 그리고 프랑스혁명을 소재로 한 흘러간 영화는 뮤지컬 〈레미제라블〉에서 민중의 노래로, 군사독재 시절을 고발하는 극영화 〈26년〉과 〈남영동〉으로 변주된다.

그렇다. 프랑스혁명에 대한 추억의 껍데기는 가고 저항의 알맹이는 오롯이 나의 것이다. 카멜레온처럼 색깔을 바꿔가며 저항과 항쟁의 기억을 퇴색시키고 비정상적인 것으로 만들려는 미시-훈육-생산 권력을 '위대하게 거부'하자. 일상생활정치에서 자발적으로 왕따당하려는 용기와 독립심은 나의 특권이며 역사적 소명이다. 건방진 지식인이 지혜로운 다중지식과 연대하며, 반항적 언더그라운드 예술가들이 '막돼먹은 파르테르 관객'들과 함께 소리 지르고, 만들어진 '거짓 욕구'와 결과만 따지는 '수행원칙'performance principle의 포로가 된 중산층과 무기질 청년들이 근대성의 '철창 감옥'에서 탈주할 때 혁명의 기동전(깃발 뺏기)은 저항의 진지전으로 승화된다. 공장 바깥에 있는 노동자, 학교 바깥에 있는 학생, 감옥 바깥에서 생산되는 품행방정 남녀들, 국가 바곁에 있는 이주노동자와 다문화가정, 이들 모두에게 혁명은 실패나 성공으로 마감되는 권력다툼이 아니라 계속되어야 할 열정 그 자체다.

혁명은 가고 다시 오지 않을지라도, 거리에서 우리가 함께 부르던 노래와 연대감은 남는다. 안 되는 혁명에 쫓겨 다른 방에 갇혀도 또다시 녹슨 펜에 침을 묻혀 자유와 평등의 이름을 벽에 아로새겨야 한다. 그러므로 "자유를 위해서 비상飛翔하여 본 일이 있는 사람"들이 "혁명은 왜 고독해야 하는 것인가를" 알고 있다는 어느 시인의 말(김수영, 「푸른 하늘을」)은 수정되어야 한다. 우리가 간직한 저항의 기억을 밑돌 삼아 연대의 촛불은 봄날처럼 다시 꽃피고 지저귈 것이기 때문이다. 너와 나의 또 다른 시작은 일상적으로 가볍지만 정치적으로 진지한 저항의 비트(박자)에 실려 비누거품처럼 온 세상에 번질 것이다. 결론적으로 권력의 여의주를 움켜쥔 악마가 늙을수록 뻔뻔하고 노회老獪해지는 것에 반비례해, 우리의 연대와 투쟁은 뱀처럼 매끄럽고 모꼬지처럼 흥겹고 늘름할 것이다.

부록

프랑스혁명의
기억을 찾아 천릿길

한국프랑스사학회가 주관하는 2010년 프랑스 혁명기행은 지난 2001년에 시작했던 프랑스 중세기행과 2005년의 근대기행에 이어 세 번째 역사기행이다. 개인적으로는 중세기행 이후 거의 10년 만에 동참한 행사였다. 기행 당시 나는 네덜란드 레이던 대학교 방문교수 신분으로 안식년을 보내고 있었다. '미국에서 프랑스혁명을 공부했던' 나로서는 글로만 읽고 상상했던 1789년 대혁명 당시의 주요 현장과 기억의 터전을 방문해 그 역사적 의미와 현재적 유산을 다시 음미할 수 있는 좋은 기회였다.

이 글은 이번 여행에 동참하지 못했던 동료들과 일반 독자들이 기행경로와 답사풍경을 간접적으로나마 감상할 수 있도록 일지형식을 취한다. 기행코스 곳곳에 삽입된 배경지식과 역사적 설명은 내 박식함의 소산이 아니라 동행했던 동료 교수들에게서 얻어듣고 주워들은 내

용들을 조각조각 끼워 맞춘 것이다. 나중에 답사기행문을 서술하는 과정에서 자료를 뒤져 사실적 윤색과 덧칠을 함으로써 프랑스혁명에 대한 배경지식이 부족한 교양 독자들을 배려하고자 했다. 그러므로 이 기행문은 나 혼자의 작품이라기보다는 답사기간 동안 우리들이 차 안에서, 현장에서, 식당에서, 길거리 카페 등에서 함께 나누고 이야기한 것들을 옵서버이자 메신저 자격으로 옮긴 공동산물이다. 물론 일지 곳곳에 노출된 값싼 감상과 주관적 해석이나 혹시 있을지도 모르는 사실적 오류는 순전히 나의 것이다.

7월 18일 (일요일)

······우리는 이 혁명이, 유럽의 대다수 국가에서 지난 수세기 동안 어김없이 군림해왔던 정치제도 즉 일반적으로 봉건적 제도들이라고 불리는 것들을 제거하고, 조건들의 평등을 기반으로 하는 더욱 단일하고 더욱 단순한 하나의 사회적, 정치적 질서로 그것을 대체해버리는 결과를 가져왔음을 명확하게 파악할 수 있다. 이 사실 하나만으로도 혁명을 엄청난 것으로 만들기에 충분했다.

왜냐하면 낡은 제도들이 당시에도 여전히 유럽 전역의 거의 모든 종교적, 정치적 법제들과 뒤섞여 있었던 데다가 그 제도들과 결부된 일단의 사상, 감정, 습성 그리고 습속 등을 불러일으키고 있었기 때문이다. 따라서 유기적으로 서로 연결되어 있는 전체의 일부만을 파괴하거나 일시에 사회체제로부터 분리시키기 위해서는 엄청난 격변이 필요했다. 이것이 대혁명을 실제 그러했던 것보다 더욱 격렬했던 것처럼 보

이게 한 이유다.[1]

다락방을 박차고 일어나 오전 10시 네덜란드 레이던을 출발, 로테르담Rotterdam에서 급행열차Tallys로 갈아타고 파리 북역Gare de Nord에 오후 2시쯤 도착했다. 이런 공무 저런 잡무로 올해에만 네 번째로 기착한 낯익은 정거장이다. 한국에서 오는 일행과 드골국제공항에서 랑데부하기로 약속한 시간은 저녁 7시. 남은 시간을 때우기 위해 북역 근처에서 도보로 15분쯤 걸리는 몽마르트르 언덕을 찾았다. 가난한 예술가들이 살았다는 골목들을 하릴없이 어슬렁거리다가 파리코뮌 희생자들을 위로하기 위해 건립된 사크레쾨르 성당basilique du Sacré-Coeur 옆 언덕 벤치에 앉아 담배와 아이스크림을 번갈아 먹으며 멀리 시가지를 내려다보았다. 다시 북역으로 돌아와 40여 분 열차를 타고 공항으로 향했다. 서울에서 날아온 기행 동료들과 반갑게 조우했다. 나를 포함해 6명으로 구성된 팀은 2001년 중세기행에 모두 함께했던 멤버들이었다. 7인승 밴을 렌트해 첫 숙소인 파리 근교 베르브리Verberie라는 작은 마을 민박집에 밤 9시쯤 닿았다. 초등학교 교사 출신 부인과 클래식 음악 작곡가이며 연주자였다는 남편이 차려주는 밤늦은 '시골정식'을 맛있게 먹고 텃밭 옆 벤치에 앉아 한담을 나누었다.

7월 19일(월요일)

프랑스의 위대한 작가들 중에는 두 범주가 있다. 아카데미 회원인 작가와 그렇지 않은 작가가 그것이다. 프랑스혁명의 중요한 활동가들 중에는 훨씬 더 의미심장한 두 범주가 있다. 파리의 거리에 자신의 이름을 제공한 이와 그 이름이 결코 편지 봉투에 쓰이지 않는, 다시 말해 거리에 이름을 제공하지 않은 이가 그것이다.

전시에 군대를 지휘하다가 반역죄를 저지르고 적군의 전열로 넘어간 라파예트 장군은 수도(파리)의 가장 넓은 도로들 중 하나를 차지했다. 궁정에 매수된 정치가 미라보는 사후의 보상으로 다리〔橋〕를 얻었다. (……) 그러나 로베스피에르 거리는 없다. 파리를 대표하는 국민공회 의원이자 공안위원회 위원이며 역사 개설서들에서 프랑수아 드 뇌프샤토보다 더 자주 거명되는 로베스피에르는 파리에서 공식적으로 무시된다. (……) 미라보나 당통처럼 매수되지 않았기 때문일까? 라파예트처럼 자기 조국을 배신하지 않았기 때문일까? 그렇지 않다면 왜일까?[2]

어제 합류한 일행들의 시차적응이 덜된 탓에 새벽에 잠을 깨어 아침 7시 30분에 이른 아침을 먹었다. 주인 부부가 텃밭에서 키운 재료들로 만든 각종 유기농 잼을 발라 맛있는 식사를 마치고 민박집을 배경으로 함께 기념사진을 찍었다. 첫 답사지인 로베스피에르의 고향 아라스Arras에 도착했을 때는 10시경. 인구 5만 명쯤의 소읍이다. 우리가 가장 먼저 찾은 곳은 막시밀리앙 로베스피에르 가Rue de Maximilien Robespierre에 위치한 그의 법률사무소 겸 거주지(1787~1789)였던 메종 드 로베스피에르Maison de Robespierre. 로베스피에르는 혁명의 중심지인 파리가 아닌 시골 고향에서 간신히 자신의 이름을 딴 거리를 얻은 셈이다. 루이르그랑Louis-le-Grand 콜레주를 우수한 성적으로 졸업한 청년 로베스피에르는 1781년에 고향으로 돌아와 7년 동안 변호사를

위) 로베스피에르의 고향 아라스 시 외곽에 위치한 '리세(중학교) 로베스피에르' 간판.
아래) 로베스피에르 학교의 전경.

개업하며 아버지의 가업을 이었다. 옛 법률사무소 건물은 현재 로베스피에르 기념박물관으로 사용되고 있는데 월요일은 휴관이어서 아쉽게도 내부 전시물을 구경할 수 없었다. 이번 답사의 단장이며 주요 해설자인 최갑수 교수는 고향에서조차 그를 기리는 동상이나 주요 기념물이 없다는 사실이 말이 되지 않는다고 푸념했다. 결국은 동네 사람들에게 물어물어 답사 안내책자에도 소개되지 않은 시 외곽에 있는 로베스피에르 공립학교를 '발굴'하는 개가를 올렸다.

시내 중심가로 되돌아와 아라스 시청을 찾았다. 현관 로비의 홍보판에 부착된 로베스피에르 출생신고서 사본과 안내문을 발견했다. 그 내용을 대략 옮기자면 "그는 이 고장에서 태어나 초등교육을 받았으며, (파리에서 고등교육을 마친 후) 변호사 개업을 위해 잠시 고향으로 돌아왔다. 그는 신분의회 의원으로 당선된 후에 파리로 떠났다"라는 요지의 짧은 글이다. 내부의 반혁명파와 외부의 군사적 위협에 맞서 혁명의 소용돌이에 몸을 던졌던 그의 격정적 생애와 대비되는 건조한 스케치가 아닐 수 없다. "고향을 떠난 뒤 자코뱅의 지도자이자 공포정치기의 지휘자로서 로베스피에르가 파리에서 보냈던 논쟁적 행적에 대해 우리는 역사적 판정을 유보한다"는 긴 여운이 생략되어 있는 것일까.

사실 '기요틴의 독재자' 혹은 '혁명의 순수 불꽃'이라는 상반된 이미지가 대변하는 로베스피에르의 삶에 대한 평가는 프랑스혁명 그 자체의 역사적 성격에 대한 논쟁에 다름 아니다. 로베스피에르가 1793년 12월 25일 국민공회에 보낸 '혁명정부의 원리에 관한' 보고서를 다시 읽어보자.

혁명정부의 이론은 그 이론을 낳은 혁명만큼이나 새로운 것이다. 이 혁명을 결코 예견하지 못했던 정치적 저자들의 책 속에서 그 이론을 찾아서는 안 된다. (……) 또한 이 단어는 특권층에게는 공포를 불러일으키는 주제이거나 비방문일 따름이고, 전제군주들에게는 추문일 따름이며, 수많은 사람들에게는 수수께끼일 따름이다. (……) 혁명정부는 허약함과 무모함, 온건주의와 과격함이라는 두 개의 암초 사이를 항해해야 한다. 절제와 온건주의의 관계는 정숙함과 무능력의 관계와 같다. 과격함은 정력과 비슷하지만 정력과 과격함의 관계는 건강과 수종水腫의 관계와 같은 것이다.³

'혁명'이라는 아무도 가보지 않은 칠흑같이 낯선 외길을 앞서서 걸어야만 했던 그의 외로움과 비장함이 묻어 있다. 이런 로베스피에르의 심정에 동조하느냐의 여부는 각 개인이 품은 이데올로기적 선택과 분리될 수 없다. 첫날 첫 방문지부터 골치 아픈 '혁명의 딜레마'와 마주친 것이다.

다음 코스로 밀 수확이 한창인 들판을 가로질러 해발 150미터 언덕에 위치한 발미Valmy 전투 지휘 현장을 찾았다. 당시 베르됭이 함락되고 9월 학살로 안팎곱사등이 신세였던 혁명정부는 1792년 9월 20일 이곳에서 오스트리아군을 격퇴하고 최초의 승전보를 전함으로써 프랑스혁명을 구원했다. '북치는 소년병'이 등장했던 이 전승의 터전을 복원하기 위해 미테랑 대통령과 유명 역사가들이 합심해 기부금을 모았다는 설명문과 그 명단이 따가운 7월 햇살에 빛나고 있었다. 프랑스군 지휘관 켈레르만Kellermann 장군 동상과 전투 당시에도 존재했는지 논란의 대상인 풍차를 배경으로 기념사진을 찍었다.

다시 차를 달려 장 자크 루소가 말년을 기탁했던 작은 시골 마을 에르므농빌Ermenonville의 포플러 섬 공원/장 자크 루소 공원Parc et Île aux Peupliers/Parc Jean-Jacques Rousseau에 들렀다. 공원 이름처럼 호수 건너편 포플러나무에 둘러싸인 루소의 옛 무덤(그는 현재 판테온에 잠들어 있다)을 향해 먼발치에서 묵념했다. 만약 혁명가들이 루소와 볼테르 같은 계몽주의 철학자들의 책을 읽고 구체제의 모순에 격분했다면, 우리는 지금 혁명의 사상적 진원지를 밟고 있는 것이다.

고속도로 옆 휴게실에서 다소 늦은 점심을 먹고 왕의 탈주미수 사건 현장을 향해 숲속 비탈길인 '루이 16세의 길'을 달렸다. 파리 튈르리 궁에 갇혀 군림하지 못하는 혁명의 포로였던 왕은 처남이 통치하는 오스트리아로 도피해 역전의 기회를 도모했다. 당시 12세의 딸 마리 테레즈와 6세의 여장한 아들 루이, 아내 마리 앙투아네트, 여동생 마담 엘리자베스를 포함한 일행은, 루이 16세가 자신의 비망록에 기록했듯이 "(1791년 6월 20일) 자정 무렵 파리를 출발해 (6월 21일) 밤 11시에 바렌 앙 아르곤Varennes-en-Argonne에 도착해서 멈추었다." 혁명지폐에 인쇄된 왕의 초상과 대조해 루이 16세를 알아본 애국파 역참장교에 의해 왕족 일가는 당시 인구 100명 규모의 깡촌이었던 바렌에서 체포되었다. 그들이 붙잡혔던 현장과 임시로 가두어두었던 (지금은 터만 남은) 곳을 돌아본 뒤, 마을을 가로질러 흐르는 에르 강변으로 나왔다. 그곳에서 왕을 마중 나왔던 근위병들이 숨어 있던 호텔 르 그랑 모나크 쪽을 바라보며 당시의 긴박했던 상황을 상상해본다. 루이 16세의 탈주미수 사건은 입헌군주정을 지지했던 보수온건파가 퇴조하고 혁명이 과격한 외길로 치닫는 데 결정적 계기가 되었다. 이 사건으로 국민들의 실낱같은 마지막 신임마저 잃은 루이 16세는 "나는 죄 없이 죽는다"라는 유언을 남기고 기요틴에 목을 내밀어야만 했다. 바렌 탈주미수 사건은 우유부단했던 그가 목숨을 담보로 걸었던 마지막 도박이었던 셈이다.

바렌에서 400킬로미터를 달려 스트라스부르Strasbourg에 도착했을 때는 밤 9시 30분. 미리 예약해둔 구시가지 지역 식당에서 그 지방 음식이라는 시큼한 양배추 절임을 깔고 나온 돼지다리 고기와 소시지를 맥주, 포도주와 함께 먹었다. 11시가 넘어서야 식사를 마치자 참을성 있게 기다리던 주인은 멀리서 온 나그네들에게 배즙으로 만든 독한 디저트 술을 서비스로 주었다. 자정 무렵 숙소에 무거운 몸을 눕혔으니 답사 첫날부터 열두 시간이 넘는 강행군이었다.

7월 20일(화요일)

스트라스부르 구시가지에서 우리의 첫 목표지는 '라 마르세예즈'가 만들어지고 초연된 장소. 1792년 어느 날 공병장교이자 아마추어 작곡가인 루제 드릴Rouget de Lisle은 시장인 디트리슈Frédéric de Dietrich의 집에서 술기운을 빌려 즉흥적으로 '라인 강 부대를 위한 군가'를 밤새 작곡했다. 다음 날 시장 자신이 처음으로 부른 이 노래는 마르세유 연맹군이 파리로 행군하는 동안 합창해 널리 퍼졌고, 그에 따라 '마르세유 병사들의 찬가'로 알려지게 되었다. 왕정의 몰락과 공화정 승리의 기쁨을 포함해 혁명의 고비마다 민중들이 애창했던 '라 마르세예즈'는 제3공화정이 공고화되는 1879년에야 국가國歌로 지정되어 파란만장한 여정에 닻을 내렸다.[4] 디트리슈의 집터에는 현재 프랑스은행Banque de France 건물이 들어섰는데 건물 한편에 국가 탄생지를 기리는 조그만 설명 팻말이 매달려 있다. 1848년 혁명과 파리코뮌은 물론 러시아혁명에서도 '라 마르세예즈'가 열창될 만큼 이 노래가 가진 세계사적 반향과 비교하면 기념 팻말은 너무 작고 초라해 보였다.

오후 1시경에 산골마을 버줄Vesoul의 어느 산등성 주차장에 차의 고삐를 묶었다. 위쪽으로 보이는 고색창연한 성은 당시 퇴폐청년 미라보가 집안의 명예를 보존하려는 아버지에 의해 갇혔던 샤토 드주Chateau de Joux. 그러나 방탕한 정치적 풍운아를 추억하기 위해 우리 일행이 이 높은 곳까지 올라오지는 않았다. 이곳은 흑인들만의 공화국을 건설하려던 아이티혁명의 영웅 투생 루베르튀르Toussaint L'Ouverture(1743~1803)가 보나파르트 장군이 파견한 원정군에 포획되어 죽기 전까지 수감되었던 감옥이기도 했다(77쪽 도판 참조).[5] 자유·평등·우애라는 구호를 훈장처럼 차고 1794년에는 식민지에서의 노예제도 철폐를 선언했던 혁명정부가 흑인 노예혁명의 훼방꾼이었다는 사실에서 백인 남성 중심주의적인 프랑스혁명의 속살을 엿본다. 루베르튀르가 감금되었던 감옥 순례를 포함한 2시간짜리 안내투어가 있었지만 빠듯한 일정에 쫓긴 우리 일행은 입구에 마련된 그와 관련된 전시물을 구경하는 것으로 만족했다.

이왕이면 코발트 빛깔이 출렁이는 생포엥 호수lac de St. Point가 보이는 멋진 곳에서 식사를 하려는 욕심에 그만 점심시간을 놓쳤다. 오후 4시 30분경에야 길목 카페를 간신히 찾아 허기를 때우고 리옹에 도착했을 때는 대략 6시. 현재 기온은 섭씨 34도. 다소 지친 발걸음으로 당시 연방주의자(중앙정부에 저항한 지방분리주의자)들의 저항 거점이었던 시청 건물을 찾았다. 파리 혁명정부가 파견한 진압세력에 목숨을 빼앗긴 수백의 시체들이 시청 지하실을 가득 채웠다고 하는데, 늦은 시각 탓에 내부 탐방이 허락되지 않았다. 대략 한 시간 정도의 시내구경을 마무리하고 오늘의 숙박지인 그르노블로 달렸다. 스위스와 국경을 접한 알프스 산맥 언저리를 통과하면서 먼 옛날 빙하에 깎인 흔적이 완연한 이국적 산허리와 잔설殘雪을 이마에 붙인 높은 산들이 창밖으로 파노라마처럼 스쳐갔다. 3시간 정도의 운전 끝에 그르노블 외곽에 위치한 모텔에 도착했을 때는 밤 9시 30분. 짐도 풀지 않고 모텔 옆에 있는 스테이크 하우스Hypo에서 기름지고 묵직한 식사를 했다.

7월 21일(수요일)

아침 8시 30분에 그르노블 구시가지로 출발해 경찰청 근처에 주차했다. 관청 앞에 체류허가증을 신청하기 위해 이른 아침부터 20~30미터의 긴 줄을 선 외국인(이민자)들의 모습이 이채롭다.[6] 옛 시청 건물(현재는 외국인 학생기숙사)에 먼저 들러 "이곳이 혁명의 첫 소리(聲)가 울린 곳"이라는 요지의 기념동판 사진을 찍었다. 그곳에서 10여 미터 떨어진 곳에 있는 옛 그르노블 고등법원으로 자리를 옮겼는데, 1788년 6월 7일에 발생했던 '기왓장 투척 시위'Journée des tuiles의 촉발 지점이다. 루이 16세의 칙령 등록을 거부한 법관들을 강제로 해산시키려는 군인들에게 민중이 기왓장을 던지며 맞섰던 사건이다. 절대왕정에 정면으로 도전하는 귀족-부르주아-민중의 합작품으로서 프랑스혁명의 예

그르노블 시내 중심부에 있는 '세 신분 탑'. 혁명 발발 100주년을 기념하여 세운 동상으로 성직자·귀족·제3신분 화합의 상징물이다.

고편이었다. 혁명 발발 100주년인 1889년에 '세 신분 탑'Tour de Trois Ordres을 건립해 그 역사적 의의를 잘 포착해서 형상화했다.

그르노블 시내를 잠시 어슬렁거리며 이곳 출신인 소설가 스탕달과 혁명기 제헌의회 의원이었던 바르나브Antoine Barnave(1761~1793)의 옛 집을 구경한 후 비질Vizille로 이동했다. 1788년 7월 21일에 도피네 지방 신분의회가 개최되어 제3신분 대표자들의 증원과 납세거부를 선언했던 역사적 마을이다. 도피네 신분의회는 신분별로 투표해 각 1표의 의결권을 갖는 전통방식을 따르지 않고 각 대의원의 머릿수를 계산해 정치적 현안을 결정했다. 1789년 5월 베르사유에서 개최되었던 전

부록 251

국신분의회에서도 신분별 대표자 숫자와 의결방법을 둘러싸고 첨예한 이해관계의 갈등과 충돌이 재연되었다는 것을 상기한다면, 도피네 지방 신분의회는 혁명의 씨앗을 파종한 축소판 리허설이었던 셈이다. 기득권을 포기하지 않으려는 귀족과 성직자에 맞서 제3신분의 중요성과 헌법적 대표성을 주창했던 '테니스코트 선언'을 주도했던 인물이 그르노블 출신의 사법관 무니에Jean-Joseph Mounier(1758~1806)였던 것은 우연이 아니었다. 가는 날이 장날이라는 한국 속담에 맞장구치듯, 오늘부터 시작되는 3일 동안의 혁명축제를 맞아 삼색기가 때 이른 단풍처럼 비질 거리에 휘날렸다.

    우리 일행은 마을과 넓은 공원 부지의 경계를 가르는 곳에 자리잡은 프랑스혁명박물관Musée de la Révolution française을 살펴봤다. 1996년 공식 출범한 5층 건물 혁명박물관에는 혁명과 관련된 사건을 묘사한 역사화와 초상화, 혁명을 소재로 한 도자기 같은 일상생활용품, 바스티유 감옥 축소모형 등 다양한 자료들이 전시되어 있었다. 소불과 고드쇼 Jacques Godechot를 포함한 프랑스혁명 전공 역사가들이 기증한 자료들로 설립된 '혁명자료 도서관 센터'Centre de documentation-Bibliothèque Albert Soboul는 1층에 자리잡고 있다. 4층에는 인권과 관련된 세계 각국의 포스터들이 전시되어 있어서 흥미로웠다. '홀쭉이나 뚱뚱이나 인권의 무게는 같다'거나 '백인 남성만을 위한 인권' 등과 같은 표어를 내세운 포스터들이 프랑스혁명이 공표한 인권선언서의 기본 정신과 그 한계를 환기시켜주었다. 일본과 다른 아시아 국가들에서 출품한 포스터들도 있었는데 한국 작품은 눈에 띄지 않았다. 5층 전시관으로 향하려는 순간 박물관 직원들이 "점심시간이므로 퇴장해야 한다"고 길

도피네 지방 비질에 있는 프랑스혁명박물관. 원래는 중세 때 건립된 귀족 소유의 성이었고 1788년에 유명한 도피네 신분의회가 개최되었던 장소이기도 하다.

을 막았다. 요리와 먹고 마시는 일상을 매우 중요하게 여긴다는 이들의 관습을 존중해 우리 일행도 이쯤에서 오전 일정을 마감하고, 박물관 직원이 "동네 사람들이 잘 가는 곳"이라며 추천해준 이탈리아 식당에서 유쾌한 점심시간을 즐겼다.

오후 2시쯤 이번 기행의 최남단 지점인 툴롱Toulon으로 먼 길을 떠났다. 해발 800~1,000미터 높이의 산길을 꼬불꼬불 달렸는데 산 어깨에 흰 눈을 덮어쓴 2,500~3,000미터 높이의 알프스 산맥이 우리를 엄호해준다. 10미터 높이의 언덕조차도 오르지 못하고 바다보다 낮은 운하 길에서 지난 10개월 동안 자전거 페달만 열심히 굴렸던 '네덜란드 임시 거주민'이었던 나로서는 오랜만에 만끽하는 높은 산 구경이다. 밀밭 중심이었던 이전의 풍광과는 달리 샛노란 해바라기 꽃밭이 끝없이 펼쳐지고, 니스와 마르세유의 이정표가 스쳐 지나가며 지중해 연안에 가까이 왔음을 알린다.

 꼬박 네 시간 넘게 엉덩이가 고생한 끝에 저녁 6시 10분쯤 툴롱 도착. 기차역 근처 숙소에 들어 잠시 휴식 후 7시에 재집결했다. 짬을 쪼개 한 군데라도 더 답사해야 한다는 강박감으로 나폴레옹 장군이 이탈리아 원정군 포병사령관 자격으로 니스를 향해 떠났던 이탈리 항Port de Italie을 좌표 삼아 시내구경을 나섰다. 15세기 말부터 지중해함대 기지였던 도시의 전통을 계승해 해군기지가 바다를 면한 구시가지를 지키고 있었다. 다소 지저분하고 권태로운 느낌을 주는 골목들을 지나 출항지를 찾아 사진을 찍고, 이탈리아 코르시카행 페리가 바라다보이는 바닷가 옆 해물요리 집에서 저녁을 먹었다.

7월 22일(목요일)

 새벽이 가까워오면서 비가 잦아들더니, 마침내 낮은 구름을 찢으며 해가 솟아올랐다. 뼛속까지 젖은 나폴레옹의 눈에, 항구를 굽어보고 있는, 영국과 대불동맹군 점령하의 요새들이 보였다. 라말그 요새와 큰 탑, 발라기에 요새와 마부스케 요새……. 하지만 그의 시선은 기억 속에 남아 있는 요새로 향했다. 에기예트 요새, 큰 항구와 작은 항구를 잇는 좁은 통로를 감시하는 곳. —저곳이 열쇠다. 비에 젖은 그의 가슴에 환한 빛이 스며드는 듯했다. 나폴레옹은 확신했다. 이 확신 말고는 아무것도 존재하지 않는 듯했다.

―에기예트 요새, 저곳을 점령해야 한다. 모든 힘을, 에기예트 정복을 위해 조직해야 한다. 에기예트에서 대포 공격을 퍼부으면, 적의 전함들은 항구를 떠날 수밖에 없을 것이며, 툴롱은 쉽게 함락될 것이다. (……) 목표는 정해졌다. 그의 내면에 평온이 찾아왔다. 이제 할 일은, 인간과 사물들을 목표에 적응시키는 것이다. 목표에 장애물이 있다면 뒤엎어야 하고, 목표를 이해하지 못하는 인간들은 밀어내야 했다.[7]

밤새 남은 숙취와 지중해의 무더위가 합방한 아침은 다소 어지럽다. 오늘의 첫 방문지는 시가지를 반대편에서 바라볼 수 있는 발랑기예르 요새Fort Balanguier. 당시 새파랗고 야심만만한 24세의 청년장교였던 나폴레옹에게 반혁명 왕당파와 영국 해군이 지배하는 툴롱 항구를 탈환하라는 임무가 주어졌다. 보급과 병력 형편상 항구 포위공격과 정면돌파가 불가능했던 어려운 작전이었다. 그는 항구에서 지중해로 나가는 길목에 돌출된 영국 해군 대포진지를 1793년 12월 16일 탈취하고 툴롱 입성에 성공했다. 전략적 독창성과 용맹성을 인정받은 그는 단숨에 육군준장으로 승진했다. 말하자면 든든한 '빽' 하나 없었던 코르시카 촌놈이 '나의 사전에는 불가능이란 없다'라는 신념으로 무장해 혁명영웅으로 도약하는 그 첫 번째 길목이 툴롱 항구였던 셈이다.

고흐가 말년을 보냈던 아를Arles에서 점심을 먹으려던 일정을 변경해 고속도로 휴게소에서 간단히 때웠다. 이렇게 저축한 시간으로 엑상프로방스Aix-en-provence 시내를 경유했다. 번개답사의 목표는 이곳 출신의 어느 부르주아Joseph Sec가 "혁명의 법을 준수하겠다"는 것을 서약하기 위해 시 혁명정부에 기부한 화려한 조각상 관람이었다. 다시

차에 몸을 싣고 시속 160킬로미터로 달려 툴롱에서 500킬로미터가 넘게 떨어진 사를라Sarlat에 도착한 것은 저녁 7시 무렵. 짧은 휴식을 취한 뒤 '프랑스에서 가장 아름다운 도시 중 하나'로 꼽히는 시내를 구경하러 나섰다. 마치 잃어버린 시간의 도시처럼 중세적 정취를 잘 간직한 시가지에서 프랑스혁명의 자취를 더듬을 수는 없었다. 고색창연한 골목마다 본격적인 바캉스를 즐기는 가족 단위의 관광객들이 붐볐는데, 그들과 섞여 이 지역 특산물인 '거위 간'(푸아그라) 요리를 전문으로 하는 식당에서 하루를 마무리하는 만찬을 나눴다.

호텔로 되돌아오는 길목에서 남미의 전통복장으로 치장한 3명의 거리 악사들이 연주하는 '엘 콘도 파사'에 낚여 걸음을 멈추었다. 서울 인사동 입구에서 연주하던 이들이 언제 이곳까지 달빛처럼 흘러들었을까.

7월 23일(금요일)

당신들이 얻은 것을 세어보라. 당신네 지도자들에게 선조들과 모든 동시대인을 멸시하도록 가르치고, 자신들조차 멸시하도록 가르쳐서 정말로 멸시당할 상태로 만들어버린 그 터무니없고 방자한 사변들로 무엇을 얻었는지 보라. ……프랑스는 범죄를 저지르며 빈곤을 산 것이다. (……) 그리고 마치 특권을 나누어 갖는 것처럼, 또는 따로 두었던 이익을 개방하는 것처럼, 재산과 권력이 흔히 걸리는 질병인 모든 불행한 타락을 모든 계층에게 확산시켰다. 이것이야말로 프랑스에 나타난 새로운 평등 원리 가운데 하나다.[8]

이번 답사 일정 중 가장 긴 오늘의 이동거리(대략 650킬로미터)를 감안해 평소보다 다소 이른 8시 15분에 출발했다. 오늘의 답사 주제는 '방데지방과 반혁명'. 1793년에 발생해 3년 동안 약 20만 명의 희생자를 낳았던 방데 지역의 반혁명 반란은 일종의 내전으로 확산되었다. 반기독교 정책과 부르봉 왕가 몰락 소식에도 침묵했던 지역민들이 파리 혁명정부가 요청한 강제징집 동원령에 반발해 반란에 돌입했다. 인간은 '혁명과 국가'라는 거창한 대의명분보다는 직접적인 이해관계에 제각기 분발해 단체로 행동한다는 평범한 진실을 재확인시켜준다.

생테밀리옹St.-Emillion과 코냑Gognac 같은 친밀한 명칭의 포도주 산지를 휘돌아 퐁트네르콩트Fontenay-le-Comte에 도착한 것은 12시 30분. 방데반란 전시물이 있다는 박물관이 점심휴무 중이어서 아쉽지만 1792년 농민반란으로 방데 반혁명의 불씨를 지폈던 브르쉬르Bressuire로 발길을 돌렸다. 도중에 조그만 시골식당에서 점심을 먹었는데, 한꺼번에 많은 동양인들을 생전 처음 보는 듯 동네 사람들이 던지는 호기심 섞인 뾰쪽한 눈길이 따갑다. 어쩌면 200여 년을 이어온 이런 배타적이며 폐쇄적인 시선이야말로 외부(파리)인들이 강요하는 급진적 변화의 물결에 맞섰던 반혁명의 원동력일지도 모르겠다고 이영림 교수가 촌평했다. 혁명 후 거의 100년이 지난 19세기 후반 늦게야 외딴 지역 농부들이 진정으로 혁명의 세례를 받은 '프랑스 시민'이라는 집단적 자의식과 정체성을 갖게 되었다는 고전적 해석[9]에 비추어보면 과장이 아닌 가설이리라.

브르쉬르에서도 반혁명에 관한 자취를 찾지 못하고 방데반란의 시작점이자 중심지였던 숄레Chalet로 옮겼다. 오후 4시 30분경에 도착해 역사예술박물관Musée de Art et Histoire을 관람했다. 선사시대부터 현재까지 방데 지역의 문명적 발생과 발전, 시대적 부침을 연대순으로 감상할 수 있도록 전시가 기획되었다. 답사 주제에 충실하게 반혁명 전투 장면을 그린 역사화, 반혁명 지도자들의 초상화, 당시 사용되었던 무기류와 낡은 군복 등을 주목해서 관찰했다. 박물관을 나와 아직도 남은 긴 여름 오후의 햇볕을 등에 업고 정부진압군과 방데반란군이 충돌했던 현장을 찾아 야트막한 야산을 헤맸다. 정상 부근에서 혁명 발발 200주년에 세워진 전쟁기념 동판을 찾을 수 있었는데, 당시 이 지역의 지형도를 양각한 동판에는 '전장戰場 숄레, 1793년'Champ de Bataille, Chalet 1793이라는 글자가 새겨져 있었다.

　오후 6시쯤 이번 답사 코스의 서쪽 끝 대서양에 위치한 키브롱Quiberon으로 이동했다. 브르타뉴 지역 갯마을 키브롱의 바다호텔Hotel de Mer에 짐을 푼 시각은 밤 9시 30분. 우리 일행이 굳이 이 후미진 곳까지 멀리 찾아온 이유는 영국 해군의 도움을 받아 이 항구에 상륙했던 왕당파 귀족들이 반혁명 지하조직인 올빼미당원Chouan들과 접선했던 흔적을 더듬어보기 위해서였다.

7월 24일(토요일)

아침식사를 간단히 하고 길 건너 해변으로 내려가서 조약돌을 주웠다. 지난 수년 동안 실행해온 나의 해외기념품 수집 관행이다. 답사 종반에 쌓인 여독 탓에 다소 늦은 9시 15분에 바다호텔을 출발해 11시쯤 오레Auray에 도착했다. 수백 명의 왕당파와 망명귀족들이 처형되어 매장된 '순교자의 땅'Champ des Martyrs을 답사하고 근처 '참회의 성당'을 찾았다. 부르봉 복고왕정 때 반혁명주의 희생자들의 넋을 위로하기 위해 샤를 10세가 헌정했다는 그리스 신전 모양의 건물인데, "정의는 영원히 기억 속에 존재한다"는 글귀가 편액처럼 정면 상단에서 호령하고 있다. 점심 후에 레뤽쉬르불로뉴Les Lucs-sur-Boulogne에 소재한 방데기념관Mémorial de la Vendée을 관람했다. 포스트모던한 건물과 전시 양식이 겨냥하는 정치적 효과가 무엇인지 아둔한 나로서는 짐작할 수 없지만, 구 소련의 반체제 인사이며 노벨평화상 수상자인 솔제니친이 1993년 기념관 개막식에 참석해 방데 반혁명의 역사적 의의를 칭송하는 기록영화는 낯설다.

꾸벅꾸벅 졸고 있는데 누가 깨워서 눈을 떠보니 낭트에 도착. 현재 시각 오후 5시. 눈을 비비며 당시 반혁명 진압책임자로 파견된 카리에 Jean-Baptiste Carrier(1756~1794)가 살았던 장소를 찾았다. 그의 지시에 따라 2,000여 명의 반혁명 분자들이 1793년 11월과 1794년 1월 사이에 구멍 난 배에서 익사당했던 호수는 도심에 편입되어 자취가 없다. 낭트 시내를 잠시 배회하다가 답사 코스에 없던 낭트 성을 구경했다. 전형적인 중세 성채 형식의 성 안으로 들어가보니 브르타뉴Bretagne 지방이 프랑스 왕국으로 통합되었던 당시의 서명서와 1598년 낭트칙령을 기리는 설명문이 성벽의 한 면에 장식되어 있었다. 마침 내부 광장에서는 100여 명의 길드 동업자들이 독특한 복장으로 손을 잡고 원을 그리면서 중세 의례를 재현하며 복고적 분위기를 연출했다.

성채가 바라다보이는 길목 카페에서 맥주 한 잔으로 더위를 식히고 6시 40분에 출발. 도중에 저녁을 먹고 베르사유 근교 숙박지에는 11시

30분에 도착. 자동차 운행기록을 흘깃 보니 1,000리가 넘는 4,000여 킬로미터의 긴 여정이었다. 알프스 산맥 옆 동부 지역을 끼고 남하해서 최남단 지중해 연안을 찍고 서쪽 끝 대서양에 손을 담근 뒤 혁명의 중심지인 파리로 되돌아온 것이다.

7월 25일(일요일)

정원과 베르사유 시 중간에 베르사유 궁전이 자리잡고 있다. 서쪽에 위치한 정원은 거대한 우주의 축소판이다. 반면 동쪽에 위치한 베르사유 시는 인간사회다. 그 중간에 있는 베르사유 궁전의 주인은 우주와 자연을 상징하는 정원을 지배하는 태양-왕이자 인간사회를 지배하는 인간-왕이다. 동서로 대비되는 두 세계의 지배자인 아폴론과 인간-왕이 일체를 이루듯, 베르사유 궁전도 두 얼굴을 지닌 야누스처럼 정원 쪽과 도시 쪽의 두 얼굴이 하나로 맞붙어 있는 형상이다.[10]

개인적으로 베르사유 방문은 이번이 세 번째다. 10년 전 프랑스 중세기행을 마친 후 숙명여대 문지영 교수의 안내로 방문했던 것이 첫 번째고, 올해 4월 초순에 봄방학을 맞아 네덜란드를 방문했던 아들딸을 데리고 아내와 함께 구경 온 것이 두 번째다. 이전 두 번의 방문이 '왜 베르사유 궁전에는 화장실이 없는가?' 정도의 관광객으로서의 호기심 여행이었다면,[11] 세 번째인 오늘의 주요 루트는 궁전 바깥에 형성된 신도시 베르사유—'인간사회'—다. 사실 베르사유 궁전과 프랑스 혁명의 직접적 연관성은 바스티유 함락 후 배고픈 파리의 아낙네들이

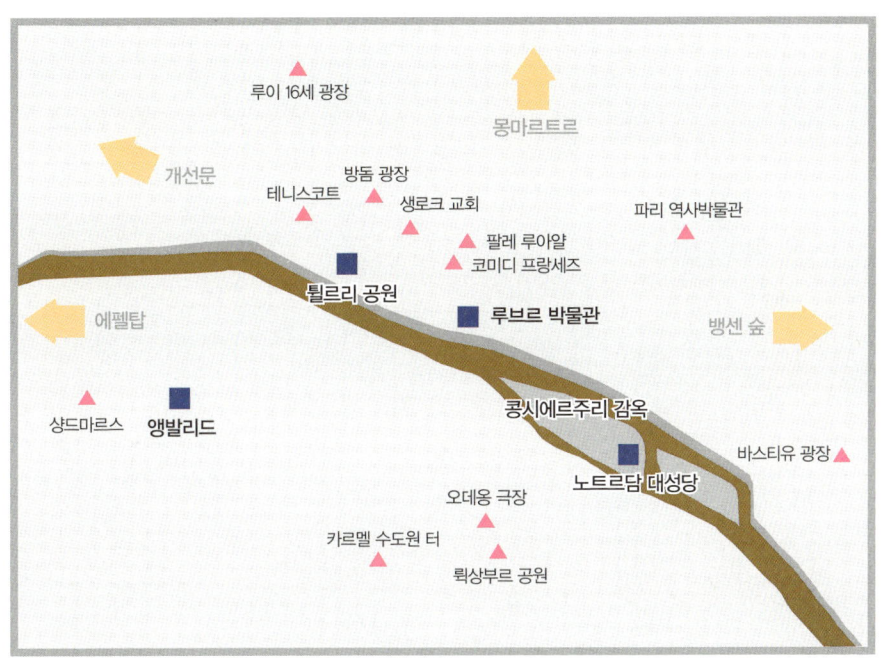

'빵집 주인' 루이 16세를 잡으러 이곳으로 쳐들어온 '베르사유 행진' 정도에서 찾을 수 있을 뿐이다.

첫 번째 들른 곳은 1789년 5월 5일에 전국신분의회가 개최되고 그해 8월에 인권선언서가 발표되었던 소락궁 l'hôtel des Menus-Plaisirs 터. 궁전 연예에 소용되는 각종 소도구를 보관하고 만들기 위해 1745년에 건립된 장소였는데 현재는 음악학교 Centre de musique baroque de Versailles로 활용되고 있다. 전국신분의회의 의제와 표결방식을 둘러싼 신분 간의 대결구도가 바스티유 감옥 탈취라는 돌발사태로 이어졌고, 그 첫 열매로 8월 4일 밤에 봉건제 철폐가 발표된 곳도 소락궁이므로 어떤 의미에서는 혁명의 출생지가 이곳이다.

파리 가 Avenue de Paris 방향으로 소락궁을 나와 베르사유 궁전 정면을 바라보며 올라오다가 왼쪽 구역으로 들어갔다. 제3신분이 모여 "새 헌법이 만들어질 때까지 결코 해산하지 않겠다"고 선언했던 테니스코트 Jeu de Paume를 제일 먼저 찾았는데, 휴일이라서 문이 닫혀 있었다. 근처 관공서와 당시 권력가들이 살던 집들을 구경했는데, 비유하자면 경복궁 근처와 북촌에 거주했던 양반동네를 소요하는 셈이다. 루이 16세가 취미로 가꾸었다는 정원에 들러 잠시 꽃 냄새로 활기를 찾아 신분회의 개회식 전날 대표들이 미사를 봉헌했다는 생 루이 Saint-Louis 성당으로 갔다. 성당 옆 남쪽 구역에는 베르사유 궁전에서 필요했던 물품들을 제조하거나 공급했던 2~3층 규모의 부르주아지 가게와 거주지가 온전하게 늘어서 있었다.

탐방 2부 순서는 베르사유 궁전을 정면으로 바라보며 오른쪽 구역이다. 아라스 촌놈 로베스피에르가 제3신분 대표자 신분으로 잠시 하

베르사유 소락궁. 1789년에 전국신분의회가 개최되고 같은 해 8월에 「인간과 시민의 권리선언」이 발표되었던 역사적인 현장이다.

숙했던 장소를 찾아보려고 지역 경찰을 포함해 여러 사람에게 문의했지만 결국 실패. 일요일 노상좌판시장에 선보인 싱싱한 여름 과일들을 눈요기하면서 신분의회 대표자들의 미사행진의 출발점이었던 성당에 도달했다. 오전 내내 베르사유 궁전 주변을 두 시간 넘도록 걸어다닌 탓에 모두가 시장했지만 꾹 참고 파리의 차이나타운으로 갔다. 답사 후 처음으로 맛보는 얼큰한 고추양념과 시큼한 레몬이 어울린 베트남 쌀국수에 일행 모두 흡족한 표정이다.

숙소로 가는 길에 루이 16세 가족이 1791년 튈르리 궁전에서 쫓겨나 갇혀 있던 탕플을 찾았지만, 파리 3구의 구청이 성터의 흔적마저 삼켜버렸다. 오후 3시쯤 파리 외곽 Vanves 호텔에 짐을 부리고 바스티유

부록　263

광장으로 향했다. 소락궁이 혁명으로 치닫는 행정적 진원지라면, 옛 바스티유 감옥 터야말로 '길거리 혁명'의 즉각적 점화점이다. 감옥 탈취 다음 날인 1789년 7월 15일 역사적 상징물을 상업적 이익으로 환산하는 데 특별한 안목을 가지고 있던 피에르 프랑수아 팔루아Pierre-François Palloy라는 장사꾼이 건물 사용독점권을 획득해 해체를 서둘렀다. 부서진 감옥 벽돌은 금전적 수익을 위해 기획된 지방순회전시에 동원되었고 콩코르드 다리 건설공사 자재로도 재활용되었다. 1792년에 '자유 광장'Place de la Liberté이라는 이름을 부여받았던 감옥 터 중앙에는 1830년 7월 혁명 때 '시민왕' 루이 필리프가 7월 기념비를 높이 세웠다. 그리고 혁명 200주년인 1989년에 건축된 (한때 정명훈이 지휘했던) 바스티유 오페라 건물도 한 자리를 차지하고 있다. 광장 주변을 점한 카페와 식당 자리들도 옛 감옥 터의 일부에 속하므로 바스티유 공간의 상업화 전통은 현재진행형인 셈이다.

광장 한편에서는 타미르 소수민족들이 파리 경찰의 에스코트를 받으며 인도 정부의 차별정책에 항의하는 집회를 열고 있었다. '바스티유'라는 이름이 아직까지도 '인권과 해방'이라는 기표로 작동하고 있다는 증표인가.

7월 26일(월요일)

체력이 고갈된 탓인지 모두 늑장을 부려 오전 10시 30분에야 파리 시내 답사를 시작했다. 1793년 9월 학살 때 100여 명의 성직자들이 학살되었던 카르멜 수도원Séminaire des Carmes을 먼저 찾았다. 현재는 가톨릭 대학교Institut Catholique de Paris로 사용되고 있는데, 지하 감옥에서 비선서파 성직자들을 끌어내 목 졸라 죽인 현장에는 라틴어로 '여기에서 죽임을 당하다'HIC CECIDERUNT라는 돌비석이 세워져 있었다. 옛 소르본 대학교 부근의 뤽상부르 공원으로 걸음을 옮겼다. 17세기 초에 루이 13세가 어머니를 위해 건축했던 뤽상부르 궁전은 혁명 당시 프로방스 백작이 형 루이 16세의 야반도주 직전까지 살던 곳이다. 공포정치 기간에는 당통과 데물랭 같은 주요 정치범들을 수감했던 고급 감옥이었고, 테르미도르 반동 직후 상류층 사교장으로 사용되었을 때 청년 장교 보나파르트가 과부 조세핀과 눈이 맞은 곳이기도 하다.

현재는 상원 건물로 사용되고 있는 뤽상부르 궁전 정문 앞쪽으로 빠져나와 오데옹Odéon 극장 앞 로터리 부근에 있던 '자코뱅 우파' 데물랭 Camille Desmoulins(1760~1794)이 살던 곳을 찾아봤다. 내친김에 그 구역을 왕복하며 '혁명의 아마조네스' 메리쿠르[12]가 거주했던 옛 호텔 건물, 자코뱅의 체포 위협을 피해 콩도르세Marquis de Condorcet(1743~1794)가 피신했던 친구 집, 그 지적인 골목 맞은편에 위치한 올랭프 드 구즈의 집 등을 노크했다. 그러다가 계몽주의 남성 철학자들 중에서도 매우 예외적으로 남녀평등을 옹호했던 콩도르세와 「여성(시민)의 권리선언」을 발표했던 구즈는 '사회 서클'Cercle Social이라는 이름을 가진 같은 정치 동아리에 몸을 담았다는 사실이 갑자기 떠올랐다.[13]

프랑스혁명기 일종의 페미니스트로서 같은 구역에 거주했던 이웃 사촌인 메리쿠르, 콩도르세, 구즈는 살아생전에 개인적으로도 가까웠을까? 그들이 길모퉁이 카페에서 이마를 맞대고 여성해방의 절박함과 당위성에 관해 포도주를 나눠 마시며 열변을 토했는지는 잘 알 수 없

위) 계몽주의 철학자이며 혁명의회 의원이었던 콩도르세가 사망 직전인 1793~1794년에 거주했던 친구 집.
아래) 콩도르세가 마지막 저서 『인간 정신의 진보에 관한 역사적 개요』를 집필했던 장소라는 설명문.

지만, 이들은 제각기 다른 종류의 죽음으로 프랑스혁명과 결별했다. 구즈는 1793년 11월 기요틴에 먼저 목숨을 잃었고, 1793년 5월 민중여성으로부터 몰매를 당한 메리쿠르는 그 충격으로 사망할 때까지 22년 동안 정신병자로 지냈다. 도망자 콩도르세는 1794년 4월에 파리 근교에서 체포되고 나서 이틀 후 사망한 채 발견되었다.

오데옹 근처에서 스파게티 점심으로 원기를 충전하고 골목 탐사를 계속했다. 코르들리에 클럽이 있던 파리 의과대학 건물, 의사 기요탱이 살던 집, 마담 롤랑과 마라의 암살자 코르데이가 구금되었던 생제르맹데프레St. Germain des Prés 성당 등등. 오후 3시쯤에는 당통 동상이 바라다보이는 길거리 카페에서 잠시 휴식. 혁명 100주년 기념해인 1889년에 그가 거주하던 집터에 세워진 당통 동상 하단에는 "빵 다음으로 중요한 것은 교육이다"라는 말이 새겨져 있었다.

오늘 답사의 마지막 코스는 센 강변 시테 섬의 콩시에르주리Conciergerie 박물관이다. 왕궁을 관리하는 '문지기'(콩시에르)에서 건물 이름이 유래했는데, 파리 최초의 궁전으로 건축되었지만 역대 왕들이 루브르 궁과 뱅센 궁을 선호해서 중세 말부터 감옥으로 용도 변경된 곳이다. 요즘은 왕비 마리 앙투아네트가 처형 직전에 9주일 동안 감금되었던 감옥으로 유명세를 치르며 관광객들을 모은다. 프랑스혁명과 관련된 전시물만 선별적으로 관람했는데, 신분과 재산 차이에 따른 감옥 크기와 시설 차이, 이데올로기의 좌우에 관계없이 기요틴에 목숨을 잃은 사람들의 명단, 마리 앙투아네트가 마지막 순간까지 실제 거주했던 침소 겸 감방 등이 인상적이었다. 기록에 따르면 꼬박 16시간 동안 선 채로 혁명재판소에서 심문을 받고 사형선고를 받은 앙투아네트는 "나는 그저 루이 16세의 아내였으며 그의 소망에 순응해야만 했다"라는 최후진술을 남겼다. 새벽 4시에 콩시에르주리 감옥으로 돌아온 왕비는 시누이 마담 엘리자베스에게 유언과 같은 마지막 편지를 적으며 뒤에 남은 아들딸의 보호를 부탁했다.

나는 방금 사형선고를 받았어요. 그저 죄수들이나 받는 수치스러운 죽음이 아니라 당신의 오빠와 재결합하기 위한 죽음이지요. 당신의 오빠와 마찬가지로 죄가 없기에 나는 그가 마지막에 보여준 확고부동함을 보여줄 수 있기를 바랍니다. 양심이 깨끗한 사람들이 그렇듯이 나는 평온합니다. 나로서 가장 슬픈 일은 가엾은 아이들을 버리고 가야 하는 것입니다. 내가 오직 아이들을 위해서 그리고 당신을 위해서 살아왔다는 것을 당신은 알 겁니다. 내 선량하고 다정한 누이여. (……) 내가 저지른 모든 죄에 대해서 하느님의 용서를 구합니다.[14]

1793년 10월 16일 아침, 손을 뒤로 묶인 채 마차가 아닌 수레에 실려 콩코르드 광장에 도착한 '미망인 카페'는 38세의 나이에 남편 '루이 카페'의 뒤를 따랐다. 정치범 자격으로 국민공회의 정식 판결을 받고 처형 직전에 가족 면회가 허락되었으며 형장에서는 비선서파 신부의 전례典禮까지 받았던 루이 16세와 달리, 형사재판정에서 파렴치한 외국 스파이 판결을 받은 마리 앙투아네트의 죽음은 성차별적이었다는 페미니스트 역사가들의 비난은 근거 있는 항변이었다.

7월 27일 (화요일)

짧은 이동거리를 감안해 느긋하게 10시 30분에 호텔을 나와 팔레 루아얄Palais-Royal에 11시쯤 도착. 팔레 루아얄은 원래 루이 13세의 재상 리슐리외의 개인 저택으로 건축되었지만, 그가 죽은 후 왕가의 소유가 되었다. 루이 14세가 동생Phillipe de France에게 하사한 후 오를레앙가의 세습 재산이 되었다. 1780년에 팔레 루아얄의 새 주인이 된 '평등공 필리프'Philippe Égalité는 정원과 주변 건물을 회랑을 갖춘 아케이드 양식으로 재개발해 100개가 넘는 카페, 살롱, 박물관 등으로 임대해서 짭짤한 수입을 올렸다. 혁명 직전까지 파리에서 가장 유명한 쇼핑센터이자 고급 창녀들이 단골을 찾던 오락명소였다. 풋내기 언론인이었던 데물랭이 1789년 7월 13일에 민중을 상대로 선동적인 정치연설을 하고 '준비된 혁명가'로 데뷔한 곳도 이곳이었고, 왕당파 지지자 코르데이가 마라 암살에 사용할 칼을 구입한 가게(현재 제이콥 명품가게 자리)도 이곳이었다. 당시 부속으로 지었던 극장 코미디 프랑세즈도 건재하고 궁전의 일부는 현재 문화부를 포함한 관공서로 사용되고 있다.

장소를 옮겨 루이 16세와 마리 앙투아네트가 처형당한 후에 임시로 묻혔던 마들렌 묘지공원Cimetière de la Madeleine을 방문했다. 원래는 가톨릭 공동묘지로 조성되었으나 프랑스혁명 때 루이 16세 부부와 그들을 지키려다 순직한 스위스 근위병들, 올랭프 드 구즈, 마담 롤랑, '격앙파' 지도자 에베르Jacques Hébert(1757~1794) 등이 매장되었던 곳이다. 1794년에 묘지가 폐쇄되어 사유지가 된 후에 왕당파 지지자가 매입했다가 복고왕정 때 루이 18세에게 양도했다. 루이 18세는 형과 형수(루이 16세와 마리 앙투아네트)의 유해를 수습해 전통적으로 대부분의 프랑스 왕들이 잠들어 있는 생드니 교회Basilique Saint-Denis로 이장시키고, 묘지공원에 참회 예배당Chapelle expiatoire을 건립했다. 공원 입구에 '루이 16세 광장'square Louis XVI이라고 쓴 이정표가 부활한 스위스 근위병처럼 부자동네 공원이 된 옛 공동묘지를 지키고 있다.

마들렌 묘지공원을 빠져나와 언덕길을 20분쯤 걸어서 로베스피에

부록 269

르 형제와 생쥐스트 등을 포함한 '최후의 자코뱅' 멤버들이 처형되었던 장소를 탐사했다. 당시에는 파리 시 외곽(서울 식으로 말하자면 4대문 바깥?) 경계 지역이었던 현장에는 이곳이 처형 장소임을 알려주는 허름한 동판만이 건물 외벽에 무심히 부착되어 있었다. 제2제정기 때 오스만이 파리를 재설계할 때 이곳에 매장되었던 뼈들을 무차별로 끌어모아서 지하 무덤 Catacombes de Paris으로 옮겼기 때문에 '뼈의 주인'을 분간할 수 없다고 한다. 왕과 왕비의 뼈와 기타 여러 사람의 뼈는 (혁명 이후에도!) 지극히 차별적인 대접을 받았던 것이다.

일본 라면으로 점심을 해결하고 오후 답사의 첫 행선지인 생로크 교회 Eglise Saint-Roch로 향했다. 사드 후작 Marquis de Sade의 결혼식 장소이자 계몽주의 철학자 돌바크 Baron d'Holbach가 묻힌 교회이며, 혁명 당시 자코뱅주의자 청년장교 나폴레옹이 왕당파 쿠데타를 진압했던 곳이기도 하다. 400여 명의 희생자를 낼 만큼 격렬했던 시가전이 있었음을 증언하듯 총탄 자국이 성당 외벽에 생채기처럼 아직도 남아 있다. 계속해서 로베스피에르의 숙소, 반짝이는 유리 외벽으로 화장하고 종합상가로 변신한 옛 자코뱅클럽 장소, '평등주의자들의 음모'를 주동했던 바뵈프 François-Noël Babeuf(1760~1797)가 1797년에 처형당했던 방돔 광장 Place Vendôme 등을 경유해 콩코르드 광장에 이르렀다. 우연히 발밑에서 루이 16세와 마리 앙투아네트가 공개 처형되었던 장소임을 기록한 동판을 발견해서 촬영했다.

광장을 오른쪽으로 건너 투르 드 프랑스 자전거 경주 기념 티셔츠를 사려고 상점을 기웃거리며 한눈을 팔다가 일행을 잃어버렸다. 울랄라, 나는 도대체 자전거 레이서인가 아니면 성실한 진짜 역사가인가?

다행히 혁명의회가 개최되었던 옛 튈르리 궁터에서 나를 기다려준 일행과 합류했다.

 낙오자 없이 차를 타고 파리 역사박물관Musée de Carnavalet에 도착한 것은 오후 4시 50분경. 다행히 한 시간 정도의 관람시간이 남아서 혁명과 관련된 여러 가지 귀한 자료들을 촬영했다. 바스티유 감옥 함락 직후 파리 국민방위대 캡틴 윌랭Hulin이 루이 16세에게 선물했던 벽돌사진이 나의 시선을 사로잡았다. '반달리즘과 재건'이라는 제목의 특별전시가 진행 중이었는데, 혁명의 유산을 야만과 파괴를 연상시키는 단어와 등식화하려는 기획 의도에서 사르코지 정권의 보수성을 읽을 수도 있으리라. 6시쯤 박물관을 나와서 에펠탑 근처의 샹드마르스 광장에서 단체사진을 찍는 것으로 이번 답사를 공식적으로 마무리했다. 사족으로 덧붙이자면, 1900년 파리세계박람회에 참가했던 조선이 프랑스 귀족의 돈을 빌려 지었다는 '조선전시관'Pavillion coréen이 광장 변두리에 자리잡고 있었다.

7월 28일(수요일)

공식 답사는 어제 마감했지만 저녁시간에 있는 한국행 비행기를 기다리는 짬을 이용해 보너스 답사를 즉흥적으로 결정했다. 새삼스럽게 따져보니 답사 일행의 산술적 평균연령은 (2010년 기준으로) 대략 52세. "싸우면서 건설하자"는 구호에 민주주의의 허리띠를 졸라매고 경제적 성취주의를 복창했던 박정희 세대에 속하는 셈이다. 그렇다! 근대화라는 종착역으로 달리는 열차가 좌고우면하지 않았듯이, 우리 몸에 각인된 성과주의의 리듬에 발맞춰 혁명답사의 달음박질도 멈출 수 없는 것이다.

나시옹 광장Place de la Nation 근처에서 내려 구체제 때 노동폭동이 발생했던 포부르 생탕투안Faubourg Saint-Antoine 소재 옛 레베이용Réveillon 벽지공장을 살펴보았다. 그곳에서 도보로 5분 거리에 있는 픽퓌스 공동묘지Cimetière de Picpus가 10박 11일 답사의 진짜 마지막 코스가 되었다. 원래 가톨릭 수도원 부지였던 이곳은 혁명으로 국유화되었다. 이곳은 공포정치의 절정기인 1794년 6월 14일부터 7월 27일에 나시옹 광장에 설치된 기요틴에 목숨을 잃었던 1,300여 명의 귀족과 (수녀를 포함한) 성직자, 반란군인 등이 집중적으로 매장되어 피의 시냇물이 흘렀다는 기억의 터전이다. 테르미도르 반동 이후 희생자 유족이 이 묘지를 공동으로 매입해 현재는 파리에서 가장 큰 사유지 공동묘지로 남아 있다.

평일에는 오후에만 일반인에게 개방된다고 하여 프랑스혁명의 또 다른 풍운아 라파예트Marquis de Lafayette(1757~1834)의 무덤을 방문하지는 못했다. 미국혁명의 영웅이며, 프랑스혁명기 파리 국민방위대의 사령관을 역임했고, 1791년 샹드마르스 광장의 학살자로 악명을 얻어, 1792년에 적국 오스트리아로 도망간 배반자, 왕정복고기에 하원의원으로 컴백한 뒤, 1830년 7월 혁명의 킹메이커로 활약했던 그의 무덤에 누가 침을 뱉으랴. 혁명과 정치는 짧고 인생과 오욕은 길다고 라파예트는 죽어서 증언한다. 오호라, 아라스의 로베스피에르 변호사 사무실 순례로 출발한 답사가 파리 기요틴 희생자 공동묘지 문 앞에서 마침내 종결되었구나.

차이나타운으로 가서 베트남 쌀국수로 앙코르 점심식사를 한 후, 당통 동상 옆 카페에 재집결해 답사팀을 해산했다. 앞에서 언급되었던 최갑수 단장, 보조운전사 역할을 맡아준 이영림 선생 외에도, 말없이 답사팀의 무게중심을 잡아주었던 강일휴, 무더운 파리의 언덕을 함께 걸었던 문지영, 숙소를 예약하고 장거리 운전이라는 고행의 짐을 졌던 임승휘 선생 등— '혁명의 추억'을 공유하고 제각기 만들었던 일행에게 고마움을 표한다. 오늘 한국으로 귀국하는 3명은 드골국제공항으로 떠나고, 나머지 3명은 개인용무를 위해 각자 예약해놓은 숙소로 흩어졌다. 나는 파리 외곽의 민박집을 향해 앞으로!

후기

원래 3박 4일 묵으려던 민박집에서 하룻밤만 지내고 짐을 챙겨 나왔다. 아침을 먹으려고 이층 방에서 아래층 식당으로 내려갔다가 마치 벌집처럼 수많은 방에 모인 한국 배낭족 대학생들을 만났기 때문이다. 조용한 휴식공간으로 민박집이 어울리지 않는다는 것을 뒤늦게 알았다. 다행히 파리 대학생기숙사(시테) 노르웨이관에 묵고 있는 임승휘 선생의 호의로 그와 함께 방을 쓰게 되었다.

파리 잔류 목적이 '조선의 1900년 파리세계박람회 참가의 이모저모'에 관한 자료조사였던 만큼, 여독을 풀 겨를도 없이 작업에 돌입했다. 29일(목)에는 문지영 선생의 안내로 미테랑 국립도서관을 방문해 회원카드를 발급받았다. 그리고 19세기 후반에 한국이 유럽과 프랑스인들에게 어떻게 인식되었는지에 관한 신문기사와 여행 잡지 등을 검색하고 자료를 맛보기 삼아 복사했다. 30일(금)에는 국립자료실Archives nationales을 방문해 박람회 참가준비를 위해 조선과 프랑스 관계자들이 주고받았던 편지와 메모 등을 급한 대로 일별하고, 설계도와 프랑스 대리인 명함 등을 카메라에 담았다.

토요일(31일)에는 소르본 대학교 근처의 책방을 순례하면서 세계박람회에 관한 책들을 사 모으는 것으로 분주했던 겉치레 자료채집을 일단락했다. 늦은 오후에는 옛 국립도서관 근처의 한국식품점에서 이것저것 쇼핑을 했다. 파리에서의 일정 마감을 자축하는 작은 파티를 숙소인 시테 노르웨이관 1층 야외식당에서 열었다. 문지영, 임승휘 선생 외에 마침 연구차 머물고 있던 프랑스혁명 전공자 양희영 선생도 참석하여 즉석에서 구운 고기에 포도주를 마시며 즐겁게 이런저런 이야기를 나누었다.

아참, 1900년 파리세계박람회에 참가했던 조선 대표자들은 프랑스혁명에 관해 무엇을 알고 있었을까? 에펠탑을 바라보면서 그것이 혁명 100주년을 기억하기 위한 기념비였음을 이해했을까? 프랑스인들이 허허벌판 명동에 건축한 명동성당의 위용에 놀랐을 그들에게 프랑스혁명은 도대체 어떤 의미를 갖는 세계사적 사건이었을까? 네덜란드를 베이스캠프 삼아 유럽을 1년간 떠돌다가 귀국해야 하는 내가 골몰해야 할 또 다른 질문이다. '너에게로 또다시 돌아가기까지가 왜 이리 힘들었을까.'

미주

머리말

1 인권연대 http://www.hrights.or.kr 웹진 2013년 2월 13일, 육영수, 「혹은 새해인사」 참조.

2 각 장 내용의 기본 바탕이 된 글들의 출처는 다음과 같다.
「린 헌트의 문화적 사건으로서의 프랑스혁명 재조명」, 『역사비평』 38(1997년 가을); 「영화로 읽는 프랑스혁명 I —〈프랑스대혁명〉의 사학사적 분석」, 『프랑스사 연구』 4(2001. 2); 「프랑스혁명은 여성들에게도 정말로 '혁명적'이었을까?—영화로 읽는 프랑스혁명 II」, 『프랑스사 연구』 6(2002. 2); 「영화로 쓴 역사인물 다시 읽기: 아벨 강스의 〈나폴레옹〉—영화로 읽는 프랑스혁명 III」, 『프랑스학 연구』 24(2002년 겨울); 「근대 프랑스 민중공연문화의 '문명화 과정', 1750-1799—역사적 스케치」, 『프랑스사 연구』 14(2006. 2); 「프랑스혁명을 읽는 세 가지 다른 시선: 육체, 공간, 노래의 정치문화사」, 『대구사학』 85(2006. 11); 「프랑스혁명의 기억을 찾아 천리 길」, 『프랑스사 연구』 24(2011. 2); 「프랑스혁명과 인권: 세계화 시대에 다시 읽는 '인간과 시민의 권리선언'」, 『서양사학연구』 25(2011. 12); 「'레미제라블': 혁명의 배반, 또 다른 시작」, 『역사와 문화』 25(2013. 5)

3 영화 포스터와 클립을 제외한 이 책에 포함된 대부분의 사진자료들은 필자가 프랑스 현장에서 직접 촬영한 것이다.

프롤로그 '레미제라블': 혁명의 배반, 또 다른 시작

1 워킹 타이틀·매킨토시 프로덕션 2012년 공동제작, 톰 후퍼 감독, 윌리엄 니콜슨 각본, 휴 잭맨(장발장 역)과 러셀 크로(자베르 역) 주연, 러닝타임 158분. 이 영화에 등장하는 오리지널 노래들은 클로드 쇤베르크가 작곡했고 알랭 부블리가 작사했다. 필자

는 이 글을 쓰기 위해 2010년 영국 런던 오투O₂ 극장에서 공연되었던 뮤지컬 〈레미제라블〉 25주년 기념 콘서트 DVD(카멜론 매킨토시·유니버설 영화사 공동제작)와 첫 한국어 뮤지컬 〈레미제라블〉(최용수 연출, 김문정 음악감독, 정성화/장발장 역·문종원/자베르 역 주연, 서울 블루스퀘어 삼성전자 홀, 2013년 5월) 공연을 참조했다.

2 Alan B. Spitzer, *The French Generation of 1820*(Princeton : Princeton University Press, 1987) 참조.

3 조르주 뒤프 지음, 박단·신행선 옮김, 『프랑스 사회사』(동문선, 2000), 110쪽.

4 Peter Stearns, *Priest and Revolution : Lamennais and the Dilemma of French Catholicism*(New York : Harper & Row, Publishers, 1967), 28~30쪽; 뒤프, 『프랑스 사회사』, 111쪽.

5 Stearns, *Priest and Revolution*, 29쪽.

6 뒤프, 『프랑스 사회사』, 158쪽.

7 Pamela Pilbeam, *The Constitutional Monarch in France, 1814~48*(London : Longman, 2000), 3쪽.

8 "누가 혁명들을 중도에서 멈추게 하는가? 부르주아 계층이다. 왜? 부르주아 계층이란 만족에 도달한 이권이기 때문이다. 어제는 욕구였으되, 오늘은 충족이며, 내일은 포만일 것이다. ……정지란 기운의 회복이다. 무장한 채 눈을 뜨고 취하는 휴식이다. 초병을 세워 경계를 하고 있는 성취된 사실이다. 정지는 어제의 전투와 내일의 전투를 모두 수반한다. 그것은 1830년과 1848년의 중간이다." 빅토르 위고 지음, 이형식 옮김, 『레미제라블』 4권(펭귄클래식코리아, 2010), 20~21쪽.

9 Roger Price, *A Social History of Nineteenth-Century France*(London : Hutchinson, 1987), 143, 197쪽.

10 '사회주의'라는 용어 등장의 역사적 배경과 초기 사회주의의 성격에 대해서는 육영수, 「유토피아 사회주의」, 김영한 엮음, 『서양의 지적 운동: 르네상스에서 포스트모더니즘까지』(지식산업사, 1998) 참조. 특히 398~399쪽.

11 William H. Sewell, *Work & Revolution in France : The Language of Labor from the Old Regime to 1848*(Cambridge : Cambridge University Press, 1980), 201~206쪽 참조. 서양에서의 '연대'의 역사철학적 기원과 개념적 변천사에 대해서는

라이너 촐 지음, 최성환 옮김, 『오늘날 연대란 무엇인가: 연대의 역사적 기원, 변천 그리고 전망』(한울, 2008) 참조.

12 육영수, 「생시몽주의의 '총체성'과 현실참여, 1828년-1832년」, 『서양사론』 47(1995. 12), 148~150쪽.

13 Spitzer, *The French Generation of 1820*, 56쪽.

14 Pilbeam, *The Constitutional Monarch in France*, 58쪽.

15 Mark Traugott, *The Insurgent Barricade*(Berkeley: University of California Press, 2010), 21쪽.

16 Traugott, *The Insurgent Barricade*, 91쪽.

17 "아베쎄의 친구들이라는 단체가 무엇이었을까? 표면상으로는 아이들 교육을 목표로 내걸고 있었으나, 실제로는 '인간을 다시 세우는' 것이었다. 그들은 아베쎄(ABC)의 친구들을 표방했다. 하지만 ABC는 곧 아베쎄(Abaissé, 억눌린 사람), 즉 백성이었다. 백성들을 다시 일으켜 세우겠다는 뜻이었다." 위고, 『레미제라블』 3권, 110쪽.

18 위고, 『레미제라블』 4권, 350~351쪽.

19 위고, 『레미제라블』 5권, 104~110쪽.

20 김욱동, 『번역과 한국의 근대』(소명출판, 2010), 246, 280~281쪽. 각 번역본에 대한 상세한 분석은 박진영, 「소설 번안의 다중성과 역사성: 『레미제라블』을 위한 다섯 개의 열쇠」, 『민족문화사연구』 33(2007) 참조.

21 위고, 『레미제라블』 3권, 109쪽.

1장 여성을 위한 프랑스혁명은 없다

1 1989년 4월 28일 베일러 대학교에서 열린 제11회 찰스 에드먼슨 역사 강좌 Charles Edmondson Historical Lectures에서 행한 강연 노트는 Robert Darnton, *What was Revolutionary about the French Revolution*(Waco, Texas: Baylor University Press, 1989)으로 출간되었다.

2 Darnton, *What was Revolutionary about the French Revolution*, 16~18쪽.

3 Darnton, *What was Revolutionary about the French Revolution*, 39쪽.

4 Darnton, *What was Revolutionary about the French Revolution*, 10~11쪽.

5 프랑스혁명의 기원에 대한 단턴의 민중적 해석에 관해서는 육영수, 『책과 독서의 문화사: 활자인간의 탄생과 근대의 재발견』(책세상, 2010), 206~255쪽 참조.

6 Joan Kelly-Gadol, "Did Women Have a Renaissance?" in Renate Bridenthal et als ed., *Becoming Visible—Women in European History*(Boston: Houghton Mifflin Company, 1987), 175~201쪽.

7 함희숙,「프랑스혁명과 여성운동」,『여성』 2(1988. 1); 이세희,「프랑스혁명기 여성운동과 파리의 민중협회」,『부대사학』 12(1988. 6); 이세희·현재열,「프랑스혁명과 여성의 역할」,『프랑스사 연구』 7(2002. 8); 이세희,「올랭프 드 구즈의 생애와 '여권선언'」,『서양사학연구』 19(2008. 12); 양희영,「프랑스 혁명의 아마존 테루아뉴 드 메리쿠르」,『서양사론』 99(2008. 12) 등 참조. 이세희는 그동안 발표했던 논문들을 모아 『프랑스대혁명과 여성·여성운동: 페미니즘의 파란만장한 드라마』(탑북스, 2012)를 출간했다.

8 이세희·현재열,「프랑스혁명과 여성의 역할」, 10~11, 14쪽 참조.

9 Joan Landes, *Women and the Public Sphere in the Age of the French Revolution*(Ithaca: Cornell University Press, 1988), 122~123쪽.

10 Jules Michelet, *Les Femmes de la Révolution*(Paris, 1854) 참조.

11 Elisabeth Roudinesco, *Madness and Revolution: The Lives and Legends of Théroigne de Méricourt*(Verso: London, 1991), trans. by Martin Thom, 121쪽.

12 이세희·현재열,「프랑스혁명과 여성의 역할」, 24쪽.

13 도미니크 고디노,「자유의 딸과 혁명적 여성시민」,『여성의 역사』 4권(상), 58~59쪽. 이 사건의 배경과 그 여파에 대한 좀더 상세한 설명은 Dominique Godineau, *The Women of Paris and Their French Revolution*(Berkeley: University of California Press, 1998), 158~174쪽 참조. trans. by Katherine Streip. 원제는 *Citoyennes tricoteuses: Les femmes du peuple à Paris pendant la Révolution française*(Paris, 1988) 참조.

14 Hufton, *Women and the Limits of Citizenship*, 49쪽.

15 Olwen Hufton, *Women and the Limits of Citizenship in the French*

Revolution(Toronto: Univ. of Toronto Press, 1994), 24~25쪽.

16   Landes, *Women and the Public Sphere*, 144쪽 재인용.

17   Roderick Phillips, *Untying the Knot: A Short History of Divorce*(Cambridge: Cambridge Univ. Press, 1991), 63쪽. 국내 번역본은 박범수 옮김, 『이혼의 역사』(동문선, 2001) 참조.

18   Godineau, *The Women of Paris*, 368쪽.

19   엘리자베트 슬레지예프스키, 「전환점으로서의 프랑스 혁명」, 『여성의 역사』 4권 (상), 68~69쪽.

20   Claire Goldberg Moses, *French Feminism in the Nineteenth Century*(Albany: State University of New York Press, 1984), 15~16쪽.

21   Landes, *Women and the Public Sphere*, 1~2쪽.

22   Landes, *Women and the Public Sphere*, 18~22쪽.

23   Landes, *Women and the Public Sphere*, 38, 204쪽.

24   랜즈가 18세기 권력-네트워크로서 살롱이 가지는 여성파워를 강조했던 것과는 달리, 살롱의 정치적 영향력을 평가절하하는 견해도 있다. 예를 들면 살롱활동을 통해 여성들이 고급문화와 교양표준을 제정하는 문명화 프로젝트civilizing project를 수행한 것은 인정하지만 정치 영역, 배우자 선택, 재산분배 등과 같은 중요한 결정사항과 관련해서는 여전히 남성에게 종속적인 역할에 머물렀다는 지적이 제기된다. 살롱의 여주인들로 대표되는 18세기 "엘리트 여성들이 갖는 지배와 종속의 역설적인 이중성"에 대해서는 Elizabeth Fox-Genovese, "Women and the Enlightenment" in *Becoming Visible*, 251~277쪽; 서정복, 「18세기 프랑스 계몽사상의 전파」, 『서양사학연구』 제3집(1999. 12), 5~24쪽 참조.

25   Landes, *Women and the Public Sphere*, 151쪽.

26   Olympe de Gouges, *Letters on the Trial*(1793) in Katharine J. Lualdi, *Sources of the Making of the West: Peoples and Cultures Since 1500*(Boston: Bedford/St. Martin's, 2009), 122쪽, 3rd Edition.

27   미슐레와 마르티에스의 반여성주의적 해석에 대해서는 Hufton, *Women and the Limits of Citizenship*, 서문 xviii~xxi쪽 참조.

28 Hufton, *Women and the Limits of Citizenship*, 129쪽.
29 Hufton, *Women and the Limits of Citizenship*, 143쪽.
30 김용자, 「프랑스 여성참정권 부여법안에 대한 의회의 논란」, 『프랑스사연구』 4호 (2001. 2), 71~94쪽 참조.
31 Hufton, *Women and the Limits of Citizenship*, 153쪽.

2장 노동과 복지를 위한 프랑스혁명은 없다

1 윌리엄 탤벗 지음, 은우근 옮김, 『인권의 발견』(한길사, 2011), 26~27쪽. 원제는 *Which Rights Should be Universal?*(Oxford: Oxford University Press, 2005)이다.
2 James Griffin, *On Human Rights*(Oxford: Oxford University Press, 2008), 1~2쪽.
3 인용문 순서대로 각각 "On Tolerance" in Philosophical Dictionary, 212쪽. Ben R. Redman ed., *The Portable Voltaire*(New York: Penguin Books, 1979); 볼테르 지음, 송기형·임미경 옮김, 『관용론』(한길사, 2001), 75, 123, 229쪽.
4 린 헌트 지음, 전진성 옮김, 『인권의 발명』(돌베개, 2009), 29~30쪽.
5 Andrew Clapham, *Human Rights: A Very Short Introduction*(Oxford: Oxford Univ. Press, 2007), 6쪽; 박용현 옮김, 『인권은 정치적이다: 쟁점으로 보는 인권교과서』(한겨레출판, 2010), 18쪽; 헌트, 『인권의 발명』, 130~131쪽.
6 미셸린 이샤이 지음, 조효제 옮김, 『세계인권사상사』(길, 2005), 204쪽.
7 Marcel Gauchet, *La Révolution des droits de l'homme*(Paris: Gallimard, 1989) & *La Révolution des pouvoirs: la Souveraineté, le peuple et la représentation 1789-1799*(Paris: Gallimard, 1995).
8 Kenneth Cmiel, "The Recent History of Human Rights", *The American Historical Review*, vol. 109-1(February 2004), 117쪽.
9 김인중, 「프랑스혁명과 인권선언」, 김인중 외, 『프랑스 혁명의 역사적 이해』(아카넷티비, 2002); 최갑수, 「1789년의 『인권선언』과 혁명기의 담론」, 『프랑스사 연구』 4(2001. 2); 최갑수, 「근대 시민혁명과 민주주의―프랑스대혁명의 사례를 중심으로」,

『민주주의와 인권』 제3권 2호(2003) 등의 선행 연구가 있을 뿐이다.

10 미라보Honoré-Gabriel Riqueti Mirabeau, 라파예트Marie-Joseph Lafayette, 라보Rabaut Saint-Étienne, 콩도르세Marquis de Condorcet, 무니에Jean-Jeseph Mounier, 시에예스Emmanuel Joseph Sieyès, 그레구아르 신부Abbé Henri Grégoire, 마라Jean Paul Marat 등 '인권선언문' 작성에 참여했던 인사들의 명단과 그들이 제안했던 초안에 대한 간략한 이데올로기적 평가는 최갑수, 「1789년의 『인권선언』과 혁명기의 담론」, 29~31쪽 참조.

11 Jennifer Ngaire Heuer, "French Revolution" in David P. Forsythe ed., *Encyclopedia of Human Rights*, vol. 2(Oxford: Oxford University Press, 2009), 282쪽; 헌트, 『인권의 발명』, 150~151쪽.

12 에드먼드 버크 지음, 이태숙 옮김, 『프랑스혁명에 관한 성찰』(한길사, 2008). 원래 제목은 *Reflections on the Revolution in France*(1790); Thomas Paine, *The Rights of Man: Being an Answer to Mr. Burke's Attack on the French Revolution*, 2 vols.(London: J. S. Jordon, 1792). 국내 번역본은 박홍규 옮김, 『상식, 인권』(필맥, 2004) 참조. 버크의 저작이 1790~1791년 사이에 3만 부 판매되었던 반면, 페인의 『인간의 권리』 1권은 영국에서 판매가 금지되었음에도 1791년 한 해에만 5만 부 판매되었고 1, 2권 합본은 1791~1793년 사이에 유럽 전역에서 20만 부 정도 팔렸다.

13 페인, 『상식, 인권』, 138~140쪽.

14 이런 견해로는 최갑수, 「근대 시민혁명과 민주주의―프랑스대혁명의 사례를 중심으로」, 20~22쪽. 특히 고세의 해석을 옮겨서 설명한 각주 11) 참조.

15 사유재산권의 사상적 기원과 역사적 변천과정은 이샤이, 『세계인권사상사』, 168, 173~178쪽; 김비환 외, 『인권의 정치사상: 현대 인권 담론의 쟁점과 전망』(이학사, 2010), 제5장 김병곤, 「근대 자연권 이론의 기원과 재산권: 로크와 페인」, 215~239쪽 참조.

16 한국미국사학회, 『사료로 읽는 미국사』(궁리, 2006), 61~62쪽.

17 William H. Sewell Jr. *Work & Revolution in France: The Language of Labor from the Old Regime to 1848*(Cambridge: Cambridge University Press, 1980), 6장, 특히 115~120, 133~138쪽 참조.

18   Abbé de Sieyès, "Preliminary to the French Constitution," in Lynn Hunt ed. & trans., *The French Revolution and Human Rights: A Brief Documentary History*(Bedford/St. Martin's, 1996), 81쪽 참조.

19   막시밀리앙 로베스피에르 지음, 배기현 옮김, 『로베스피에르: 덕치와 공포정치』(프레시안북, 2009), 157~159쪽. 원제는 *Slavoj Žižek Present Robespierre: Virtue and Terror*(Verso, 2007); 장 마생 지음, 양희영 옮김, 『로베스피에르, 혁명의 탄생』(교양인, 2005), 400~401쪽 재인용.

20   로베스피에르, 『로베스피에르: 덕치와 공포정치』, 162~163쪽.

21   로베스피에르, 『로베스피에르: 덕치와 공포정치』, 165쪽 재인용.

3장 유색인을 위한 프랑스혁명은 없다

1   한나 아렌트 지음, 이진우·박미애 옮김, 『전체주의의 기원 1』(한길사, 2006), 432~433쪽.

2   아이티라는 섬 이름은 원주민 언어로 '산이 많은 땅'이라는 뜻의 '아이티'Ayiti에서 유래했다. 스페인 사람들은 아이티를 산토도밍고Santo Domingo라고 불렀지만 프랑스가 점령하면서 생도맹그로 바뀌었다. 월터 미뇰로 지음, 김원중 옮김, 『라틴아메리카, 만들어진 대륙: 식민적 상처와 탈식민적 전환』(그린비, 2010), 191쪽 참조.

3   Jack Censer & Lynn Hunt, *Liberty, Equality, Fraternity: Exploring the French Revolution*(University Park, Penn.: The Pennsylvania State University Press, 2001), 117쪽.

4   Carolyn E. Fick, "The French Revolution in Saint Domingue: A Triumph or a Failure?" in David Barry Gaspar et al eds. *A Turbulent Time: The French Revolution and the Greater Caribbean*(Bloomington: Indiana University Press, 1997), 57쪽.

5   David P. Greggus, "Slavery, War, and Revolution in the Greater Caribbean, 1789-1815", in *A Turbulent Time*, 12쪽.

6   Abbé Grégoire, "Memoir in Favor of the People of Color or Mixed-Race

of Saint Domingue", in Lynn Hunt ed. & trans., *The French Revolution and Human Rights: A Brief Documentary History*(Boston: Bedford/St. Martin's, 1996), 106쪽.

7 "Speech of Barnave"(March 8, 1790), Hunt ed. & trans., *The French Revolution and Human Rights*, 109, 111쪽.

8 Kersaint, "Discussion of Troubles in the Colonies"(March 28, 1792). Hunt ed. & trans., *The French Revolution and Human Rights*, 113쪽.

9 Toussaint L'Ouverture, "Toussaint L'Ouverture to General Etienne Laveaus" (May 1794) & "Toussaint L'Ouverture to the People of Verrettes"(March 1795) in Katharine J. Lualdi, *Sources of the Making of the West: Peoples and Culture Vol. II. Since 1500*(Boston: Bedford/St. Martin's, 2009), 123~124쪽, 3rd Edition.

10 루베르튀르가 노예해방과 아이티공화국 탄생과정에 기여한 상세한 내용에 대해서는 C. L. R. 제임스 지음, 우태정 옮김, 『블랙 자코뱅: 투생 루베르튀르와 아이티혁명』(필맥, 2007) 참조.

11 Jack Censer & Lynn Hunt, *Liberty, Equality, Fraternity*, 128~129쪽.

12 Carolyn Fick, "The French Revolution in Saint Domingue", in *A Turbulent Time*, 68쪽; Michael Rapport, "Robespierre and the Universal Rights of Man, 1789-1794", *French Historical Studies* 10, no. 3(1996) 참조.

13 권윤경, 「부르주아-민주주의 혁명과 식민지—프랑스 혁명, 아이티 혁명, 다시 생각하는 "혁명의 시대"」, 『서양사론』 113(2012. 12), 272~276쪽 참조.

14 하영준, 「아이티 혁명과 근대성의 '구성적 외부'—C. L. R. 제임스의 탈식민적 상상력—」, 『프랑스사 연구』 23(2010. 8.), 118~119쪽.

15 Samuel Moyn, *The Last Utopia: Human Right in History*(Cambridge: The Belknap Press of Harvard University Press, 2010), 25~31쪽.

16 권윤경, 「부르주아-민주주의 혁명과 식민지」, 272쪽.

17 헤겔과 아이티혁명과의 갈등관계에 관해서는 수전 벅모스 지음, 김성호 옮김, 『헤겔, 아이티, 보편사』(문학동네, 2012); 육영수, 「트랜스내셔널 지성사 지금 (다시) 쓰기: 중심의 이동 혹은 물구나무서기」, 『역사와 문화』(2012. 5), 63~68쪽 참조.

18 Sibylle Fischer, *Modernity Disavowed: Haiti and the Culture of Slavery in the Age of Revolution*(Duke: University Press, 2004), 222, 226쪽 참조. 후에 발간된 Albert Soboul ed., *Dictionnaire Historique de la Révolution Française*(Paris: Presse Universitaires de France, 1989)에는 '식민지'(Colonies/Régime des, 249~251쪽)와 '노예제도'(Esclavage→Amis des Noirs/Société, 22~25, 421쪽) 항목이 등장한다.

19 Miyaji Kazua, "France & Algeria—An Example of the Colonial Experience", 『한국중동학회논총』, 16(1995); 이재원, 「프랑스-알제리」, 『역사비평』 28(1995) 참조.

20 Moyn, *The Last Utopia*, 38~39쪽.

21 James V. Spickard, "The Origins of the Universal Declaration of Human Rights", 1~2쪽. Web-posted working paper. http://newton.uor.edu/FacultyFolder/Spickard/OnlinePubs/OriginUDHR.pdf. 2012년 9월 24일 최종 접속.

22 이샤이, 『세계인권사상사』, 366~368쪽.

23 「세계인권선언」을 둘러싼 우열곡절과 국가 사이의 이해관계에 대해서는 Spickard, "The Origins of the Universal Declaration of Human Rights", 14~16쪽; 이샤이, 『세계인권사상사』, 370~371쪽 참조.

24 Moyn, *The Last Utopia*, 26, 46~47, 116~117쪽.

4장 영화 〈프랑스대혁명〉에 투영된 사학사적 논쟁 읽기

1 Jorge Said Maldonado, "Ni de droite, ni de gauche" in *Magazine-école: Supplement* 115(Paris: 1989년 여름호), 24쪽.

2 Hayden White, "Historiography and Historiophoty", *American Historical Review*, vol. 93: 5(1988), 1193쪽.

3 제1부에 해당하는 "빛의 계절"을 감독한 앙리코는 원래 단편영화의 작가·감독으로 잘 알려진 인물이다. 1956년에 단편 〈주안느〉Jehanne(베니스 영화제 단편부문 동상 수상작)로 데뷔한 그는 1963년에는 알제리전쟁을 소재로 한 첫 장편영화인 〈아름다운 인생〉La Belle vie을 선보였다. 프랑스 영화감독협회Académie des Réalisateurs de

Films의 창시자이며 협회장을 역임했던 그는 2001년 2월 사망했다. 앙리코 감독의 간략한 경력과 그가 제작한 영화작품에 대한 좀더 상세한 정보는 http://www.sacd.fr/bio_enrico.htm을 참조. 제2부 "공포의 계절"을 감독한 헤프론은 당시에는 거의 무명에 가까운 텔레비전 연속극 프로듀서 출신이었다.

4 〈대혁명〉 영화 해설과 캐스팅 소개 등에 대해서는 http://www.geocities.com/Tokyo/Fuji/3323/Larevfr.htm을, 〈대혁명〉에 대한 영화평론가들의 글 모음은 file://C:\HNC\My Documents\French Revolution.htm 등의 웹사이트를 참조.

5 이 접근법은 오코너의 분석 틀에서 착안한 것이다. John. E. O'Connor, "History in Images/Images in History: Reflections on the Importance of Film and Television Study for an Understanding of the Past", *American Historical Review*, vol. 93:5(1988), 1204~1207쪽.

6 김현식, 「포스트모던 시대의 역사가: 사실과 허구의 틈새에 선 '절름발이'」, 『역사와 문화』, 문화사학회 발행, 창간호(푸른숲, 2000, 봄호), 118~140쪽.

7 이와 관련해서는 유르크 알트벡, 「한 표 차이로 신의 은총을 받은 왕을 처형하다」, 크리스티안 마이어 외 지음, 이온화 옮김, 『누가 역사의 진실을 말했는가: 소크라테스에서 나치까지 2천 년 역사를 뒤흔든 법정세계사』(푸른역사, 1997), 특히 270~273쪽 참조.

8 David Herlihy, "Am I a Camera? Other Reflections on Films and History", *American Historical Review*, vol. 93:5(1988), 1190쪽.

9 마르크 페로 지음, 주경철 옮김, 『역사와 영화』(까치, 1999), 31~33쪽.

10 Robert B. Toplin, "The Filmmaker as Historian", *American Historical Review*, vol. 93:5(1988), 1213쪽.

11 Hughes, "The Evaluation of Film as Evidence" in *The Historian and Film*(Cambridge: Cambridge University Press, 1976), 67~71쪽; 페로, 『역사와 영화』, 38쪽. 직접 인용은 페로의 것이다.

12 이런 수정주의적 해석은 퓌레·리셰 지음, 김응종 옮김, 『프랑스혁명사』(일월서각, 1992) 참조.

13 '폭도'와 '대중'의 개념적 차이에 대한 상세한 설명은 George Rudé, *The Crowd*

in the French History(Oxford: Clarendon Press, 1959) 참조.

14 혁명 당시 주로 상퀼로트들이 착용했던 모자는 로마제국 시절 소아시아 프리기아에서 해방노예의 상징물이었기 때문에 프리기아 모자bonnet phrygien라고 불렸다.

15 이와 관련해서는 로제 샤르티에 지음, 백인호 옮김, 『프랑스혁명의 문화적 기원』(일월서각, 1999), 특히 제6장 참조.

16 Toplin, "The Filmmaker as Historian", 1226쪽.

17 인용 구절은 페로의 것이다. 페로, 『역사와 영화』, 68쪽.

18 Robert Rosenstone ed., *Revisioning History: Film and the Construction of a New Past*(Princeton: Princeton Univ. Press, 1995), 머리글 8~11쪽.

19 Antoine de Baecque, *Cahiers du cinéma* 422(juillet-août, 1989), 24쪽 재인용.

5장 미쳤거나 사랑에 빠졌거나

1 강옥초, 「영웅: 낡은 용어, 새로운 접근」, 『영웅 만들기: 신화와 역사의 갈림길』(휴머니스트, 2005), 17~18쪽.

2 5편의 다른 영화는 〈Marat〉(마론 바그다르디 감독, 라샤르 보랑지·마리 트랑티냥 주연), 〈Marie Antoinette〉(캐롤린 위페르 감독, 엠마누엘 베아르·도미니크 베르네하드 주연), 〈Mirabeau〉(클라우드 파랄도 감독, 베르나르드 피에르 다니디에우 주연), 〈Madame Tallien〉(다다이르 그로세트 감독, 카트리네 웰켈링/필리프 도모이 주연), 〈Talleyrand〉(빈센트 드 브루스 감독, 스테판 프레이스/잉그리드 헬드 주연) 등이다.

3 영화 〈슈앙〉은 가장 최근에는 2012년 10월 20일에 교육방송EBS에서 재방송되었다. 제18대 대통령 선거를 두 달쯤 앞둔 시점에서 반혁명을 주제로 한 외국영화가 주말 저녁에 다시 방영되었다는 사실은 흥미롭다.

4 Robert Rosenstone, *Visions of the Past: The Challenge of Film to Our Idea of History*(Cambridge: Harvard University Press, 1995), 60~61쪽.

5 Roudinesco, *Madness and Revolution*, 6~7쪽.

6 구즈의 생애와 사상에 관해서는 이세희, 「올랭프 드 구즈의 생애와 '여권 선언'」, 『서양사학연구』 19(2008. 12); 문지영, 「여성혁명가 구즈, 200년 만에 부활하다」, 박

준철·문화사학회 엮음, 『서양문화사 깊이 읽기』(푸른역사, 2008) 참조.

7 Roudinesco, *Madness and Revolution*, 9, 12쪽.

8 Roudinesco, *Madness and Revolution*, 25쪽.

9 양희영, 「프랑스 혁명의 아마존 테루아뉴 드 메리쿠르」, 『서양사론』 99(2008. 12), 84~85쪽 재인용.

10 Moses, *French Feminism in the 19th Century*, 11쪽.

11 Simon Schama, *Citizens: A Chronicle of the French Revolution*(Alfred A. Knopf: New York, 1989), 462~423쪽.

12 Roudinesco, *Madness and Revolution*, 109~110쪽.

13 이 에피소드와 관련한 좀더 상세한 내용은 Roudinesco, *Madness and Revolution*, 110~113쪽 참조.

14 영화 〈슈앙〉의 줄거리, 감독, 출연진, 영화평 등에 대한 상세정보는 http://www.mtholyoke.edu/~amdevrie/Chouans.html, http://www.mtholyoke.edu/~amdevrie/index.html, http://www.mtholyoke.edu/~amdevrie/Sites%20Utiles.html, http://www.cine.ch/sources/Personne.cfm?No=%3EK6E.%3C%2BN#P!%5C%0A 등을 참조.

15 슈앙에 대한 상세한 정보는 François Furet, "Chouannerie" in François Furet & Mona Ozouf eds, *A Critical Dictionary of the French Revolution*(Cambridge: Harvard University Press, 1989), 3~10쪽 참조. 비교적 최근의 연구로는 Donald Sutherland, *The Chouans: The Social Origins of Popular Counter-Revolution in Upper Brittany, 1770-1796*(Oxford: Clarendon Press, 1982) 참조.

16 Leger Grindon, *Shadows on the Past: Studies in the Historical Fiction Film*(Philadelphia: Temple University Press, 1944), 10쪽.

17 Steven Kaplan, *Farewell, Revolution: Disputed Legacies, France, 1789/1989* (Ithaca: Cornell University Press, 1995), 특히 248, 263쪽 참조.

6장 군인 나폴레옹, 정치인 보나파르트로 변신하기

1   Peter Geyl, *Napoleon: For and Against*(New Haven: Yale University Press, 1946) 참조.

2   이용재, 「아벨 강스가 본 나폴레옹」, 『프랑스학연구』 33(2005. 8), 443쪽.

3   Alison Castle ed., *Stanley Kubrick's Napoleon—The Greatest Film Never Made*(Berlin: Taschen, 2009) 참조.

4   아벨 강스의 생애와 작품활동과 영화 〈나폴레옹〉에 대한 비평은 웹사이트 http://www.arts.adelaide.edu.au/personal/DHart/Films/Napoleon.html, http://members.netscapeonline.co.uk/jameswtravers/nf_Napoleon_1925_rev.html, http://yoursay.imdb.com/Bioi?Gance,+Abel 등을 참조했다.

5   강스가 자신의 시나리오 작업에 참조했던 저서들에 대한 상세한 설명은 이용재, 「아벨 강스가 본 나폴레옹」, 451~456쪽 참조. Elie Faure, *Napoleon*(New York: Alfred A. Knopf, 1924). trans., Jeffrey E. Jeffery 참조. 포르의 생애는 Jacques Julliard & Michel Winock eds., *Dictionnaire des Intellectuels français*(Paris: Seuil, 1996), 472~473쪽 참조.

6   저자는 코폴라의 복원필름을 분석의 기초 자료로 참조했다. 이 버전은 2005년에 국내에서 DVD 형태로 소개되었다.

7   François Furet, "Napoleon Bonaparte" in Gary Kates ed., *The French Revolution: Recent Debates and New Controversies*(London: Routledge, 1998), 340쪽.

8   강스가 애초에는 브리엔 사관학교 시절부터 세인트 헬레네 유형 시기에 이르는 나폴레옹의 역정을 6부작(Arcole, 18 Brumaire, Austerlitz, La Campagne de Russie, Waterloo, Saint-Hélène) 영화로 계획했음을 기억할 필요가 있다. 재정적 후원의 어려움으로 이 야망을 포기한 강스는 1960년에 〈아우스터리츠〉Austerlitz를 제작하는 데 그쳤다.

9   Norman King, *Abel Gance: A Politics of Spectacle*(London: British Film Institute, 1984), 140, 146쪽.

10   Marc Ferro, "The Fiction Film and Historical Analysis" in Paul Smith ed.,

The Historian and Film(Cambridge: Cambridge University Press, 1976), 81쪽.

11   마르크 페로 지음, 주경철 옮김, 『영화와 역사』(까치, 1999), 68, 219쪽.

12   Roger Shattuck, *The Banquet Years: The Origins of the Avant-Garde in France 1885 to World War I*(New York: Vintage Books, 1968) 참조.

13   Robin Buss, *The French Through Their Films*(London: B. T. Batsford, 1988), 64, 98쪽. 일간지 『뤼마니테』*L'Humanité*는 1927년 4월 27일자 기사에서 영화 속의 나폴레옹을 "싹트는 파시스트들을 위한 보나파르트"라고 불렀다. 20세기 전반에 제작된 프랑스혁명을 배경으로 한 대부분의 영화들이 왕당파나 악시옹 프랑세즈에 속하는 역사가들의 저작에서 영감을 받았던 것도 이런 비평이 제기되는 한 원인을 제공했다.

14   King, *Abel Gance*, 140쪽 재인용.

15   강스의 복잡한 이데올로기적 좌표에 대한 상세한 토론은 King, *Abel Gance*, 133~146쪽 참조.

16   3개의 프로젝트를 이용해 역동적 효과를 필요로 하는 주요 장면을 3개의 연결된 스크린에 투사하는 일종의 다중영상Polyvision 기교로 1950년대에 유행하는 '시네라마'cinerama를 예고했다.

17   강스의 작품세계에 대한 비평가들의 평가와 그 구체적인 내용에 대해서는 King, *Abel Gance*, 12~54쪽 참조.

18   강스가 〈나폴레옹〉 시나리오의 첫 부분을 완성했던 퐁텐블로Fontainebleau에서 한 발언의 일부다. King, *Abel Gance*, 89쪽 재인용.

19   King, *Abel Gance*, 177~178, 213쪽; Leger Grindon, *Shadows on the Past: Studies in the Historical Fiction Film*(Philadelphia: Temple University Press, 1994), 10쪽.

20   Steven Philip Kramer & James Michael Welsh, *Abel Gance*(Boston: Twayne Publishers, 1978), 111~113쪽.

7장 문화적 사건으로서의 프랑스혁명

1 정통주의 해석과 수정주의 해석 사이에 전개되었던 대표적 논쟁에 관해서는 민석홍 엮음, 『프랑스 혁명사론』(까치, 1988) 참조. 혁명 200주년을 전후로 한 사학사적 논쟁은 Jacques Solé, *Questions of the French Revolution: A Historical Overview* (New York: Pantheon Books, 1989), trans. by Shelley Temchin; Frank Kafker & James Laux eds., *The French Revolution: Conflicting Interpretations*(Malabar, Florida: Robert E. Krieger Publishing Company, 1989); Jack Censer, "The Coming of a New Interpretation of the French Revolution", *Journal of Social History*, vol. 21(1987), 295~309쪽; Karen Winkler, "200 years After the French Revolution", *The Chronicle of Higher Education*(October 4, 1989); Gary Kates ed., *The French Revolution: Recent Debates and New Controversies*(London: Routledge, 1988) 등 참조.

2 Karen J. Winkler, "200 Years After the French Revolution", *The Chronicle of Higher Education*(October 4, 1989).

3 Emmet Kennedy, *A Cultural History of the French Revolution*(New Haven: Yale University Press, 1989), 1쪽.

4 이와 관련해서는 육영수, 「국가/근대화 기획으로서의 서양사: 민석홍의 유럽중심주의 역사학」, 도면회·윤해동 엮음, 『역사학의 세기: 20세기 한국과 일본의 역사학』(휴머니스트, 2009), 341~342쪽 참조.

5 일월서각에서 출간된 기념총서 시리즈에는 전통파 해석의 대표작 중 하나인 소불의 『상퀼로트』(1968)와 수정파 해석의 또 다른 교과서에 해당하는 퓌레·리셰의 『프랑스혁명사』(1973)가 포함되었다.

6 모리스 아귈롱, 「무대 뒤편에서」, 피에르 노라 엮음, 『나는 왜 역사가가 되었나』(에코리브르, 2001), 73쪽, 이성엽 외 옮김, 저자 편집 인용.

7 이 책에 포함된 주요 논문인 「혁명의 교리문답」은 일찍이 1971년 『아날』에 게재되었다. 저자는 영어 번역본 *Interpreting the French Revolution*(Cambridge: Cambridge University Press, 1981)을 참조했다. 이 책은 미국사 전공자 정경희가 번역해 『프랑스혁명의 해부』(법문사, 1987)로 국내에 소개되었지만, 내가 아는 한 단 한

편의 서평도 얻지 못했다.

8   Furet, *Interpreting the French Revolution*, 10쪽.
9   Furet, *Interpreting the French Revolution*, 22쪽.
10 Furet, *Interpreting the French Revolution*, 173쪽.
11 Marvin R. Cox, "François Furet", in Philip Daileader and Philip Whalen ed., *French Historians, 1900-2000: New Historical Writing in Twentieth-Century France*(Oxford, UK: Wiley-Blackwell, 2010), 271, 278쪽.
12 퓌레는 프랑스 남부 툴루즈에서 테니스를 치다가 사고로 얻은 상처로 사망했는데, 우파적 학문활동에 경도되었던 그의 후반기 생애를 좌파적 시각으로 비꼬는 표현이 '테니스코트의 저주'다.
13 이 혁명축제들의 역사적 배경과 성격에 대해서는 윤선자, 『축제의 정치사』(한길사, 2008) 참조.
14 Mona Ozouf, *Festivals and the French Revolution*(Cambridge: Harvard University Press, 1988), 9쪽.
15 Harvey Chisick, "Mona Ozouf" in *French Historians, 1900-2000*, 463쪽. 혁명축제에 관한 연구가 이미 19세기 후반부터 미슐레와 올라르 등에 의해 시작되었고 1970년대에는 보벨도 지방혁명축제에 관한 저서를 발표했다는 점을 상기한다면, 오주프에 관한 이런 극찬은 다소 일방적이고 과장된 것이다. 혁명축제의 사학사에 관한 간략한 스케치는 윤선자, 『축제의 정치사』, 309~314쪽 참조.
16 원래 제목은 *Marianne au Combat: L'imagerie et la Symbolique republicaines de 1789 à 1880*이며 영어 번역본은 Janet Lloyd 옮김, *Marianne into Combat: Republican Imagery and Symbolism in France, 1789-1880*(Cambridge: Cambridge University Press, 1981). 국내 번역본은 전수연 옮김, 『마리안느의 투쟁』(한길사, 2001) 참조.
17 Agulhon, *Marianne into Combat*, 190쪽.
18 피에르 노라 엮음, 『나는 왜 역사가가 되었나』, 63쪽.
19 Agulhon, *Marianne into Combat*, 183쪽.
20 Tony Judt, "The Republic in Person", *The Time Literary Supplementary*

11(Spring, 1982), 1044쪽.

21　Gwynne Lewis, *The French Revolution: Rethinking the Debate*(London: Routledge, 1993), 91~92쪽.

22　사족 삼아 덧붙이자면, 자신을 '온건한 사회주의' 혹은 '좌파적 공화주의자'로 생각했던 아귈롱은 '비판사전'의 필진으로 동참하지 않았고 후에 출간된 정통주의자 혁명사전 작업에도 관여하지 않았다.

23　François Furet & Mona Ozouf ed., *A Critical Dictionary of the French Revolution*(Cambridge, MA & London, UK: The Belknap Press of Harvard University Press, 1989). trans. by Arthur Goldhammer.

24　이 학술대회의 사학사적 의의에 대해서는 Jack R. Censer, "The Coming of a New Interpretation of the French Revolution?", *Journal of Social History*, 21(1987); 최갑수, 「프랑스혁명과 근대 정치문화의 창출」, 『프랑스사 연구』 1(1999. 6) 참조.

25　Suzanne Desan, "What's after Political Culture? Recent French Revolutionary Historiography", *French Historical Studies* 23-1(Winter 2000), 179쪽.

26　Keith Michael Baker, *Inventing the French Revolution: Essays on French Political Culture in the Eighteenth Century*(Cambridge: Cambridge University Press, 1990), 4~5쪽.

27　Lawrence Stone, "The Revival of Narrative: Reflections on a New Old History", *Past and Present* 85(Nov. 1979), 23~24쪽.

8장 프랑스혁명의 일상정치문화사

1　유진 웨버(1825~1997)는 UCLA 역사학과에 오랫동안 재직했던 프랑스 근대사 전공자다. *Peasant Into Frenchmen: The Modernization of Rural France, 1870-1914*(1976)의 저자로 미국 학계의 대표적인 서양사학자 가운데 한 사람이었다.

2　새로운 문화사의 성격과 방법론에 대해서는 Lynn Hunt ed., *The New Cultural History*(Berkeley: University of California Press, 1989) 참조. 역사인류학적 접근,

텍스트 분석과 읽기, 민중문화의 이해 등을 다룬 여러 학자들의 논문 모음집인 이 책은 조한욱 옮김, 『문화로 본 새로운 역사: 이론과 실제』(소나무, 1996)라는 제목으로 번역되었다.

3 Lynn Hunt, *Revolution and Urban Politics in Provincial France: Troyes and Reims, 1786-1790*(Stanford: Stanford University Press, 1978); *Politics, Culture, and Class in the French Revolution*(Berkeley: University of California Press, 1984); *The Family Romance of the French Revolution*(Berkeley: University of California Press, 1992).

4 Lynn Hunt, *Revolution and Urban Politics*, 3쪽.

5 Hunt, *Revolution and Urban Politics*, 1~2쪽.

6 Lynn Hunt, "French History in the Last Twenty Years: The Rise and Fall of the Annales Paradigm", *Journal of Contemporary History* 21(1986), 221쪽.

7 Hunt, *Revolution and Urban Politics*, 89~90쪽.

8 Lynn Hunt, *Politics, Culture, and Class*, 53쪽.

9 Hunt, *Politics, Culture, and Class*, 41~48쪽.

10 Hunt, *Politics, Culture, and Class*, 188~189쪽.

11 Hunt, *Politics, Culture, and Class*, 236쪽.

12 린 헌트 지음, 조한욱 옮김, 『프랑스 혁명의 가족 로망스』(새물결, 1999). 이하 인용 쪽수는 영어 원서에서 따온 것이다.

13 Hunt, *The Family Romance*, xiii쪽.

14 Hunt, *The Family Romance*, 196~198쪽.

15 Hunt, *The Family Romance*, 65~67쪽.

16 이 이슈와 관련해서는 육영수, 『책과 독서의 문화사: 활자인간의 탄생과 근대의 재발견』(책세상, 2010), 특히 101~118쪽; 린 헌트 편집, 조한욱 옮김, 『포르노그라피의 발명: 외설과 현대성의 기원, 1500~1800』(책세상, 1996) 참조.

17 Hunt, *The Family Romance*, 121~123쪽.

18 Hunt, *The Family Romance*, 263쪽.

19 William Doyle, *History. The Journal of the Historical Association*, Vol. 74:

255(Feb. 1994), 156쪽; Dorina Outram, *American Historical Review*, Vol. 98 : 3(June 1993), 882~883쪽.

20 Hunt, *The Family Romance*, 196쪽.
21 Hunt, *Politics, Culture, and Class*, 46쪽.
22 Hunt, *The Family Romance*, 199쪽.

9장 바스티유 감옥과 '라 마르세예즈'의 변천사

1 Hans-Jürgen Lüsebrink · Rolf Reichardt, *The Bastille: A History of a Symbol of Despotism and Freedom*(Durham and London: Duke University Press, 1997), trans. by Norbert Schürer, 304쪽. 이 책은 Keith M. Baker와 Steven L. Kaplan이 공동 편집하는 'Bicentennial Reflections on the French Revolution' 시리즈의 일부로 간행되었다. 원제는 *Die "Bastille": Zur Symbolgeschichte von Herrschaft und Freiheit*(Fischer Taschenbuch Verlag, 1990).

2 Laura Mason, *Singing the French Revolution: Popular Culture and Politics, 1789-1799*(Ithaca: Cornell University Press, 1996), 288쪽. 이 책은 메이슨이 로버트 단턴과 나탈리 데이비스Natalie Davis의 지도를 받아 1990년 프린스턴 대학교에 제출한 박사학위 논문을 수정한 것이다.

3 뤼제브린크 · 라이하르트, 『바스티유』, 26쪽 재인용. "La Henriade"라는 제목의 시 일부다.

4 뤼제브린크 · 라이하르트, 『바스티유』, 19~20쪽.
5 뤼제브린크 · 라이하르트, 『바스티유』, 28~31쪽.
6 뤼제브린크 · 라이하르트, 『바스티유』, 78쪽.
7 '바스티유 함락자' 총 954명의 사회경제적 배경에 대한 상세한 분석은 Jacques Godechot, "The Uprising of July 14: Who Participated?" in Frank A. Kafker & James M. Laux ed., *The French Revolution: Conflicting Interpretations*(Malabar, Florida: Robert E. Krieger Publishing Company, 1989, 4th edition) 참조.
8 뤼제브린크 · 라이하르트, 『바스티유』, 67~68, 107~108쪽.

9   뤼제브린크·라이하르트, 『바스티유』, 73, 77쪽.
10 뤼제브린크·라이하르트, 『바스티유』, 163~164, 168쪽.
11 뤼제브린크·라이하르트, 『바스티유』, 214, 224쪽.
12 뤼제브린크·라이하르트, 『바스티유』, 215~217쪽.
13 뤼제브린크·라이하르트, 『바스티유』, 228쪽.
14 메이슨, 『노래와 혁명』, 213, 220쪽.
15 상세한 내용은 Herbert Schneider, "The sung constitution of 1792: an essay on propaganda in the Revolutionary song", in Malcolm Boyd ed., *Music and French Revolution*(Cambridge: Cambridge University Press, 1992), 236~275쪽 참조.
16 메이슨, 『노래와 혁명』, 10~11쪽.
17 메이슨, 『노래와 혁명』, 98~99쪽.
18 프랑스에서 1750~1850년 사이에 점진적으로 출현한 새로운 음악 감상법의 특징과 유산에 관해서는 James H. Johnson, *Listening in Paris: A Cultural History*(Berkeley: University of California Press, 1995) 참조. 음악에 관한 공적 여론형성에 대해서는 특히 93~94쪽 참조.
19 새로 구성될 하원의 멤버들 중에서 3분의 2가 이전의 국민공회의원들 중에서 선택되어야 한다는 헌법조항이 통과되자, 자코뱅에 우호적인 정치인들의 지속적 영향력 행사를 경계한 중도파 공화주의자들과 왕당파가 합세해 이를 거부하는 방데미에르 쿠데타를 이끌었다.
20 메이슨, 『노래와 혁명』, 169~170, 176쪽.
21 메이슨, 『노래와 혁명』, 167쪽 재인용.
22 Johnson, *Listening in Paris*, 234쪽; 메이슨, 『노래와 혁명』, 185~186쪽.
23 메이슨, 『노래와 혁명』, 212~213쪽; Baker, *Inventing the French Revolution*, 223쪽 참조.
24 메이슨, 『노래와 혁명』, 219쪽.

10장 프랑스혁명과 민중공연문화의 '문명화과정'

1 노르베르트 엘리아스 지음, 박미애 옮김, 『문명화과정』 II(한길사, 1999), 336~338쪽 축약 인용.

2 노르베르트 엘리아스 지음, 박미애 옮김, 『문명화과정』 I, II(한길사, 1996/1999). '엘리아스 테제'에 대한 비평적 검토는 이영림, 「문명화의 거미줄에 갇힌 근대인—엘리아스와 문명화 이론—」, 『서양사론』 89(2006. 6) 참조.

3 Jeffrey S. Ravel, *The Contested Parterre: Public Theater and French Political Culture, 1680~1791*(Ithaca: Cornell University Press, 1999), 6쪽.

4 Paul Friendland, *Political Actors: Representative Bodies and Theatricality in the Age of the French Revolution*(Ithaca: Cornell University Press, 2002), 324쪽. note #1 참조.

5 Robert M. Isherwood, *Farce and Fantasy: Popular Entertainment in Eighteenth-Century Paris*(Oxford: Oxford University Press, 1986), 87쪽.

6 James H. Johnson, *Listening in Paris: A Cultural History*(Berkeley: University of California Press, 1995), 77쪽.

7 Johnson, *Listening in Paris*, 13, 16쪽.

8 Ravel, *The Contested Parterre*, 65~66쪽.

9 상세한 통계는 Ravel, *The Contested Parterre*, 17쪽 도표 1 참조.

10 Michèle Root-Bernstein, *Boulevard Theater and Revolution in 18th-Century Paris*(Ann Arbor: UMI Research Press, 1984), 57, 61~62쪽. Grands-Danseurs, Ambigu-Comique, Variétés-Amusantes 등이 당시의 대표적인 대규모 거리악단들이었다.

11 Root-Bernstein, *Boulevard Theater and Revolution*, 2~3쪽.

12 Alexandre-Jacques Du Coudray, *Lettre à Madame la comtesse de T. sur un second théâtre français à Paris et sur le retour de l'ancien Opéra Comique*(Paris: Durand, 1775). Isherwood, *Farce and Fantasy*, 255쪽 재인용.

13 Root-Bernstein, *Boulevard Theater and Revolution*, 66쪽.

14 Isherwood, *Farce and Fantasy*, 230~231쪽.

15 Ravel, *The Contested Parterre*, 163~164쪽.
16 Root-Bernstein, *Boulevard Theater and Revolution*, 205, 210~214쪽.
17 Root-Bernstein, *Boulevard Theater and Revolution*, 119~120, 135쪽.
18 니콜로 마키아벨리 지음, 강정인 옮김, 『군주론』(까치, 1994), 122쪽.
19 Johnson, *Listening in Paris*, 100~101쪽.
20 Friendland, *Political Actors*, 292쪽.
21 Root-Bernstein, *Boulevard Theater and Revolution*, 232~233쪽.
22 Elizabeth C. Bartlet, "The new repertory at the Opéra during the Reign of Terror: Revolutionary rhetoric and operatic consequences" in Malcolm Boyd ed., *Music and French Revolution*(Cambridge: Cambridge University Press, 1992), 112, 126쪽.
23 1793~1797년 사이에 27명의 국민공회의원들이 자살하거나 자살을 시도했다. 장관인 롤랑Roland과 클라비에르Clavière, 전직 파리 시장 페티옹Pétion도 역시 자살로 삶을 마감했다. 혁명기에 출현한 문명화된 육체관에 관해서는 Dorinda Outram, *The Body and the French Revolution: Sex, Class and Political Culture*(New Heaven: Yale University Press, 1989) 참조.
24 Mason, *Singing the French Revolution*, 161~162, 214쪽.
25 Mason, *Singing the French Revolution*, 185~186쪽.

에필로그 **저항의 기억, 연대의 부활**

1 보수혁명의 독일 사례는 전진성, 『보수혁명: 독일지식인들의 허무적 이상』(책세상, 2001) 참조.
2 이구표, 「미셸 푸코―근대적 권력에 관한 극한적 상상력」, 『이론』 14(1996년 봄), 117~121쪽 참조.
3 안토니오 네그리·마이클 하트 지음, 윤수종 옮김, 『제국』(이학사, 2001), 505~509쪽.

부록 프랑스혁명의 기억을 찾아 천릿길

1 알렉시스 토크빌 지음, 이용재 옮김, 『앙시앵 레짐과 프랑스혁명』(박영률출판사, 2006), 31~32쪽.

2 장 마생, 『로베스피에르, 혁명의 탄생』, 28~29쪽.

3 장 마생, 『로베스피에르, 혁명의 탄생』, 509, 511쪽에서 재인용.

4 '라 마르세예즈'의 탄생과 정치적 부침에 대한 상세한 내용에 대해서는 피에르 노라 지음, 김인중 외 옮김, 『기억의 장소 1: 공화국』(나남, 2010), 109~186쪽 참조.

5 "(1803년) 8월 24일 자신의 충실한 종복인 마르스 플레지르와 투생은 해발 900여 미터가 넘는 쥐라 산맥에 자리잡은 포르드주에 감금되었다. (……) 나폴레옹은 재판 과정 및 처형이 산도밍고에 불러올 여파가 두려웠기 때문에 투생을 사법절차에 따라 처리하지 않았다. 그에게 투생은 반드시 제거되어야 할 인물이었고, 그래서 그는 냉대, 추위, 기아 등의 힘을 빌려 그를 죽이기로 작정했다. (……) 그때까지도 잠들지 않았던 그의 지력은 이제 긴 시간 동안의 혼수상태에 주기적으로 빠져들곤 했다. 봄이 되기도 전에 그는 죽어가고 있었던 것이다. 4월의 어느 날 아침, 그는 의자에 앉아 죽은 채 발견됐다." C. L. R. 제임스, 『블랙 자코뱅: 투생 루베르튀르와 아이티혁명』, 480, 482쪽; 최갑수, 「프랑스혁명과 아이티혁명 그리고 투생 루베르튀르」, 『프랑스사 연구』 제17호(2007. 8) 참조.

6 우리 일행이 도착하기 직전인 7월 16~17일에 아랍계 청소년들이 이슬람 출신 범죄혐의자를 죽인 경찰에 항의해 집과 차들을 방화하는 과격시위가 그르노블 외곽에서 발생했다. 600만 아랍계 이민자들과 프랑스인들 사이의 역사적·종교적 갈등에 대해서는 박단, 『프랑스의 문화전쟁 — 공화국과 이슬람』(책세상, 2005) 참조.

7 막스 갈로 지음, 임헌 옮김, 『나폴레옹 1: 출발의 노래』(문학동네, 1998), 227~228쪽.

8 에드먼드 버크, 『프랑스혁명에 관한 성찰』, 88~89쪽.

9 Eugen Weber, *Peasants into Frenchmen: The Modernization of Rural France, 1870-1914* (Stanford: Stanford University Press, 1976) 참조.

10 이영림, 『루이 14세는 없다』(푸른역사, 2009), 251~252쪽.

11 절대왕정기의 평면도에 따르면 궁전에는 화장실이 있었다. "베르사유의 불결함은 19~20세기에 엄청나게 부풀려지고 과장되었음이 확실하다. 19세기에는 때마침 주

거 공간을 박물관으로 변경하기 위해 옷 방과 욕실, 변소, 다용도실 등을 거의 다 없애는 대대적인 공간 개조작업이 이루어졌다. 그로 인해 베르사유 성에는 일련의 과시적인 공간밖에 없었으며 사람들은 문 뒤나 계단 모퉁이에서 용변을 보았을 것이라는 믿음이 확고해졌음을 생각하면 어처구니가 없을 정도이다. (……) 절대군주의 극악무도함을 증명하고 부르주아의 성장을 강조하기 위해서는 베르사유의 불결함과 무더위를 확실히 강조할 필요가 있었던 것이다." 피에르 노라 외, 『기억의 장소 2: 민족』(나남, 2010), 166~167쪽.

12 메리쿠르의 혁명적 삶에 대해서는 양희영, 「프랑스 혁명의 아마존 테루아뉴 드 메리쿠르」, 『서양사론』 제99호(2008. 12), 69~101쪽 참조.

13 이세희, 「올랭프 드 구즈의 생애와 '여권 선언'」, 『서양사학연구』 제19집(2008. 12), 6쪽.

14 안토니아 프레이저 지음, 정영문 외 옮김, 『마리 앙투아네트』(현대문학, 2006), 765~766쪽. 마리 앙투아네트가 쓴 이 마지막 편지는 시누이에게 전달되지 않았고 1816년까지 공개되지 않았다. 편지 수령인 마담 엘리자베스도 1794년에 처형되었고, 마리 앙투아네트의 아들(루이 17세)은 1795년에 병사했다. 딸 마리 테레즈는 오스트리아와의 포로교환 형식으로 1795년에 석방되어 부르봉 복고왕정 때 프랑스로 되돌아와 살다가 1851년에 72세의 나이로 빈 근처에서 사망했다.